Soap Operas im Englischunterricht

Sandra Kerst

Soap Operas im Englischunterricht

Die *ELT*-Soap als Instrument für eine kommunikative Unterrichtsgestaltung

 Springer VS

Sandra Kerst
Münster, Deutschland

Dissertation Westfälische Wilhelms-Universität Münster, 2011

D6

ISBN 978-3-658-02375-1   ISBN 978-3-658-02376-8 (eBook)
DOI 10.1007/978-3-658-02376-8

Die Deutsche Nationalbibliothek verzeichnet diese Publikation in der Deutschen Nationalbibliografie; detaillierte bibliografische Daten sind im Internet über http://dnb.d-nb.de abrufbar.

Springer VS
© Springer Fachmedien Wiesbaden 2013

Springer VS ist eine Marke von Springer DE. Springer DE ist Teil der Fachverlagsgruppe Springer Science+Business Media.
www.springer-vs.de

Für meine Eltern

Inhaltsverzeichnis

I Einleitung

Der heutige Englischunterricht der Sekundarstufe I muss Kindern und Jugendlichen nicht nur fundierte Kenntnisse der Fremdsprache vermitteln, sondern laut den Lehrplänen vor allem ihre kommunikative Kompetenz stärken. Dieser immer wieder präsente, sogenannte Schlüsselbegriff kann z.b. nach Piepho, welcher maßgeblich im Rahmen der kommunikativen Wende in Deutschland den Paradigmenwechsel von der Kommunikationsfähigkeit hin zur kommunikativen Kompetenz vorangetrieben hat, folgendermaßen definiert werden:

> Kommunikative Kompetenz bedeutet nämlich weder in der einen noch in der anderen Auslegung das Erreichen bestimmter Normen, sondern die Fähigkeit, sich ohne Ängste und Komplexe mit sprachlichen Mitteln, die man durchschaut und in ihren Wirkungen abschätzen gelernt hat, zu verständigen und kommunikative Absichten auch dann zu durchschauen, wenn sie in einem Code ausgesprochen werden, den man selbst nicht beherrscht und der nur partiell im eigenen Idiolekt vorhanden ist.[1]

Der Lerner[2] darf keine Scheu vor dem Sprechen in der fremden Sprache haben, sondern sollte sich mit Freude am Lernen die englischsprachige Welt Stück für Stück aneignen. Dabei soll er nicht nur eingeübte Redemittel korrekt reproduzieren können, sondern vielmehr die Sprache in ihrer Gesamtheit begreifen, kontextübergreifend verstehen und im Diskurs kommunikativ handeln. Ein solches Verständnis von Fremdsprachenlernen setzt insbesondere voraus, dass Schüler sich für eine Sprache begeistern und von der Lehrkraft in hohem Maße motiviert werden, sich sprachlich aktiv am Unterricht zu beteiligen.[3]

---

[1] Hans-Eberhard Piepho, *Kommunikative Kompetenz als übergeordnetes Lernziel im Englischunterricht* (Dornburg-Frickhofen: Frankonius-Verlag, 1974), 7.

[2] In dieser Dissertation wird aufgrund der besseren Lesbarkeit im Allgemeinen das generische Maskulinum verwendet und auf die ansonsten notwendige Doppelnennung verzichtet. Es bezieht sich gleichermaßen auf die weibliche als auch männliche Form.

[3] Für eine Zusammenstellung von Grundsätzen des kommunikativen Englischunterrichts nach Piepho siehe: Bundesarbeitsgemeinschaft Englisch an Gesamtschulen, *Kom-*

Es ist demnach notwendig, neben traditionellem Lernstoff auch aktuelles, aus der Lebenswelt der jungen Lerner stammendes, Material anzubieten, welches das Interesse und die Motivation der Schüler weckt. Englisch sollte nicht nur als reine Unterrichtssprache vermittelt werden, sondern durch lernerzentriertes Material, das einen persönlichen Zugang zur Fremdsprache eröffnet, zur eigenen Sprache des Schülers werden. Dies kann nur gelingen, wenn der Lerner Chancen bekommt, auch in Hinblick auf das Erleben von Kompetenz und Autonomie eigenverantwortlich zu lernen und seine Sprachkenntnisse häufig im Unterricht mit einzubringen.[4] Darüber hinaus ist beispielsweise der sichere Gebrauch der englischen Zeiten unumgänglich sowie ein Angebot an für den Schüler relevanten Themen, die ihn zum Mitdenken und Mitreden animieren. Theoretisch sind diese Anforderungen an den Englischunterricht festgehalten in den Lehrplänen der verschiedenen Bundesländer. Allerdings mangelt es vor allem an wissenschaftlich untersuchten, erfolgsversprechenden Methoden, die trotz eines unterrichtlichen Kontextes eine sich annähernd natürlich entfaltende Kommunikation fördern und Schüler nachhaltig mit der viel geforderten kommunikativen Kompetenz ausstatten. Die Sprechfertigkeit muss unbestritten ein „übergeordnetes Lernziel eines jeden Fremdsprachenunterrichts"[5] sein. Trotz dieser schon lange akzeptierten Erkenntnis richten sich „die linguistischen Progressionen (...) mehr an der Struktur und der Lexis der Sprache als System aus denn an einer progressiven Planung der Sprechleistungen als Realisierung kommunikativer Absichten und Notwendigkeiten"[6]. Bereits 1974 formulierte Piepho das Problem des Primats des Mündlichen auf der einen Seite und der fehlenden theoretischen Erkenntnisse, wodurch eine echte kommunikative Kompetenz gefördert wird und vor allem, wie geeignete Lernsituationen in diesem Kontext aussehen müssen, auf der anderen:

> *Praktisch* ist seit Jahrzehnten vom Primat des Mündlichen, von Sprechfertigkeiten in Situationen und dem Erwerb des Alltags-Englisch gesprochen worden. Die Richtlinien aller Schularten legen von diesen Annahmen und Prinzipien ein beredtes Zeugnis ab. *Theore-*

---

munikativer Englischunterricht – Prinzipien und Übungstypologie (Neue Ausgabe) (München: Langenscheidt-Longman GmbH, 1996), 21.

[4] Zur Selbstbestimmungstheorie der Motivation siehe u.a.: Edward L. Deci; Richard M. Ryan, *Intrinsic motivation and self-determination in human behavior* (New York: Plenum Publishing Co., 1985).

[5] Bundesarbeitsgemeinschaft Englisch an Gesamtschulen, *Kommunikativer Englischunterricht – Prinzipien und Übungstypologie (Neue Ausgabe)* (München: Langenscheidt-Longman GmbH, 1996), 8.

[6] Ebd.

tisch ist jedoch höchst ungeklärt, welche Sprachmittel und psycholinguistischen Faktoren die Sprechfertigkeit bewirken, welches die Situationen, welches überhaupt geeignete Situationen sind, für die und in denen Schüler mündliche Äußerungsfähigkeit gewinnen können und wie jener mystische *Alltag* aussieht, in dem sich Menschen mit Hilfe des Englischen *verständlich machen* sollen.[7]

In den letzten 20 Jahren hat sich der Fremdsprachenunterricht in der Sekundarstufe dahingehend gewandelt, dass neben einem Fokus auf Grammatik und Lehrwerk zunehmend authentische Materialien, schülerorientierte Texte und dialoggeprägte Aufgabenstellungen den Unterricht bereichern. Dennoch fehlt es vor allem in der Praxis immer noch an geeigneten, ganzheitlichen Lehr- und Lernmethoden, die explizit das Sprachhandeln fördern und die gewünschte kommunikative Kompetenz strukturiert umsetzen. Zu bedeutenden Problemfeldern gehören dabei eine oft mangelnde Schülermotivation sowie die Künstlichkeit des Fremdsprachenlernens in einer muttersprachlichen Lernumgebung.

0.1 Problemformulierung

Wenn der heutige Englischunterricht methodisch gezielt und strukturiert die Schüler mit kommunikativen Fähigkeiten ausstatten soll, ist zunächst neben einer engagierten Lehrkraft, guten Lehr- und Lernmaterialien und einem lernerzentrierten Unterricht auch der Einsatz von neuen und neueren Medien unumgänglich. Zu einem „Medienmix"[8], der den Sprachlernprozess fördert, gehören unter anderem Medien, die der Lebenswelt der Jugendlichen entstammen, zum Mitarbeiten motivieren und – richtig eingesetzt – einen positiven Effekt auf die Lernleistungen der Schüler haben. In Anbetracht der Vielzahl von neuen Medien, derer sich junge Menschen heute bedienen, ist ein Bildungsauftrag von Schule, die Schüler zu kompetenten und vor allem kritischen Mediennutzern zu machen. Insbesondere der Computer sowie schon seit Jahrzehnten der Fernseher nehmen einen beachtlichen Teil der Freizeitbeschäftigung ein. Fragen der Mediennutzung von Jugendlichen im Kontext von Freizeit und Schule werden bereits seit 1998 jährlich im Rahmen der JIM-Studie vom medienpädagoischen Forschungsverbund untersucht. Dabei zeigt sich immer wieder eine herausragende Stellung von PC und Fernsehen, wobei gerade bei aktuellen Studien wie der JIM-Studie

---

[7] Hans-Eberhard Piepho, *Kommunikative Kompetenz als übergeordnetes Lernziel im Englischunterricht* (Dornburg-Frickhofen: Frankonius-Verlag, 1974), 7.
[8] Jörg Roche, „Rituale des Online-Lernens", *Magazin*, Heft 18, 64.

2010 deutlich wird, dass das Handy eine immer wichtigere Rolle für Jugendliche spielt.[9]

Im Bereich der Fernsehnutzung haben vor allem TV-Serien und Soap Operas einen festen Platz im Alltag von Jugendlichen. Sie dienen nicht nur der Zerstreuung, sondern sind häufig weit mehr als reine Unterhaltung. Selbst wenn die Handlungen zunächst von den Zuschauern als unrealistisch beurteilt werden, „so werden auf der konnotativen Ebene doch eine Fülle an Parallelen zum eigenen Leben hergestellt".[10] Oder wie Luhmann es ausdrückt: „Vom Leser/ Zuschauer wird mithin geschultes [!] (und doch nicht: bewußt gehandhabtes) Unterscheidungsvermögen [zwischen (seiner) Realität und der Fiktion] verlangt."[11] Der schulische Einsatz von neuen Medien sowie die kritische Auseinandersetzung mit ihnen, ihren Inhalten und Wirkungsweisen sowie die Befähigung der Schüler, Medien zu nutzen und auch selber herzustellen, muss daher insbesondere mit Blick auf den Fernsehkonsum mehr denn je Ziel des Unterrichts sein. Im Rahmen dieser Dissertation wird insbesondere der Medieneinsatz im Englischunterricht sowie die Methode Soap Opera mit dem Ziel eines kommunikativ-handlungsorientierten Fremdsprachenlernens fokussiert.

Die Soap Opera ist Bestandteil der heutigen Populärkultur und spiegelt in ihrer Fiktionalität durchaus gesellschaftliche Trends, Einstellungen und Probleme wider. Sie versucht in gewissem Maße, Jugendkultur darzustellen und Themenfelder wie Beziehung und Sexualität, Beruf, Religion und viele andere anzusprechen. Durch die Themenauswahl sowie die Problemlösungsansätze in heutigen Soaps werden – wenn auch in einer überzogenen und häufig klischeereichen Art und Weise – aktuelle, gesellschaftliche Interessen wiedergegeben.[12] Darüber hinaus ist die Seifenoper für viele Jugendliche und junge Erwachsene fester Bestandteil ihres alltäglichen Lebens und dient der Unterhaltung bis hin zur Wertefindung. Sie kann Zuschauer affektiv mit einbinden, begeistern, schockieren und amüsieren. Darüber hinaus wird die Soap, wie das Kapitel 5.5 des dritten Teils dieser Dissertation zeigen wird, oft geschaut um persönliche Bedürfnisse zu befriedigen und kann eine Projektionsfläche für Träume und Wünsche darstellen. Das hohe emotionale Engagement der Jugendlichen

---

[9] http://www.mpfs.de/index.php?id=11 [Stand: 06.07.11/12:37].

[10] Udo Göttlich, *Daily Soaps und Daily Talks* (Opladen: Leske + Budrich, 2001), 85.

[11] Niklas Luhmann, *Die Realität der Massenmedien* (Wiesbaden: VS Verlag für Sozialwissenschaften/ GWV Fachverlage GmbH, 4. Auflage, 2009), 69.

[12] Vgl. Heike Paul; Alexandra Ganser, *Screening Gender – Geschlechterszenarien in der gegenwärtigen US-amerikanischen Populärkultur* (Münster: Lit Verlag, 2007), 1.

birgt nicht nur viele Risiken, die im Rahmen medienkritischer Diskussionen im Unterricht thematisiert werden sollten, sondern eröffnet ebenso Chancen, den Reiz der Seifenoper für schulisches Lernen zu nutzen. Ziel dieser Dissertation ist es daher, die der Soap Opera immanenten, für Jugendliche relevanten Themen und vor allem die Neugier und das Interesse an diesem Genre genauer zu untersuchen, um daraus Nutzen für den Englischunterricht und ein effektiveres Englischlernen zu ziehen. Im Zuge dessen soll mit dem von der Autorin dieser Dissertation entwickelten Begriff der *ELT-Soap* ein neues Instrument für den Englischunterricht konzipiert werden. *ELT* steht dabei für *English Language Teaching* und soll verdeutlichen, dass es sich hierbei um eine von den TV-Soaps klar zu unterscheidende, für den Englischunterricht entworfene und mit Lernzielen versehene Soap Opera handelt. Es ergeben sich dahingehend folgende Kernfragen für diese Dissertation:

- Wie sollte eine *ELT-Soap* aussehen?
- Inwiefern ist der Einsatz einer didaktisierten Soap Opera im Englischunterricht überhaupt möglich?
- Welche Vor- und Nachteile ergeben sich aus dem Einsatz?
- Kann die Methode Soap Opera einen kommunikativ-handlungsorientierten Englischunterricht fördern oder sogar in Teilbereichen reformpädagogisch dazu beitragen, die englische Sprache so zu vermitteln, dass sie für die jungen Lerner zu mehr wird als eine reine Unterrichtssprache?

Seit Beginn der Soap-Geschichte mit den Radio-Soaps in den 1930er Jahren gibt es immer wieder Forschungen bezüglich des Genres. So dominierten vor allem sozialwissenschaftliche Forschungen zu der Darstellung einzelner Personenkreise (vor allem *gender studies*) oder Milieus. Seit den 1980er Jahren wurden zunehmend medien- und kommunikationswissenschaftliche Studien durchgeführt, die sich vor allem auf Inhaltsanalysen konzentrierten. Beispielsweise sei hier die Studie von Muriel Cantor und Suzanne Pingree aus dem Jahr 1983 angeführt.[13] Ebenso wurde nach den Gründen für den Erfolg der Soaps bei einigen Zuschauern gesucht, vor allem von Frank und Greenberg, ebenfalls in den 1980er Jahren.[14] Darüber hinaus wurde z.B.

---

[13] Muriel G. Cantor; Suzanne Pingree, *The Soap Opera* (Beverly Hills, London, New Delhi: Sage Publications, 1983).

[14] Ronald Edward Frank; Marshall G. Greenberg, *The public's use of television: who watches and why* (Beverly Hills, London: Sage Publications, 1980).

Ende der 1990er Jahre von Thompson, Heinberg, Altabe und Tantleff-Dunn in den USA eine Studie zum Einfluss der Soaps auf das Selbstbild von Frauen veröffentlicht.[15] 2001 untersuchten Göttlich et al. im Auftrag der Landesanstalt für Rundfunk Nordrhein-Westfalen und der Landeszentrale für private Rundfunkveranstalter Rheinland-Pfalz die Wirkungsweise von deutschen Soap Operas und Daily Talks auf die Rezipienten.[16] Eine solide Forschungslage zum Thema Soap Opera als Methode oder Gegenstand im Unterricht gibt es allerdings noch nicht.

Da es bislang kaum Erfahrungen mit diesem Genre im Fremdsprachenunterricht gibt, werden neben den theoretischen Überlegungen die wenigen Beispiele aus der Praxis näher vorgestellt. Es soll unter anderem anhand dieser Beispiele gezeigt werden, wie die Soap Opera in didaktisierter Form im Englischunterricht der Sekundarstufe I eingesetzt werden kann und welche Möglichkeiten sich dadurch für einen kommunikativen und hinsichtlich der Lernziele nachhaltigen Englischunterricht ergeben. Vor allem aber sollen mögliche Kritikpunkte hinsichtlich des Einsatzes einer Soap Opera im Kontext von Schule und Unterricht herausgestellt und reflektiert werden. Diesen werden die sich bietenden Chancen gegenübergestellt, die der Einsatz der *ELT-Soap* mit sich bringen kann. Es muss darüber hinaus bedacht werden, dass mit einer *ELT-Soap* im Englischunterricht zwar Interessen der Schüler berücksichtigt und genutzt werden sollen, die Methode aber nicht auf ein bloßes Bedienen jugendlicher Vorlieben hinauslaufen darf.

Als zentrales Praxisprojekt wird abschließend erläutert, inwieweit das reformpädagogische Lehrwerk *Learning Tenses with Cindy*[17] das Genre der Soap Opera erfolgreich in den Englischunterricht mit einbringen kann. Anhand dieses Beispiels soll ebenso offengelegt werden, welche Fragen und Kritikpunkte hinsichtlich des Instrumentes der *ELT-Soap* noch gelöst werden müssen.

---

[15] J. Kevin Thompson [u.a.], *Exacting Beauty – Theory, Assessment, and Treatment of Body Image Disturbance* (Washington, DC: American Psychological Association, 1999), 100 ff.

[16] Udo Göttlich; Friedrich Krotz; Ingrid Paus-Haase (Hrsg.), *Daily Soaps und Daily Talks im Alltag von Jugendlichen – Eine Studie im Auftrag der Landesanstalt für Rundfunk Nordrhein-Westfalen und der Landeszentrale für private Rundfunkveranstalter Rheinland-Pfalz* (Opladen: Leske + Budrich, 2001, Bd. 38).

[17] Beatrix Loghin, *Learning Tenses with Cindy* (Bielefeld: Friedrich Schönweiss, 2008).

0.2 Vorgehen und Aufbau der Arbeit

Die vorliegende Dissertation soll Wege aufzeigen, wie die Soap Opera und die mit ihr verbundenen Emotionen und Interessen schulpraktisch genutzt werden können, um einen Zugang zu Lernern des Englischen zu bekommen und einen lebensnahen, medienkritischen, kommunikativen aber vor allem motivierenden Englischunterricht zu verwirklichen.

Hierzu werden nach der Einleitung zunächst im zweiten Kapitel auf Basis der kommunikativen Wende aktuelle Anforderungen an den heutigen Englischunterricht der Sekundarstufe I, basierend auf den Kernlehrplänen (G 8) für Nordrhein-Westfalen, vorgestellt. Eine theoretische Analyse methodisch-didaktischer Konzepte für den fortgeführten Englischunterricht in der Sekundarstufe I soll aufzeigen, welche ausgewählten Methoden für einen kommunikativen und motivierenden Unterricht von Bedeutung sind. Ein Überblick über die Möglichkeiten des Einsatzes neuer Medien im Fremdsprachenunterricht verdeutlicht dabei ergänzend, wie im Englischunterricht einfach und zeitgemäß didaktisch unveränderte Texte aus dem Land der Zielsprache und muttersprachliches, gesprochenes Englisch in die Klasse geholt werden können. Auch hierbei soll der Fokus auf einem kommunikativ ausgerichteten Fremdsprachenlernen liegen.

Das dritte Kapitel befasst sich zunächst mit der Entstehungsgeschichte, den Merkmalen und Strukturen der Soap Opera. Auf dieser Basis und unter Rückbezug auf bestehende Forschungen werden sowohl der Reiz als auch die daraus resultierenden Chancen der Soap Opera für das Englischlernen aufgedeckt. Ebenso werden zu bedenkende Gefahren und Kritikpunkte hinsichtlich des Genres diskutiert. Das Hauptaugenmerk liegt dabei auf der Verwendung von Soap Operas im Kontext des Fremdsprachenunterrichts, insbesondere des Englischunterrichts. An beispielhaften Bereichen wie der Grammatik- und Wortschatzvermittlung sowie der Medienerziehung werden die Möglichkeiten für ein in Teilbereichen effektiver gestaltetes Englischlernen durch den Einsatz einer *ELT-Soap* verdeutlicht. In einem Zwischenfazit werden zusammenfassend Kriterien und Merkmale aufgestellt, die eine für den Unterricht geeignete *ELT- Soap* kennzeichnen.

Im vierten Kapitel werden zwei Projekte vorgestellt, die auf unterschiedliche Art und Weise die Soap Opera in ein Lernarrangement einbinden. Mit Rückbezug auf die im Zwischenfazit in Teil 3 dieser Dissertation aufgestellten Kriterien und Merkmale wird dabei untersucht, inwiefern diese beiden Praxisbeispiele in die Kategorie *ELT-Soap* fallen. Hinsichtlich der theoretischen Überlegungen soll überprüft werden, inwiefern eine Umsetzung der Methode Soap Opera im Englischunterricht der Sekundarstufe I möglich und sinnvoll ist. Neben dem Online-Projekt *The Flatmates*[18] der BBC wird das universitäre Projekt *Learning Tenses with Cindy*[19] vorgestellt. Das letztgenannte Projekt zeigt dabei einen Weg auf, die Soap Opera in Form eines Lehrwerkes in den Englischunterricht der Sekundarstufe I zu integrieren und mit einer kommunikativen Ausrichtung die Zeitformen des Englischen zu wiederholen und zu festigen.

Das fünfte Kapitel soll abschließend zusammenfassen, inwiefern sich die Soap Opera als Methode und Gegenstand des Englischunterrichts eignet, und neben einer Diskussion offene Fragen in Form eines Ausblicks präsentieren.

---

[18] http://www.bbc.co.uk/worldservice/learningenglish/flatmates/[Stand: 15.07.11/10:33].

[19] Beatrix Loghin, *Learning Tenses with Cindy* (Bielefeld: Friedrich Schönweiss, 2008).

II Englischunterricht modern gestalten

Der Englischunterricht im schulischen Kontext hat sich in den letzten Jahren und Jahrzehnten stark gewandelt. Bereits mit der kommunikativen Wende in den 1970er Jahren wurde der Englischunterricht bezogen auf die Lernziele und -inhalte nachhaltig reformiert. Seit einigen Jahren zeichnen sich weitere Anforderungen ab, die in einigen Bereichen des Fremdsprachenunterrichts eine Neugestaltung notwendig erscheinen lassen: Heterogene Lernergruppen und individuelle Förderung, Englisch für Schüler mit Migrationshintergrund und Englischunterricht mit neuen Medien seien hier als Stichworte genannt. Nicht zuletzt durch die Vorverlegung des Englischunterrichts in die Grundschule seit dem Schuljahr 2004/2005 und seit 2009 in die 1. Klasse haben sich die Struktur sowie die Anforderungen an den fortgeführten Englischunterricht in der Sekundarstufe I stark gewandelt. Lehrer an weiterführenden Schulen haben es nun nicht mehr mit Lernanfängern zu tun, sondern mit einer bunt gemischten Gruppe von Lernern, die unter anderem durch die verschiedenen Herangehensweisen der Grundschulen einen recht unterschiedlichen Lernstand vorweisen. Hinzu kommt, dass durch das Zentralabitur und die Verkürzung der Lernzeit bis zum Abitur auf 12 Jahre grundlegende inhaltliche Änderungen im Lehrplan angefallen sind. Die Überarbeitung der curricularen Vorgaben und die Anpassung der Schulzeitverkürzung sind zum 01.08.2007 in Kraft getreten.[20] Der „heutige Englischunterricht befindet sich in einer Umbruchsituation"[21]. Gerade in Bezug auf das nun achtjährige Gymnasium wurden Änderungen im Fach Englisch durchgeführt, die beispielsweise eine Verlagerung von Lerninhalten in die Oberstufe, eine Reduzierung des Stoffes oder eine Verlagerung in frühere Klassenstufen mit sich brachten. Im Rahmen dieser Neuerungen stehen die weiterführenden Schulen vor der Aufgabe, den Fremdsprachen-

---

[20] Vgl. http://www.standardsicherung.schulministerium.nrw.de/lehrplaene/kernlehrplaeneseki/gymnasiumg8/ [Stand 02.03.11/13:55].

[21] Friederike Klippel; Sabine Doff, *Englischdidaktik* (Berlin: Cornelsen Scriptor, 2007), 40.

unterricht trotzdem so zu gestalten, dass alle Schüler die Chance bekommen, eine bzw. zwei Fremdsprachen nachhaltig und anwendungsbezogen zu erlernen.

Im Folgenden werden nun exemplarisch zentrale Aspekte eines heute angemessenen Englischunterrichts dargestellt. Neben einem kurzen Abriss über die Einflüsse der kommunikativen Wende auf das heutige Verständnis von Fremdsprachenlernen soll insbesondere auf einen kommunikativ ausgerichteten Englischunterricht eingegangen werden. Hervorgehoben werden in diesem Kontext unter anderem der Einsatz neuer Medien sowie einzelne methodische Ansätze, die nach Meinung der Autorin ein nachhaltiges Englischlernen ermöglichen bzw. mehr Berücksichtigung als bisher erfahren müssen. Dieses Kapitel bildet die Grundlage für die Zielsetzung der vorliegenden Dissertation, die Methode ‚Soap Opera im Englischunterricht' auf ihre Chancen und Möglichkeiten hinsichtlich eines modernen Englischunterrichts hin zu analysieren.

1 Die kommunikative Wende und ihre Folgen für den Englischunterricht

> We know that people who speak different languages do to some extent live in distinct worlds, not merely the same experiential world with different labels attached.[22]

Englisch kann im Vergleich zu traditionsreichen Sprachen wie Latein oder Französisch als relativ „junges Unterrichtsfach"[23] angesehen werden. Während Latein bereits in den Klosterschulen des Mittelalters gelehrt wurde und Französisch lange als „Sprache der Diplomatie, des Adels und der bürgerlichen Oberschicht"[24] galt, wurde die englische Sprache erst im 19. Jahrhundert populär. Dies hing vor allem mit der wachsenden internationalen Rolle Englands zusammen, das als führende Kolonialmacht auch wirtschaftlich in den Bereichen Produktion und Export an der Spitze der Welt stand.[25] Seit dem 20. Jahrhundert, in dem Englisch sich zur internationa-

---

[22]Dell Hymes, „Two Types of Linguistic Relativity (with examples from amerindian ethnography)". In *Sociolinguistics*. Hrsg. v. William Bright (Paris: The Haug, 1966), 116.

[23]Wolfgang Gehring, *Englische Fachdidaktik – Theorien, Praxis, Forschendes Lernen* (Berlin: Erich Schmidt Verlag, 2010), 19.

[24]Ebd.

[25]Vgl. ebd.

len Verkehrssprache herausbildete und als *lingua franca* weltweit die am weitesten verbreitete Sprache wurde, setzte sie sich ebenso als erste zu lernende Fremdsprache an Schulen durch. Als 1901 Englisch sowie Französisch nach neuen preußischen Richtlinien für Gymnasien als verbindliche Fächer eingeführt wurden, folgten in den nächsten Jahrzehnten die meisten Länder diesem Beispiel und bestimmten Englisch als Pflichtfach.[26] Insbesondere in den Nachkriegsjahren wurde Englisch von den Siegermächten in der BRD in Gymnasien, Hauptschulen und auch den Volksschulen etabliert. Einzig in der damaligen DDR war Russisch die wichtigste Fremdsprache und wurde als Pflichtfach in der polytechnischen Oberschule gelehrt. Die Ausweitung des Unterrichtsfaches Englisch brachte auch methodische Fragen mit sich, da z.B. in Hauptschulen die Sprache anders vermittelt werden musste als an Gymnasien. Bis in die 1970er Jahre hinein basierte der Fremdsprachenunterricht zumeist auf behavioristischen Prinzipien und die Aufgabe der Schüler war es meist, „passende Äußerungen in vorkalkulierten Alltagssituationen [zu] reproduzieren"[27]. Konnte dies erfolgreich von den Schülern umgesetzt werden, waren die Schüler kommunikationsfähig.

Dennoch gab es auch zu dieser Zeit des Englischunterrichts Bemühungen, die bisherige Kluft zwischen Schule und Lebensweltbezug zu schließen. Der Gedanke, dass intensives Lernen nur möglich ist, wenn die fremdsprachlichen Situationen die Lebenswelt des Schülers mit einbeziehen, wurde bereits in den 1930er bis 1960er Jahren intensiv verfolgt. Umgesetzt wurde diese Idee traditionell im Konzept des *„situational teaching"*[28], im Zuge dessen „lebensechte Situationen vorgestellt [wurden], in denen die Fremdsprache offensichtlich als natürliches Kommunikationsmittel benutzt wird."[29] Ein Problem dieser heute kaum noch verwendeten Methode war und ist, dass der Lerner hauptsächlich zum Nachahmen von Satzmustern angeregt wird und sich die Situationen, die durchgespielt wurden, meist auf Lebenssituationen bezogen, die „für viele Schüler in großer raumzeitlicher Entfernung von ihrem jetzigen Leben angesiedelt [waren] (...)"[30]. So wurden z.B. häufig das Berufsleben und Situationen im Berufsalltag thematisiert, die für die Schüler noch keine wirkliche Relevanz haben bzw. kaum nachvollzogen werden können. Deshalb ist eine Identifizierung mit den dargebotenen

---

[26]Vgl. Wolfgang Gehring, *Englische Fachdidaktik – Theorien, Praxis, Forschendes Lernen* (Berlin: Erich Schmidt Verlag, 2010), 20.

[27]Ebd., 21.

[28]Colin Black; Wolfgang Butzkamm, *Klassengespräche – Kommunikativer Englischunterricht: Beispiel und Anleitung* (Heidelberg: Quelle und Meyer, 1977), 11.

[29]Ebd.

[30]Ebd.

Rollen bei dieser Methode für die Schüler kaum bis gar nicht möglich. Hinzu kommt, dass die konstruierten Situationen in der Regel von Lehrwerkautoren geschrieben wurden, die häufig für die Schüler irrelevante Sachverhalte ansprachen.[31] Lebensferne Themen, fest vorgegebene Satzmuster und fremdbestimmte Inhalte erschwerten eine Identifikation des Schülers mit den Lerninhalten und hatten zur Folge, „daß der Schüler die in dieser Weise geübte Fremdsprache selten als vertrautes Vehikel für seine eigenen Mitteilungen erlebt[e]“[32].

Hauptanliegen des frühen und fortgeführten Fremdsprachenunterrichts war und ist es zunächst, den Schülern die Kommunikation in der Fremdsprache zu ermöglichen.

Bis in die 1980er Jahre verstanden Lehrpläne unter Kommunikationsfähigkeit, englischsprachige Äußerungen umsetzen zu können und zwar mittels flüssig produzierter Satzgebilde, adäquat ausgesprochen und grammatikalisch korrekt formuliert.[33]

Während die Forderung nach Kommunikationsfähigkeit bis in die 1970er Jahre ein populäres Anliegen des Englischunterrichts war, zeichnete sich mehr und mehr ein Wandel hin zur kommunikativen Kompetenz ab. Das Verständis von Sprachbeherrschung änderte sich dahingehend, dass nicht mehr ein Repertoire an korrekten englischen Sätzen gebildet, sondern vielmehr im gesellschaftlichen Kontext der englischen Kultur sprachlich interagiert werden sollte. Die Pragmatik wurde mehr in den Fokus gerückt mit dem Ziel, nicht nur korrektes, sondern ebenso unter Muttersprachlern übliches Englisch zu vermitteln. Die Abhängigkeit von „grammatischem Regelwissen und sozialem Handlungswissen“[34] wurde vor allem durch den Soziolinguisten Dell Hymes vertreten, der erstmals 1966 den Begriff der *communicative competence* prägte.[35]

A person who acquires communicative competence acquires both knowledge and ability for language use with respect to

1. whether (and to what degree) something is formally possible;

---

[31]Vgl. Colin Black; Wolfgang Butzkamm, *Klassengespräche – Kommunikativer Englischunterricht: Beispiel und Anleitung* (Heidelberg: Quelle und Meyer, 1977), 11.

[32]Ebd.

[33]Wolfgang Gehring, *Englische Fachdidaktik – Theorien, Praxis, Forschendes Lernen* (Berlin: Erich Schmidt Verlag, 2010), 85.

[34]Ebd., 86.

[35]Ebd.

2. whether (and to what degree) something is feasible in virtue of the means of implementation available;

3. whether (and to what degree) something is appropriate (adequate, happy, successful) in relation to a context in which it is used and evaluated;

4. whether (and to what degree) something is in fact done, actually performed, and what its doing entails.[36]

In Deutschland wurde der Paradigmenwechsel im Englischunterricht vorrangig von dem Fremdsprachendidaktiker Hans-Eberhard Piepho geprägt. Mit seiner Publikation „Kommunikative Kompetenz als übergeordnetes Lernziel im Englischunterricht"[37] aus dem Jahr 1974 trug er maßgeblich dazu bei, dass das Englischlernen nicht nur an deutschen Schulen kommunikativer und lebensnaher wurde.[38] Er unterschied zwischen den Ebenen des kommunikativen Handelns und der Diskursfähigkeit, wodurch neben den sprachlichen Mitteln auch die Mitteilungsfähigkeit für den Unterricht an Bedeutung gewann.[39] Gleichzeitig veränderte sich die Einstellung zu Fehlern, die Lerner im Laufe ihres Spracherwerbsvorganges produzieren. In Hinblick auf die Mitteilungsfähigkeit der Schüler war es nun nicht mehr oberste Prämisse, jeden Satz korrekt zu artikulieren. Vielmehr kam es auf die Verständlichkeit dessen an, was die Schüler mitteilen wollten. Diese ist auch gegeben, wenn sich kleine Fehler in das Gesagte einschleichen. Diese neuen Prinzipien gipfelten z.B. im Bereich der Grammatikvermittlung in einer Ablehnung des bisher anerkannten, formalen *structural approach* und führten zur fast ausschließlichen Verfolgung des *communicative approach*, bei dem das Englische hautpsächlich durch die sprachliche Interaktion gelernt werden sollte. Kritik wurde aber dahingehend laut, dass bei dieser Form des Englischunterrichts die „formalen Aspekte der Grammatik"[40] zu stark vernachlässigt würden. Heute kann ein „formal-funktionaler(...) Kompromiss"[41] als Basis vieler methodischer Konzepte angesehen wer-

---

[36] Hymes, 1972, zitiert in: Wolfgang Gehring, *Englische Fachdidaktik – Theorien, Praxis, Forschendes Lernen* (Berlin: Erich Schmidt Verlag, 2010), 86–87.

[37] Hans-Eberhard Piepho, *Kommunikative Kompetenz als übergeordnetes Lernziel im Englischunterricht* (Dornburg-Frickhofen: Frankonius-Verlag, 1974).

[38] http://www.piepho-preis.de/portrait_piepho.php [Stand: 05.11.10/13:35].

[39] Vgl. Wolfgang Gehring, *Englische Fachdidaktik – Theorien, Praxis, Forschendes Lernen* (Berlin: Erich Schmidt Verlag, 2010), 87.

[40] Friederike Klippel; Sabine Doff, *Englischdidaktik* (Berlin: Cornelsen Scriptor, 2007), 58.

[41] Ebd.

den.[42] Grammatik soll vorrangig in konkreten Situationen ihre Anwendung finden und nicht losgelöst vom Kontext gelehrt werden.

Klippel bringt in ihrer Englischdidaktik das Kernziel des Englischunterrichts heute auf den Punkt: „Seit der kommunikativen Wende steht auf breiter Konsensbasis in Theorie und Praxis das funktionale Ziel der Sprachbeherrschung im Vordergrund"[43]. Der Effekt dieser kommunikativen Wende ist heute vor allem im frühen Fremdsprachenunterricht spürbar: Die Prinzipien des Frühbeginns sind unter anderem das „Prinzip der Kommunikation"[44], das „Prinzip der Mündlichkeit"[45], der Ganzheitlichkeit[46] und des „angstfreien Lernens"[47]. Kinder lernen möglichst ohne Hemmungen die Fremdsprache kennen, weil sie zwar an wichtigen Stellen korrigiert, nicht aber unter dem Anspruch des fehlerfreien Sprachgebrauchs in ihren ersten Äußerungen vehement unterbrochen und zurechtgewiesen werden. Ebenso zeigt sich auch an den neuen Lehrplänen der Sekundarstufe I, dass Englisch heutzutage vermehrt anhand natürlich generierter Sprachanlässe gelehrt wird, Schüler nicht nur mit dem Lehrer, sondern auch untereinander kommunizieren können und dabei sehr häufig für sie und ihre Lebenswelt interessante Inhalte behandeln. Zusätzliche Austauschprogramme, E-Mail-Partnerschaften und muttersprachliche Sprachbeispiele wie beispielsweise englischsprachige Filme oder Internetvideos unterstützen ein kommunikativ orientiertes Lernen, bei dem neben dem Sprachgerüst landeskundliches und vor allem interkulturelles Wissen erworben wird.

Sowohl der frühe Fremdsprachenunterricht als auch der fortgeführte Englischunterricht orientieren sich mittlerweile an dem Leitziel der kommunikativen Kompetenz. In Hinblick auf den Stellenwert der Weltsprache Englisch in unserer heutigen Gesellschaft ist es das Hauptanliegen des Englischunterrichts, die Schüler nicht mehr nur mit einem eingeübten Repertoire an Redemitteln auszustatten, sondern Ihnen das Handwerkszeug für eine erfolgreiche, interkulturelle Kommunikation mitzugeben.

> Der Unterricht ist selbst reale Kommunikation, nicht Vorgriff auf mögliche Kommunikation...Und er ist „gelingende" Kommunikation, insofern es gelingt, Motivation zu schaffen, an die Interessen und

---

[42] Vgl. Friederike Klippel; Sabine Doff, *Englischdidaktik* (Berlin: Cornelsen Scriptor, 2007), 58.

[43] Ebd., 24.

[44] Jenny Demircioglu, *Englisch in der Grundschule* (Berlin: Logos Verlag Berlin, 2008), 51.

[45] Ebd.

[46] Vgl. ebd.

[47] Ebd., 52.

Probleme der Schüler anzuknüpfen, deren Erfahrungsbereich durch neue Inhalte zu erweitern.[48]

Dieses Bemühen um reale Kommunikation ist schließlich ebenso in der Einbindung des Diskurses in den Englischunterricht wiederzufinden. Als Diskurs „bezeichnet man Sprache, die in der Kommunikation produziert wird, etwa ein Gespräch, eine Rede, eine Bekanntmachung"[49]. Im Rahmen des Fremdsprachenunterrichts sollen Schüler also lernen, längere (mündliche) Texte zu produzieren, Sätze zu kohärenten Äußerungen zu verbinden und die Kohärenz von fremden Texten zu erfassen.[50] Diskurskompetenz ist insofern essentiell, da sie eine „Realisierung zielkulturell (...) angemessenen, kommunikativen Handelns"[51] möglich macht. Konkret heißt dies, dass Schüler mit sprachlichen Mitteln ausgerüstet werden sollen und diese Mittel in einer realen Gesprächssituation in der Fremdsprache angemessen einbringen können müssen. Was hier so selbstverständlich klingt, ist in der schulischen Praxis ein ernstzunehmendes Problem: So bemüht Autoren moderner Lehrwerke bezogen auf Inhalt und Grammatik sind, Schülern alltagstaugliche sprachliche Mittel an die Hand zu geben, so wenig findet eine aktive, freiwillige Umsetzung des Gelernten im Unterricht oder im privaten Leben statt. Englisch wird immer noch häufig als reines Unterrichtsfach verstanden, in dem die Sprache möglichst korrekt angewandt werden soll. Gerade in der 7. und 8. Klasse, wenn die Schüler hauptsächlich mit ihren eigenen Lebensproblemen und ihrem Ansehen in der *Peergroup* bzw. im sozialen Klassengefüge zu kämpfen haben, ist es schwierig, sie zum Englischsprechen zu bewegen. Oft melden sich nur die guten Schüler, der Rest verstummt lieber und möchte sich keine Blöße geben. Hemmungen und eine niedrige Relevanz der Fachinhalte für die Lerner erschweren ein erfolgreiches Englischlernen und die geforderte kommunikative Kompetenz erstreckt sich leider meist nicht über das sichere Terrain der bekannten Formulierungen und Gesprächssituationen hinaus. Daher ist ein Hauptanliegen dieser Dissertation, mittels einer neuen Methode einen souveräneren und für die Schüler nachvollziehbareren Sprachgebrauch sowie eine echte kommunikative Kompetenz auch außerhalb des Klassenzimmers zu vermitteln.

---

[48] Melenk 1977 zitiert in: Colin Black; Wolfgang Butzkamm, *Klassengespräche – Kommunikativer Englischunterricht: Beispiel und Anleitung* (Heidelberg: Quelle und Meyer, 1977), 13.

[49] Friederike Klippel; Sabine Doff, *Englischdidaktik* (Berlin: Cornelsen Scriptor, 2007), 65.

[50] Vgl. ebd.

[51] Ebd., 66.

2 Anforderungen an den heutigen Englischunterricht

Durch die Verkürzung der Schulzeit an Gymnasien und die damit einhergehenden strafferen Lehrpläne ist es mehr denn je erforderlich, die Lerninhalte der einzelnen Fächer effektiv und zielgerichtet zu vermitteln. Gerade im Bereich des Fremdsprachenunterrichts steht die Lehrkraft vor der anspruchsvollen Aufgabe, in recht kurzer Zeit „funktionale kommunikative Kompetenzen"[52] zu vermitteln. Dies beinhaltet nicht nur solide Kenntnisse der sprachlichen Mittel, sondern darüber hinaus ebenso methodische und vor allem interkulturelle Kompetenzen.[53] Um die Bedeutung dieser geforderten Kompetenzen in Bezug auf den Englischunterricht zu konkretisieren, werden im Folgenden der funktionale Sprachgebrauch und die Bedeutung der sprachlichen Mittel – insbesondere im Bereich Grammatik – näher erläutert. Gerade diese Aspekte bilden die Basis für den weiteren Verlauf dieser Dissertation, in der der Einsatz der Soap Opera als Mittel und Methode für ein effektiveres Englischlernen vorgestellt werden soll.

2.1 Ziele des heutigen Englischunterrichts

Das Beherrschen von Fremdsprachen gehört mittlerweile zu den Basisfertigkeiten eines mündigen Bürgers, vor allem im Rahmen der voranschreitenden Globalisierung und eines immer enger zusammenwachsenden Europas. Gerade die Weltsprache Englisch ist oft Grundvoraussetzung für den späteren beruflichen Erfolg sowie für die immer häufiger geforderte Mobilität der Arbeitnehmer. Englisch ist die Sprache der Wirtschaft und der Wissenschaft und dient der Kommunikation über alle Ländergrenzen hinweg. Der frühe Kontakt mit dieser Sprache zeigt bereits jungen Lernern die kulturelle Vielfalt unseres Planeten und bietet einen spielerischen Einstieg in ein womöglich lebenslanges Fremdsprachenlernen. Insbesondere das Fach Englisch wird von vielen Schülern motiviert mitgestaltet, da bereits zu Beginn des Unterrichts viele Kenntnisse aus dem alltäglichen Leben vorhanden sind und die Sprache auch in Bezug auf ihre Grammatik leichter zu erlernen ist als beispielsweise Französisch. Vor allem ist es den Schülern bereits mit wenigen erlernten Wörtern möglich, zu kommunizieren.

---

[52] *Kernlehrplan für den verkürzten Bildungsgang des Gymnasiums – Sekundarstufe I (G8) in Nordrhein-Westfalen/ Englisch* (Frechen: Ritterbach Verlag GmbH, 2007)(Ministerium für Schule und Weiterbildung), 11.
[53] Vgl. ebd., 21.

Die Begründungen, die für die Sprache und das Schulfach Englisch sprechen, sind vielfältig und führen noch weit über die hier genannten Aspekte hinaus. Sie verdeutlichen, warum die Lehrpläne für dieses Unterrichtsfach sich nicht nur auf die sprachlichen Kompetenzen beziehen, sondern ebenso auf interkulturelle und Methodenkompetenz Wert legen. Neben der Entwicklung einer offenen Haltung gegenüber fremden Kulturen und anderen Perspektiven gilt es auch, Lernstrategien und Medienkompetenz auszubilden. Dennoch ist es natürlich Kernziel des Englischunterrichts, den Schülern fremdsprachige Fertigkeiten zu vermitteln: „The major goal of foreign language education is to enable students to communicate meaningfully and appropriately in intercultural settings."[54]

Ganz konkret werden in den Kernlehrplänen (G8) für das Fach Englisch der Sekundarstufe I (Gymnasium) in NRW folgende Kennzeichen und Ziele des Englischunterrichts formuliert:

> Die Weiterentwicklung des Englischunterrichts in der Sekundarstufe I ist deshalb gekennzeichnet durch
>
> - die Stärkung der Anwendungsorientierung und des lebensweltlichen Bezugs im funktonalen Zusammenhang mit der Grundlegung eines wissenschaftsorientierten Arbeitens,
> - die Stärkung der mündlichen Kommunikationsfähigkeit,
> - die Erweiterung von landeskundlichen Kenntnissen zu interkultureller Handlungskompetenz,
> - die Internationalisierung fremdsprachlicher Standards, die sich an den Referenzniveaus des *Gemeinsamen europäischen Referenzrahmens für Sprachen: lernen, lehren, beurteilen* (...) orientieren sowie
> - die Akzentuierung unterschiedlicher schulformspezifischer Leistungsprofile.[55]

Ferner sollen als Leitziel des Englischunterrichts „funktionale kommunikative Kompetenzen im Spektrum der fremdsprachlichen Fähigkeiten und Fertigkeiten ‚Hörverstehen/ Hör-Sehverstehen‘, ‚Sprechen‘, ‚Leseverstehen‘,

---

[54]Lisa Blötz, „Grammatikerwerb im kommunikativ-handlungsorientierten Englischunterricht". In *Fremdsprachenlehren und -lernen. Prozesse und Reformen.* Hrsg. v. Gabriele Blell; Rita Kupetz (Frankfurt am Main [u.a.]: Lang, 2008), 167.

[55]*Kernlehrplan für den verkürzten Bildungsgang des Gymnasiums – Sekundarstufe I (G8) in Nordrhein-Westfalen/ Englisch* (Frechen: Ritterbach Verlag GmbH, 2007)(Ministerium für Schule und Weiterbildung), 11.

‚Schreiben' und ‚Sprachmittlung' " vermittelt werden.[56] Dabei sollte die „Kommunikation bzw. kommunikative Tätigkeit (...) sowohl Ziel als auch Mittel des Fremdsprachenunterrichts"[57] sein.

Die verschiedenen Bereiche sind bestimmt von Bildungsstandards, die für die verschiedenen Schulformen und Klassenstufen Niveaus festlegen, welche die Schüler erreichen sollen. Der Unterricht ist hinsichtlich seiner Gestaltung geprägt durch Aspekte wie Schülerorientierung, Handlungsorientierung und Prozessorientierung.

Über diese konkreten Lernziele in den Lehrplänen hinaus ist es wichtig, das Fach Englisch nicht nur unter dem Aspekt der Sprachbeherrschung zu sehen. Der Englischunterricht „dient (...) der Wissensvermittlung über die englische Sprache und ihren Gebrauch"[58]. Das interkulturelle Lernen, die Entwicklung von Lernstrategien, der Umgang mit Literatur und Medien sowie übergeordnete Lernziele wie z.b. die Erweiterung kognitiver oder sozialer Fähigkeiten sind ebenfalls Teil des Faches Englisch. Klippel zeigt in ihrer Englischdidaktik drei „Domänen"[59] des Englischunterrichts auf:

> Die Ziele des Englischunterrichts lassen sich drei Domänen zuordnen:
>
> - dem Erwerb von Wissen (über Sprache, Sprachgebrauch, Kulturen, Literatur, etc.),
> - dem Einüben von Können (im Hinblick auf sprachliche Fertigkeiten, interkulturelle Handlungsfähigkeit, Fremdsprachenlernen etc.) und
> - dem Wecken von Einstellungen (zu Sprache, zu anderssprachigen Menschen, zum Fremdsprachenlernen, zu Literatur und Kulturen).[60]

Klippel kategorisiert hier einfach aber sehr deutlich die verschiedenen Facetten des Unterrichtsfaches Englisch. Ein moderner, heute angemessener Englischunterricht muss mehr leisten als den Lerner mit standardisierten Redemitteln auszustatten, die er in vertrauten Situationen anwenden kann.

---

[56] *Kernlehrplan für den verkürzten Bildungsgang des Gymnasiums – Sekundarstufe I (G8) in Nordrhein-Westfalen/ Englisch* (Frechen: Ritterbach Verlag GmbH, 2007)(Ministerium für Schule und Weiterbildung), 11.

[57] Norbert Lademann, „Zu einigen Kriterien für die Gestaltung kommunikativ orientierter Lehrbücher des Fremdsprachenunterrichts". In *Prozessorientierte Mediendidaktik im Fremdsprachenunterricht*. Hrsg. von Wilfried Gienow; Karlheinz Hellwig (Frankfurt am Main: Peter Lang Verlag, 1993), 145.

[58] Friederike Klippel; Sabine Doff, *Englischdidaktik* (Berlin: Cornelsen Scriptor, 2007), 34.

[59] Ebd.

[60] Ebd.

Vor allem der Aspekt der interkulturellen Sprachhandlungsfähigkeit wird noch zu wenig gefördert, denn dazu gehört mehr als das Kennenlernen von englischsprachigen Ländern und das klischeehafte Wissen über Bräuche und Gewohnheiten. Gerade die Forderung nach der Handlungsfähigkeit der Lerner – sowohl in der Kommunikation mit Muttersprachlern als auch mit anderen Sprechern des Englischen, die die Sprache als L2 oder L3 gelernt haben – soll nun näher begründet werden.

2.2 Vom Unterrichtsfach Englisch zum aktiven Gebrauch der Fremdsprache

Von der Grundschule bis hin zur Sekundarstufe II werden Kompetenzerwartungen in den Kernlehrplänen für den Fremdsprachenunterricht formuliert, die die Schüler erfüllen sollen. Eingeteilt in die Bereiche ‚Kommunikative Kompetenzen' , ‚Verfügbarkeit von sprachlichen Mitteln und sprachlicher Korrektheit' , ‚Methodische Kompetenzen' und ‚Interkulturelle Kompetenzen'[61] werden beispielsweise für die Sekundarstufe I in Nordrhein-Westfalen – genauer für das Ende der 6., 8. und 9. Jahrgangsstufe – konkrete Ziele für den Unterricht aufgestellt. Diese orientieren sich an den Referenzniveaus des *Gemeinsamen europäischen Referenzrahmens für Sprachen: lernen, lehren, beurteilen*[62], die der Europarat 2001 veröffentlicht hat. So sollen beispielsweise am Ende der 8. Klasse die Schüler die „Kompetenzstufe A2 des *GeR* mit Anteilen an der Kompetenzstufe B1"[63] erreichen. Konkret heißt das, dass die Schüler nun vor allem im Alltag in der Lage sein sollen, einfache, kurze Gespräche zu führen, einfache Beschreibungen zu geben, simple Texte zu lesen und mit einem „ausreichenden Wortschatz (...) in vertrauten Situationen (...) alltägliche Angelegenheiten zu erledigen"[64]. Dabei sollte die Aussprache zur Verständigung ausreichen.[65] Dieses Verständnis des kommunikativen Sprachgebrauchs basiert zu großen Teilen auf dem Um-

---

[61] *Kernlehrplan für den verkürzten Bildungsgang des Gymnasiums – Sekundarstufe I (G8) in Nordrhein-Westfalen/ Englisch* (Frechen: Ritterbach Verlag GmbH, 2007)(Ministerium für Schule und Weiterbildung), 21.

[62] Europarat – Rat für kulturelle Zusammenarbeit, *Gemeinsamer europäischer Referenzrahmen für Sprachen: lernen, lehren, beurteilen*, Goethe-Institut Inter Nationes (Hrsg.) (Berlin, u.a.: Langenscheidt KG, 2001).
Im Folgenden abgekürzt als *GeR*.

[63] *Kernlehrplan für den verkürzten Bildungsgang des Gymnasiums – Sekundarstufe I (G8) in Nordrhein-Westfalen/ Englisch* (Frechen: Ritterbach Verlag GmbH, 2007)(Ministerium für Schule und Weiterbildung), 29.

[64] Ebd.

[65] Vgl. ebd., 50–62.

denken während der kommunikativen Wende sowie der Neuorientierung in den 1980er Jahren.[66]

Ziel des Englischunterrichts ist es also, den Lerner mit den Fähigkeiten auszustatten, die er für eine erfolgreiche Kommunikation in der Fremdsprache benötigt. Diese Fähigkeiten sind durch die Lehrpläne näher definiert. Allerdings erreichen dennoch verschiedene Lernergruppen unter der Anleitung verschiedener Lehrerpersönlichkeiten mit jeweils unterschiedlichen Methoden im Bereich der kommunikativen Kompetenz recht individuelle Kompetenzniveaus. Gerade das Sprechen in einer Fremdsprache stellt eine sehr komplexe Tätigkeit dar, die dem Lerner weitaus mehr abverlangt als beispielsweise das Lesen oder Hören fremdsprachlicher Texte.[67] Syntax- und Wortschatzkenntnisse werden bei sprachlichen Tätigkeiten „mehr oder weniger spontan"[68] aktiviert. Möchte der Sprecher flüssig kommunizieren, muss er „von der semantischen Planung und Denkform auf die syntaktische Verarbeitung übergehen"[69]. Dieses Niveau zu erreichen stellt in einer Englischklasse, in der die Schüler ‚zwangsweise' lernen müssen und keinen direkten Bezug wie etwa eine englischsprachige Lebenswelt haben, ein großes Problem dar. Nichts desto trotz sind Maximen wie das oft zitierte ‚fluency before correctness' leere Worthülsen, wenn der Englischunterricht neben Grammatik und Wortschatzarbeit nicht auch einen besonderen Fokus auf Kommunikation und Pragmatik legt. Daher legen „alle modernen Theorien zum Fremdsprachenerwerb" einen „aktiven Umgang in der Fremdsprache [nahe], der sich zunehmend außerhalb des imitativen oder reproduktiven Sprechens und Schreibens verlagert"[70]. Redemittel sollen automatisiert werden und der Lerner soll frei formulieren können, auch wenn dieses freie Sprechen eventuell häufiger zur Fehlerproduktion führt. Zudem soll das Sprachverhalten nicht nur flüssig und frei, sondern ebenso an die sprachlichen Konventionen und Erwartungshaltungen des (muttersprachlichen) Interaktionspartners angepasst sein. Sprache und Kommunikation müssen also immer auch kulturell eingebettet sein.[71]

Hinzu kommt, dass dieser Rahmen nicht nur allgemein für das Deutsche gegenüber dem Englischen berücksichtigt werden muss, sondern sich

---

[66]Vgl. Wolfgang Gehring, *Englische Fachdidaktik – Theorien, Praxis, Forschendes Lernen* (Berlin: Erich Schmidt Verlag, 2010), 88.

[67]Vgl. ebd., 157.

[68]Ebd.

[69]Vollmer 2000 zitiert in: Wolfgang Gehring, *Englische Fachdidaktik – Theorien, Praxis, Forschendes Lernen* (Berlin: Erich Schmidt Verlag, 2010), 157.

[70]Ebd.

[71]Vgl. ebd.

darüber hinaus englischsprachige Muttersprachler je nach Herkunftsland voneinander in ihren Konventionen unterscheiden. So muss der Schüler Einblicke in die Sprache verschiedener englischsprachiger Nationen erhalten: Großbritannien, Australien, Amerika, etc. Bei der Betrachtung englischer Lehrwerke für den Bereich Sekundarstufe I fällt gerade dieser Aspekt ins Auge. Mit Berücksichtigung der Sprachenvielfalt und der interkulturellen Kompetenz als Lernziel behandeln alle gängigen Lehrwerke die Länder Großbritannien, Amerika, Australien aber auch Indien oder China. Allerdings liegt dabei oft der Fokus mehr auf den kulturellen sowie wirtschaftlichen und bildungsspezifischen Besonderheiten des Landes als auf der Betrachtung der Sprache und des Dialektes.

Sprache wird in vielen Lehrwerken angebahnt über den „Aufbau von lexikalischem, semantischem und grammatischem Können"[72]. Dabei wird zumeist eine „idealisierte(...) Form(...) der Sprache und des Sprechens"[73] dargestellt:

> Alle Dialoge am Frühstückstisch, in der Familie, beim Einkauf, im Schulalltag, aber auch die dargestellten Diskurse in Diskussionen und Debatten sind zwangsläufig eklektische Modelle für menschliches Handeln und Verhalten - sowohl in der sprachlichen Form wie in der Haltung der Agierenden.[74]

Piepho beschreibt diese Eigenschaft didaktisierter Texte für den Fremdsprachenunterricht als eine notwendige, da solch „‚reine' Sprachformen"[75] meist gewählt werden, um die Texte für die Schüler leichter fassbar und übertragbar zu machen.[76] Dennoch kommt er zu dem Schluss, dass sich gerade hinsichtlich der kommunikativen Kompetenz „die Inhalte, Themen, Dialoge und Sprechanlässe in den Unterrichtswerken ändern [müssen]."[77]

Neben einem neuen thematischen Kanon, der gerade die kommunikative Kompetenz in den Fokus rückt, sollte es ebenso Unterrichtselemente geben, die die englische Sprache zur eigenen Sprache der Lerner machen.[78]

---

[72] Wolfgang Gehring, *Englische Fachdidaktik – Theorien, Praxis, Forschendes Lernen* (Berlin: Erich Schmidt Verlag, 2010), 157.

[73] Bundesarbeitsgemeinschaft Englisch an Gesamtschulen, *Kommunikativer Englischunterricht – Prinzipien und Übungstypologie (Neue Ausgabe)* (München: Langenscheidt-Longman GmbH, 1996), 11.

[74] Ebd.

[75] Ebd.

[76] Vgl. ebd.

[77] Vgl. ebd.

[78] Vgl. ebd.

Auch diese finden sich eher selten in Englischlehrwerken an deutschen Schulen. Doch gerade die Anwendung der Fremdsprache, um eigene Gefühle zu verarbeiten, Ideen zu reflektieren und somit das Englische zu mehr als einer reinen Unterrichtssprache zu machen, wird kaum gefördert oder sogar gänzlich vernachlässigt. In dieser Hinsicht hat das relativ neu eingeführte Englisch in der Grundschule dem Sekundarstufenunterricht einiges voraus. Während der Englischunterricht im Primarbereich ein ganzheitliches Lernen, die Verknüpfung eigener Interessen mit der Fremdsprache sowie eine Fokussierung der Unterrichtsgestaltung auf kommunikative Strukturen fördert, werden die sprachaktivierenden, kommunikativen Elemente mit zunehmendem Alter der Schüler eher vernachlässigt bzw. kommunikative Kompetenz wird bereits vorausgesetzt. Die unterrichtliche Praxis zeigt allerdings, dass sich auch noch ältere Schüler in Kommunikationssituationen oft unsicher oder unwohl fühlen.

Erstaunlich ist, dass Forderungen nach für den Schüler nachvollziehbarer, personalisierter Kommunikation schon lange verlautbar sind. So zeigen Black und Butzkamm bereits 1977 mit ihren protokollierten Klassengesprächen, wie fremdsprachliche Kommunikation zu mehr werden kann als „Routine und Ritual"[79]. Sie betonen, dass das Reden in der fremden Sprache Schülern dazu verhelfen soll, „sich selbst zu artikulieren und ihre Persönlichkeit zu entfalten"[80]. Dies soll unter anderem dadurch gelingen, dass „die Identifikation mit Personen aus der Lehrwerkfamilie nicht nur gedacht, sondern auch agiert wird"[81]. Die Autoren legen daher besonderen Wert auf das „szenische Spiel"[82] und betonen dabei die Wichtigkeit der behandelten Texte:

> Es gehört vielleicht zu den wichtigsten Erkenntnissen unserer praktischen und theoretischen Arbeit, daß die Erneuerung des Fremdsprachenunterrichts nicht nur davon abhängt, *wie* Texte erarbeitet und besprochen werden, sondern ebenso davon abhängt, über *welche* Texte gesprochen wird.[83]

Natürlich kann ein fortgeführter Englischunterricht nicht auf Grammatikvermittlung oder Wortschatzarbeit verzichten. Dies sind elementare Bestandteile des Englischlernens. Dennoch schließt ein solcher Unterricht kei-

---

[79]Colin Black; Wolfgang Butzkamm, *Klassengespräche – Kommunikativer Englischunterricht: Beispiel und Anleitung* (Heidelberg: Quelle und Meyer, 1977), 17.
[80]Ebd.
[81]Ebd., 12.
[82]Ebd.
[83]Ebd., 13.

nesfalls die Einbeziehung von kommunikativ ausgelegten Unterrichtssequenzen, die mehr als standardisiertes Austauschen von gelernten Formulierungen beinhalten, aus. So bemühen sich gerade neuere Ausgaben von Englischlehrwerken für die Sekundarstufe, ein ganzheitliches Lernen zu fördern.[84] Ziel muss es sein, die Sprache und Grammatik als ganzes, zusammenhängendes Konstrukt den Schülern begreifbar zu machen. Dies gelingt am besten durch situatives Lernen und vor allem Aufgaben, die die Schüler inhaltlich so ansprechen, dass sie sich intensiv mit dem Englischen auseinandersetzen und bestenfalls auch emotional, intrinsisch involviert sind. Ergänzend kann an dieser Stelle der *Communicative-functional Approach* angeführt werden, der neben anderen Institutionen vor allem an der Universität Halle im Kontext des Fremdsprachenlernens erarbeitet worden ist. Auch hier wird der funktionale Gebrauch der englischen Sprache betont und so kommt Lademann zu dem Schluss:

> In prozessualer Hinsicht verfolgen wir u.a. das Ziel, durch häufige, intensive kommunikative Tätigkeiten zu höheren kommunikativen Fähigkeiten zu gelangen. Dies wiederum bedingt eine flexible, d.h. differenzierte Unterrichtsführung, damit verbunden eine größere Beachtung von Partner- und Gruppenarbeit.[85]

Eine Möglichkeit, den funktionalen Gebrauch der englischen Sprache zu fördern, stellt sicherlich die Immersion dar, bei der die Schüler gezwungen sind, mit der Lehrkraft in der Fremdsprache zu interagieren. Der Unterrichtsstoff eines anderen Faches, beispielsweise Biologie oder Mathematik, wird vollständig in der Fremdsprache unterrichtet, wodurch die Schüler zwangsläufig die Sprache verstehen und anwenden müssen. Das Ziel der Immersion und damit einer bilingualen Bildung ist es, den Schüler in die Sprache eintauchen zu lassen. Dadurch, dass die Fremdsprache zum Vehikel wird, einen Fachinhalt zu erlernen, wird vermieden, dass der Lerner einer aufgesetzten Unterrichtssprache ausgesetzt wird, die er nur im schulischen Rahmen abruft. Allerdings lassen sich Immersionsmodelle nur schwerlich flächendeckend an deutschen Schulen verwirklichen. Deutschland befindet sich nach Klippel hinsichtlich des Immersionsunterrichts, salopp formuliert, in einem „bundesweit[en] (...) große[n](...) Feldversuch in zahl-

---

[84] David Gerlach, *Legasthenie und LRS im Englischunterricht* (Münster [u.a.]: Waxmann Verlag, 2010), 69.

[85] Norbert Lademann, „Zu einigen Kriterien für die Gestaltung kommunikativ orientierter Lehrbücher des Fremdsprachenunterrichts". In *Prozessorientierte Mediendidaktik im Fremdsprachenunterricht*. Hrsg. v. Wilfried Gienow; Karlheinz Hellwig (Frankfurt am Main: Peter Lang Verlag, 1993), 145.

reichen Fächern, Schularten, Unterrichtsmodellen"[86]. Es mangelt vor allem an einer wissenschaftlichen Analyse der verschiedenen Versuche sowie an einer qualifizierten Lehrerbildung, um das Englische in anderen Fächern zur Arbeitssprache zu machen.[87] Daher bleibt die zweisprachige Erziehung eher vereinzelten Schulen wie beispielsweise den Europaschulen überlassen und ist nicht allen Kindern zugänglich.

Mit dem Projekt *Learning Tenses with Cindy* soll im vierten Teil dieser Dissertation eine Möglichkeit aufgezeigt werden, wie die Ansprüche an einen kommunikativ ausgerichteten, den natürlicheren Gebrauch der Fremdsprache fördernden Englischunterricht im Bereich der Grammatikvermittlung in der Sekundarstufe I mittels der Methode Soap Opera umgesetzt werden können.[88]

2.3 Fokus auf die englischen Zeiten

Da die englische Sprache im Vergleich zur deutschen Sprache viel stärker auf dem Zeitgefüge aufbaut und die Zeiten als strukturgebendes Mittel vor allem bei der direkten Kommunikation unerlässlich sind, ist es unbedingt notwendig, sie sicher und aktiv zu beherrschen. Allerdings liegt ein „häufiger Fehlerschwerpunkt bei Schülerinnen und Schülern in der Sekundarstufe I (...) [gerade] im Gebrauch der Zeiten."[89] Während in der Grundschule die Grundlagen des *simple present* sowie Ansätze des *simple past* indirekt und kontextbezogen erarbeitet werden, beginnt nach der vierten Klasse die kontextbezogene, direkte Grammatikvermittlung der verschiedenen Zeiten. Am Ende der Jahrgangsstufe 6 müssen die Schüler „über gegenwärtige, vergangene und zukünftige Ereignisse aus dem eigenen Erfahrungsbereich berichten und erzählen [können] sowie in einfacher Form

---

[86]Friederike Klippel; Sabine Doff, *Englischdidaktik* (Berlin: Cornelsen Scriptor, 2007), 28.

[87]Vgl. ebd.

[88]Bezogen auf den Bereich Grammatik soll verdeutlicht werden, wie das Zeitenlernen durch einen emotional motivierenden Basistext besser gelingen kann, der zugleich Ausgangslage für eine intensive Beschäftigung mit der englischen Sprache ist. Hierbei spielt vor allem die Eingliederung der Grammatik in den Lernzusammenhang eine Rolle. Während in den meisten Schulbüchern der Grammatikteil fast ganz hinten gebündelt vor den Vokabellisten zu finden ist, soll bei dem später dargestellten Projekt eine Verknüpfung von lebensnahen Inhalten, strukturierter Grammatikwiederholung in den Kapiteln und Übungsaufgaben zu einem nachhaltigeren, kommunikativ ausgerichteten Englischlernen führen.

[89]Wolfgang Froese, „Grammatik lernen mit allen Sinnen im Englischunterricht. Eine Unterrichtseinheit für die Jahrgangsstufe 7." In *Praxis des neusprachlichen Unterrichts*, Heft 47, 138.

Wünsche und Interessen ausdrücken (u. a. *simple present, present progressive, simple past, present perfect, will future, going to future*)"[90]. Bis zum Ende der 8. Jahrgangstufe kommen weitere Zeitformen wie das *past perfect* hinzu und darüber hinaus müssen *auxiliaries*, Aktiv und Passiv sowie *relative* und *conditional clauses* verwendet werden können.[91] Der Erwerb der Grundkenntnisse über das englische Zeitgefüge sollte damit theoretisch abgeschlossen sein. In der Praxis haben Schüler der 8. Klasse allerdings vieles von dem, was sie seit der Grundschule bezogen auf die englischen Zeiten gelernt haben, wieder vergessen.

Die Schwierigkeiten in der englischen Grammatik hinsichtlich der Zeiten liegen vor allem darin, dass nur einige Zeiten Äquivalente im Deutschen haben, viele andere wiederum nicht. So haben beispielsweise das *present progressive*, das *present perfect progressive*, das *past progressive*, das *past perfect progressive* und das *conditional* sowie das *conditional perfect* im Deutschen keine Entsprechung. So ist es erklärbar, dass „besonders bei der Verwendung von *present perfect* (...) [aber auch dem] *simple past* (...) immer wieder dieselben Fehler gemacht [werden]."[92] Hinzu kommt, dass das *going to-future* zukünftige Handlungen ausdrückt, während in anderen Zusammenhängen Ähnliches mit dem *will-future* oder dem *present progressive* gebildet wird. Eine solche Unterscheidung gibt es im Deutschen nicht.

Es zeigt sich, dass ein kommunikativer, moderner Englischunterricht insbesondere im Bereich der Grammatikvermittlung auf ein intensives Zeitenlernen eingehen muss. Viele neuere methodische Ansätze erwecken zunächst den Eindruck, dass mit dem Fokus auf Kommunikation Fehler und grammatische Ungenauigkeiten nicht mehr so zentral sind, da es hauptsächlich um eine funktionale Kommunikation gehen soll. Daher soll an dieser Stelle betont werden, dass ein kommunikativ ausgerichteter Englischunterricht trotzdem besonderen Wert auf ein ganzheitliches Verständnis des englischen Zeitgefüges legen muss. Denn nur, wer sicher im Umgang mit den Zeiten ist, kann seine Gedanken und Ideen verständlich ausdrücken und sichergehen, dass sein Gegenüber seine Absichten richtig versteht. Die nachhaltige Vermittlung der *Tenses* liegt dabei vor allem in der Hand des engagierten, methodisch und fachdidaktisch kompetenten Lehrers. Er muss

---

[90] http://www.standardsicherung.schulministerium.nrw.de/lehrplaene/kernlehrplaene-sek-i/gymnasium-g8/englisch-g8/kernlehrplan-englisch/kompetenzen/[Stand: 03.03.11/11:53].

[91] Vgl.ebd.

[92] Wolfgang Froese, „Grammatik lernen mit allen Sinnen im Englischunterricht. Eine Unterrichtseinheit für die Jahrgangsstufe 7." In *Praxis des neusprachlichen Unterrichts*, Heft 47, 138.

zum Zwecke der Ausbildung der kommunikativen Kompetenz seiner Schüler Grammatik zielgerichtet unterrichten.

Auf Seiten der Lehrkraft bedeutet dies konkret, dass sie in der Lage sein muss,

- grammatische Phänomene einsichtig, anschaulich und interessant zu vermitteln,
- auftretende Fragen zu grammatischen Problemen „klar" zu beantworten,
- grammatische Regularitäten entdecken und erschließen zu helfen,
- auftretende grammatische Fehler im Hinblick auf ihre Wirkungen in der Kommunikation und vor dem Hintergrund der jeweiligen Sprachlernprozesse zu beurteilen (vgl. Vogel 2000),
- den Zusammenhang von grammatischen Strukturen und ihren Funktionen in der Kommunikation zu erläutern,
- nach Möglichkeit den Nutzen grammatischen Wissens für die Kommunikation zu demonstrieren.[93]

Ein besonderes Augenmerk sei an dieser Stelle erneut auf den Zusammenhang von grammatischen Strukturen und Kommunikation in heutigen Lehrwerken gelegt. Viele Lehrbücher vermitteln Grammatik hauptsächlich kognitiv, die „Entwicklung von Sprachgefühl wird zu wenig berücksichtigt"[94]. Natürlich ist es wichtig, Strukturen der Grammatik zu verdeutlichen und Beispielsätze zu formulieren. Gleichzeitig muss aber ebenso ein spontaner Umgang mit den englischen Zeiten möglich sein, eine Verwendung „aus dem Bauch heraus"[95], wie es Froese ausdrückt. Dies bedeutet, dass gelernte Regeln von der Lehrkraft so im Kontext verdeutlicht werden sollten, dass ein Schüler in einer ähnlichen Situation grammatikalisch korrekt reagieren kann, ohne sich beispielsweise ein Signalwort bewusst machen zu müssen. Als Beispiel führt Froese unter anderem *TPR-* Übungen für das Grammatiklernen in der Sekundarstufe I an, die die englischen Zeiten mit intuitiv verknüpfbaren Vor- und Rückwärtsbewegungen sowie Gesten verbinden.[96]

---

[93]Claus Gnutzmann, „‚Das geht doch nicht, oder?' – Grammatik für Lehrende". In *Grammatik lehren und lernen*. Hrsg. v. Wolfgang Börner; Klaus Vogel (Bochum: AKS-Verlag Bochum, 2001), 14.

[94]Wolfgang Froese, „Grammatik lernen mit allen Sinnen im Englischunterricht. Eine Unterrichtseinheit für die Jahrgangsstufe 7." In *Praxis des neusprachlichen Unterrichts*, Heft 47, 138.

[95]Ebd.

[96]Vgl. ebd., 139–140.

Diese und die weiter oben genannten Anforderungen an den Englischlehrer müssen durch ein geeignetes Lehr- und Lernmaterial unterstützt werden. Gerade für die Schüler muss es ansprechenderes Material geben als solches, das das „Einschleifen kommunikativer Muster"[97] ohne linguistische Erklärungen ins Zentrum stellt, wie es beispielsweise im *English G 2000 A1* der Fall ist.[98] Die üblichen Lernergrammatiken für die Hand der Schüler sind bislang auch nicht sonderlich effektiv, weil sie von den Lernern eher seltener in die Hand genommen werden als das Lehrwerk.[99] Da der Grammatikunterricht von den Lernern häufig als anstrengend und langweilig empfunden wird, soll im zweiten Teil dieser Dissertation die Methode der Soap Opera auch hinsichtlich einer spannenderen Vermittlung der englischen Zeiten untersucht werden.

3 Einsatz neuer Medien im Fremdsprachenunterricht

Einem modernen Englischunterricht gerecht zu werden bedeutet ebenso, sich der Thematik und der Einsatzmöglichkeiten der neuen und neueren Medien anzunehmen. „Die Fremdsprachendidaktik geht heute davon aus, dass ein moderner Englischunterricht ohne Medieneinsatz gar nicht denkbar ist."[100] Während in einem traditionell ausgerichteten Fremdsprachenunterricht Materialien wie Lehrbücher, Workbooks, CDs, Musikkassetten, Realien und Arbeitsblätter zum Einsatz kommen, sind es seit Ende der 1990er Jahre zusätzlich der PC und das Internet, die das Englischlernen mit muttersprachlichem, nicht didaktisiertem Sprachmaterial und interaktiven Aufgaben bereichern können. Doch obwohl diese neuen Medien immer noch nicht zum Standard in deutschen Klassenzimmern gehören, sind sie eng betrachtet gar nicht mehr als neu einzuordnen. Der Begriff ‚neue Medien' ist „zeit- bzw. standortgebunden"[101] und alle Medien, die wir heutzutage ken-

---

[97] Johannes Müller-Lancé, „Grammatikmodelle in modernen Fremdsprachenlehrbüchern". In *Grammatik lehren und lernen*. Hrsg. v. Wolfgang Börner; Klaus Vogel (Bochum: AKS-Verlag Bochum, 2001), 118.

[98] Vgl. ebd.

[99] Vgl. ebd., 116.

[100] Friederike Klippel; Sabine Doff, *Englischdidaktik* (Berlin: Cornelsen Scriptor, 2007), 155.

[101] Hartmut Mitzlaff; Angelika Speck-Hamdan, „Grundschule und neue Medien". In *Grundschule und neue Medien*. Hrsg. v. Hartmut Mitzlaff (Frankfurt am Main: Arbeitskreis Grundschule, 1998), 13.

nen, waren einmal neu.[102] Zudem findet eine undefinierte, schlagwortartige Benutzung des Begriffs ‚neue Medien' statt, der eine eindeutige Zuordnung unmöglich macht.[103] Heutzutage zählen zu den neuen Medien neben PC und Internet vor allem digitale Medien wie das Smartboard bzw. Whiteboard, das Handy bzw. Smartphones, der MP3-Player, Blue-Ray-DVDs und 3D-Fernseher. In der vorliegenden Arbeit wird eine Trennung zwischen neuen Medien (PC und Internet) und neueren Medien (Smartboard, MP3-Player, etc.) vorgenommen. Es soll aber nichtsdestotrotz deutlich werden, dass diese Trennung arbeitspraktische Gründe hat. Eine einheitliche Definition, welche Medien generell als ‚neue Medien' bezeichnet werden können, gibt es nicht.[104] Dies liegt vor allem daran, dass die Medienlandschaft sich in einem ständigen Wandel und Innovationsprozess befindet. Daher soll mit der Bezeichnung ‚neuere Medien' lediglich hervorgehoben werden, dass das hier zugrunde liegende Verständnis von neuen Medien über den Computer im Unterricht hinausgeht.

Beim Einsatz neuer und neuerer Medien im Fremdsprachenunterricht müssen vor allem in Hinsicht auf einen kommunikativ ausgerichteten Unterricht grundlegende Aspekte berücksichtigt werden, wie z.B., dass zum einen der Computer und das Internet immer zielgerichtet als ein Arbeitsmittel unter vielen eingesetzt werden sollten, immer mit einem konkreten Lernziel vor Augen. Es gilt, „dass ein Hilfsmittel eben immer nur so gut bzw. schlecht sein kann wie das, was man mit ihm anstellen möchte"[105]. Zum anderen bedeutet ein Unterricht mit neuen und neueren Medien, dass jeder Lehrer den Schülern die Fähigkeiten und Mittel an die Hand geben muss, ein Medium beurteilen zu können. Neben den fachlichen Lernzielen muss es immer auch darum gehen, aus den Schülern kritische und kompetente Mediennutzer zu machen. Darüber hinaus gilt es, sich im Rahmen der neueren Medien vor allem mit den aktuellen Neuentwicklungen im Bereich der Unterrichtsmedien auseinanderzusetzen. So bietet beispielsweise

---

[102]Andreas Bertow, *Schüler, Lehrer und Neue Medien in der Grundschule* (Hamburg: Verlag Dr. Kovac, 2008), 25.

[103]Vgl. Cornlia Gräsel, „Neue Medien – neues Lernen? Überlegungen aus Sicht der Lehr-Lernforschung.". In *Grundschule und neue Medien*. Hrsg. v. Hartmut Mitzlaff (Frankfurt am Main: Arbeitskreis Grundschule, 1998), 67.

[104]Ein kurze Zusammenstellung verschiedener Definitionsansätze liefer beispielsweise: Andreas Bertow, *Schüler, Lehrer und Neue Medien in der Grundschule* (Hamburg: Verlag Dr. Kovac, 2008), 25–27.

[105]Friedrich Schönweiss, *Bildung in Zeiten des Internet. Über aktuelle Mythen, Hoffnungen und Perspektiven* (Münster: Westfälische Wilhelms-Universität Münster, Abt. Neue Technologien im Bildungs- und Sozialwesen/Medienpädagogik, 2000), 28.

das interaktive Whiteboard bzw. Smartboard neue Chancen, den Englischunterricht methodisch in einigen Teilen zu innovieren und einen kommunikativ ausgerichteten Fremdsprachenunterricht zu verwirklichen. Daher wird im Folgenden neben einem kurzen Überblick zum Einsatz von PC und Internet auch auf die aktuellen Entwicklungen in Bezug auf die interaktiven Weißwandtafeln eingegangen. Ein besonderes Augenmerk wird dabei auf die Begriffe ‚Authentizität' und ‚Interaktivität' gelegt, die sowohl beim Einsatz des Computers als auch des Smartboards zu diskutieren sind.

3.1 Der Einsatz von PC und Internet in einem kommunikativ ausgerichteten Englischunterricht

Mit Blick auf aktuelle Studien, wie z.b. die JIM-Studie 2010 vom Medienpädagogischen Forschungsverbund Südwest, die den Medienumgang zwölf- bis neunzehnjähriger Jugendlicher seit 1998 untersucht, zeichnet sich immer deutlicher der zunehmende Medienkonsum von Kindern und Jugendlichen ab. Haushalte, in denen Jugendliche aufwachsen, sind „nahezu vollständig mit Computern (100%) und Internet (98%)ausgestattet."[106] Mit 79% sind es im Vergleich zum Vorjahr 4% mehr Jugendliche, die den PC oder einen Laptop zur eigenen Verfügung haben.[107] Dementsprechend ist ebenso die Nutzungsfrequenz angestiegen, so dass heute ungefähr neun von zehn Jugendlichen den Computer täglich oder mehrmals pro Woche nutzen.[108] Hinsichtlich der Nutzungsorte wird der PC vorrangig für private Zwecke zu Hause oder bei Freunden benutzt. Der Einsatz in der Schule ist – wenn auch nicht explizit erfragt – eher zweitrangig.[109] Soll der PC im Unterricht eingesetzt werden, kommt es häufig zu Schwierigkeiten: Die vielleicht nicht ausreichende Medienkompetenz der Lehrkräfte, im Dreiviertelstundentakt gestückelte Schulstunden, ein großer zeitlicher Aufwand, zu wenige Computerarbeitsplätze und teilweise fehlende geeignete Lernprogramme können den Einsatz des Computers im Unterricht erschweren.

Dennoch bietet der Einsatz von PC und Internet gerade für den kommunikativ ausgerichteten Fremdsprachenunterricht viele Vorteile, die bisweilen noch eher ungenutzt bleiben. Dabei soll es an dieser Stelle um mehr

---

[106] *JIM-Studie 2010 – Jugend, Information, (Multi-)Media* (Stuttgart: Medienpädagogischer Forschungsverbund Südwest, 2010)(Forschungsberichte), 27.

[107] Ebd.

[108] Ebd.

[109] Vgl. ebd., 16.

gehen als das „‚Aufmotzen' eines Stoffs durch technische Spielereien"[110], was „von den Kindern schnell durchschaut"[111] wird und wodurch sie sich „zu Recht instrumentalisiert"[112] fühlen würden. Vielmehr werden Aspekte des Medieneinsatzes fokussiert, die das Lernen mittels neuer und neuerer Medien tatsächlich bereichern und verbessern können. Im Folgenden werden das Internet sowie die Möglichkeiten von Lernsoftwares näher betrachtet, da diese beiden Bereiche die vielversprechendsten im Rahmen des Computereinsatzes im Fremdsprachenunterricht darstellen.

3.1.1 Internet

Das wesentliche Merkmal des Internets ist, dass es zu jeder Zeit und an jedem Ort Wissen abrufbar macht. Sei es mittels des Computers oder eines Smartphones. Es ist DAS globale Medium geworden, das zugleich jedem Informationen zugänglich macht, aber ebenso eine Informationsflut hervorruft, „die nicht mehr durch traditionelle Raster der Buchkultur gefiltert oder geordnet wird"[113]. Zudem zeichnet sich das Internet durch geringe Zugangsbarrieren und Kosten aus.[114] Dadurch kann mittlerweile kaum mehr von einer „soziale[n] und globale[n] ökonomische[n] Asymmetrie(...)"[115] gesprochen werden, wie Irvine noch vor 13 Jahren postulierte. Dies wird z.B. durch die bereits angeführte JIM-Studie verdeutlicht, die zumindest für die Haushalte mit Kindern zeigt, dass Computer und Internet flächendeckend zugänglich sind und genutzt werden. Das Internet verbindet Kommunikationsmöglichkeiten (Telefon, Chat, zeitversetzte Kommunikation in Foren, Beiträge in social communities, etc.) mit audio-visuellen Formaten (Videostreams, Internetfernsehen, Musikformate wie mp3 oder wave, Bild, Text und Animationen, etc.) und ermöglicht eine „sofortige (...) und gleich-

---

[110]Friedrich Schönweiss, *Bildung in Zeiten des Internet. Über aktuelle Mythen, Hoffnungen und Perspektiven* (Münster: Westfälische Wilhelms-Universität Münster, Abt. Neue Technologien im Bildungs- und Sozialwesen/Medienpädagogik, 2000), 27.

[111]Ebd.

[112]Ebd.

[113]Lütge 2002 zitiert in: Laurent Volkmann, „‚Demokratisierung des Lernens' oder ‚Medienverwahrlosung' ? Überlegungen zum didaktischen Umgang mit dem Internet". In *Fremdsprachenlernen zwischen Medienverwahrlosung und Medienkompetenz*. Hrsg. v. Gabriele Blell; Rita Kupetz (Frankfurt am Main: Lang Verlag, 2005), 45.

[114]Vgl. ebd.

[115]Irvine 1998 zitiert in: Laurent Volkmann, „‚Demokratisierung des Lernens' oder ‚Medienverwahrlosung' ? Überlegungen zum didaktischen Umgang mit dem Internet". In *Fremdsprachenlernen zwischen Medienverwahrlosung und Medienkompetenz*. Hrsg. v. Gabriele Blell; Rita Kupetz (Frankfurt am Main: Lang Verlag, 2005), 45.

zeitige(...) [sowie zeitversetzte] weltweite(...) Kommunikation"[116]. Mit dem Internet entstand ein geradezu „radikal dezentralisierendes Medium"[117].

Eine „der wesentlichsten Eigenschaften der Neuen Medien"[118] die immer wieder vor allem in Verbindung mit dem Einsatz des Computers und des Internets vorgebracht wird, ist die der Interaktivität. Bereits in den 1980er Jahren „war ‚Interaktivität' ein wichtiges Schlagwort, wenn es darum ging, die Vorteile computerbasierter Lernprogramme gegenüber anderen Lernmedien hervorzuheben"[119]. Baumgartner und Payr verstehen unter diesem Charakteristikum der neuen und neueren Medien eine Möglichkeit, „daß der Benutzer nicht bloß Rezipient ist, sondern in den medial vermittelten Informations-, Kommunikations- und Lernprozeß gestaltend einbezogen ist."[120] Diese Sichtweise geht über ein engeres Verständnis von Interaktivität hinaus, wie es beispielsweise Bosenius und Donnerstag darstellen. Für sie wird der Lerner auch durch seine körperlichen Aktivitäten z.b. durch die Eingabe von Befehlen via Maus oder Tastatur aus seiner passiven Rolle herausgeführt. Bosenius und Donnerstag stellen fest:

> Der Begriff der Interaktivität wird in der Regel als Charakteristikum der Neuen Medien verstanden und verhilft ihnen damit nicht zuletzt zu einer pädagogisch-didaktischen Akzeptanz gegenüber den oft als passiv-konsumptiv verstandenen alten Medien Fernsehen und Video. Die neuen Medien erscheinen in neuer Weise interaktiv, weil hier mentale Vorgänge der Rezeption gewissermaßen nach außen in eine beobachtbare physische Aktivität verlegt scheinen.[121]

Der Nutzer von Lernprogrammen, Hypertexten, etc. überträgt sein Denken in eine Handlung: er klickt an, zieht die Maus, bedient die Tastatur. Er agiert gewissermaßen mit dem Computer. Diese physische Aktivität stellt für sich alleine natürlich absolut keinen Mehrwert dar. Dennoch:

---

[116]Lütge 2002 zitiert in: Laurent Volkmann, „‚Demokratisierung des Lernens' oder ‚Medienverwahrlosung' ? Überlegungen zum didaktischen Umgang mit dem Internet". In *Fremdsprachenlernen zwischen Medienverwahrlosung und Medienkompetenz.* Hrsg. v. Gabriele Blell; Rita Kupetz (Frankfurt am Main: Lang Verlag, 2005), 45.

[117]Lütge 2002 zitiert in: ebd.

[118]Peter Baumgartner; Sabine Payr, *Lernen mit Software* (Innsbruck u.a.: Studien-Verlag, 1999), 128.

[119]Cornlia Gräsel, „Neue Medien – neues Lernen? Überlegungen aus Sicht der Lehr-Lernforschung.". In *Grundschule und neue Medien.* Hrsg. v. Hartmut Mitzlaff (Frankfurt am Main: Arbeitskreis Grundschule, 1998), 71.

[120]Ebd.

[121]Petra Bosenius; Jürgen Donnerstag, *Interaktive Medien und Fremdsprachenlernen* (Frankfurt am Main: Peter Lang GmbH, 2004), 9.

über diese oberflächliche Interaktion hinaus kann der Lernende aktiv in den Lernprozess eingreifen, indem er seinen Lernweg durch sein Handeln selbst bestimmt, Entscheidungen trifft, Passagen eines Textes oder einer Übung weglässt oder Kapitel wiederholt. Gerade die Hypertextstruktur des Internets kann durch das sinnvolle Interagieren des Nutzers mit den angebotenen Links ein konstruktivistisches Lernen ermöglichen, bei dem jeder Lerner eigene Wege gehen kann. Voraussetzung dafür ist eine fundierte Medienkompetenz, um nicht im Dschungel der Verweise auf Abwege zu geraten. Die Verwendung des Schlagwortes Interaktivität, das immer auch einen gewissen Mehrwert zu implizieren versucht, wird letztlich im Rahmen von Bildung und Medienwissenschaft kontrovers diskutiert.[122]

Relativ eindeutig ist jedoch der Forschungsstand zur Bedeutung der Interaktion und Kommunikation im Fremdsprachenunterricht. Weg von den Sprachlaboren der 1960er Jahre ist mittlerweile in jedem Lehrplan eine deutliche Ausrichtung auf ganzheitliches, schülerzentriertes Fremdsprachenlernen zu erkennen, die die kommunikative Kompetenz der Schüler in den Mittelpunkt rückt. Hinzu kommt der Wunsch, den Unterricht möglichst mit authentischen Materialien zu gestalten, wodurch den neueren Medien mit dem Einsatz von Internet, E-Mail, Videoconferencing, Blogs, Chat und Foren eine besondere Rolle zukommt.

Des Weiteren haben Computer und Internet erneut den mediendidaktischen Diskurs zum Thema ‚authentische Lehr- und Lernmittel‘ neu entfacht. Seit der kommunikativen Wende in den 1970er Jahren und den damit einhergehenden neuen Ansichten zum Fremdsprachenunterricht wird der Begriff der Authentizität verwendet. Er bezieht sich meist auf die im Unterricht verwendeten Materialien und das darin stattfindende Lehrer- und Schülerhandeln. Als „Gegenmodell zum Unterrichten mit didaktischen Materialien"[123] wurde zunächst versucht, das Englische hauptsächlich anhand von unverfälschten Texten, Bildern, etc. aus dem Land der Zielsprache zu lehren.[124] Allerdings zeigte sich schnell, dass ein alleiniger Einsatz nicht didaktisierter Texte den Lerner überfordert bzw. dass diese Texte durch die Aufgabenstellungen des Lehrers schlussendlich doch didaktisch aufbereitet werden. Seit den 1990er Jahren kann die Authentizität als „Schlüsselbegriff"[125] bezeichnet werden. Sie wird oftmals „automatisch

---

[122]Vgl. Petra Bosenius; Jürgen Donnerstag, *Interaktive Medien und Fremdsprachenlernen* (Frankfurt am Main: Peter Lang GmbH, 2004), 9.

[123]Friederike Klippel; Sabine Doff, *Englischdidaktik* (Berlin: Cornelsen Scriptor, 2007), 151.

[124]Vgl. ebd.

[125]Decke-Cornill, „Die Kategorie der Authentizität im mediendidaktischen Diskurs der

als Qualitätssiegel"[126] angesehen, obwohl der Fremdsprachenunterricht nie wirklich authentisch ausgelegt sein kann, da immer eine Didaktisierung durch den Lehrer im Rahmen der Institution Schule stattfindet. Bezieht sich die Authentizität auf das Unterrichtsmaterial, stammen Texte, Bilder, Zeitungsartikel, Videos, etc. bestenfalls aus dem Land, dessen Sprache die Zielsprache darstellt. Ebenso geht es in diesem Zusammenhang darum, Muttersprachler mit Hilfe von CDs, Videos oder anderen audiovisuellen Materialien in den Fremdsprachenunterricht mit einzubeziehen.[127] Mit diesem Verständnis von Authentizität geht einher, dass Lehrwerke und didaktisch aufbereitete Texte eher ungeeignet sind, um den Schüler mit glaubwürdigen, echten Materialien in Berührung zu bringen. Obwohl neuere Lehrwerke durchaus bemüht sind, die kulturellen Verhältnisse sowie einen landestypischen Sprachgebrauch getreu der Wirklichkeit abzubilden, bleiben es für den Unterricht gestaltete Lernarrangements. Ebenso verhält es sich mit mitgelieferten CDs, die zwar häufig von Muttersprachlern besprochen, aber dennoch für Lerner konzipiert sind. So enthalten die Audiodateien oft für die Zielgruppe entsprechend langsam und deutlich gesprochene Dialoge, die einem wirklichen Gespräch von Muttersprachlern nicht gerecht werden. Dementsprechend groß sind die Probleme, wenn ein Lerner das erste Mal bei einem Austausch oder während eines Urlaubs in dem jeweiligen Land mit der Sprache in ihrer natürlichen Form konfrontiert wird.

Tatsächlich ‚authentisches' Material anbieten heißt daher, unveränderte Texte in das Klassenzimmer zu holen. Computer und Internet bieten dazu vielfältige Möglichkeiten wie beispielsweise die Betrachtung der Websites fremdsprachiger Zeitungen, Blogs von Muttersprachlern oder Videos auf *Youtube*[128]. Allerdings wird selbst dieses Material durch die Verwendung im Unterricht in gewisser Form didaktisiert. Es werden Lernziele mit den Texten und Videos verknüpft und Erwartungen an die Lerner gestellt. Dennoch behalten diese Beiträge ihren realistischen Charakter: sie stammen aus dem Land der Zielsprache und sind nicht für Lerner verfasst worden.[129]

Fremdsprachendidaktik". In *Interaktive Medien und Fremdsprachenlernen*. Hrsg. v. Peter Bosenius; Jürgen Donnerstag (Frankfurt am Main: Peter Lang GmbH, 2004), 17.

[126] Friederike Klippel; Sabine Doff, *Englischdidaktik* (Berlin: Cornelsen Scriptor, 2007), 152.

[127] Decke-Cornill, „Die Kategorie der Authentizität im mediendidaktischen Diskurs der Fremdsprachendidaktik". In *Interaktive Medien und Fremdsprachenlernen*. Hrsg. v. Peter Bosenius; Jürgen Donnerstag (Frankfurt am Main: Peter Lang GmbH, 2004), 18.

[128] http://www.youtube.com [Stand: 12.06.11/12:53].

[129] Vgl. Decke-Cornill, „Die Kategorie der Authentizität im mediendidaktischen Diskurs

Gerade die hier genannten Eigenschaften des Mediums Internet erfordern zum einen einen kompetenten, kritischen Umgang. Zum anderen eröffnen sich insbesondere für einen kommunikativ ausgerichteten Fremdsprachenunterricht viele Einsatzmöglichkeiten.

Das Internet kann als Ressource für Recherchen und andere Arbeitsaufträge dienen. Es ermöglicht eine Informationsbeschaffung, die frei vom Input des Lehrers sein kann, sofern er den Schülern keine bestimmten Internetseiten vorschreibt. Während das freie Surfen schon recht hohe Anforderungen an die Medienkompetenz der Schüler stellt (z.b. Wissen im Bereich Medienkritik, um sinnvolle, verlässliche Websites von unseriösen zu unterscheiden), verhindert eine vorab bereitgestellte Auswahl an URLs das ziellose Herumklicken im Informationsdschungel und führt meist schneller zum gewünschten Inhalt. Selbständigeres Arbeiten hingegen erhöht die Motivation der Schüler und bringt oft nachhaltigere Lernerfolge mit sich. Freieres Recherchieren im Internet eignet sich eher für ältere Schüler, wohingegen feste URL-Listen oder Kombinationen von Vorgaben und offenen Arbeitsaufträgen sich eher für jüngere Lerner anbieten. Neben Recherchen können auch Forenbeiträge erstellt oder besprochen werden. Die Schüler schreiben so für eine reales Publikum abseits der eigenen Mitschüler, wodurch Textbeiträge im Idealfall mit mehr Motivation hinsichtlich Fehlschreibungen oder Kohärenz verfasst werden. Die Lehrkraft muss allerdings bei jeglicher Internetarbeit sicherstellen, dass die minderjährigen Schüler nicht aus Versehen auf ungeeignete Internetseiten gelangen.

Eine Möglichkeit, Schüler gezielt mit dem Internet ein bestimmtes Thema bearbeiten zu lassen, stellen sogenannte Webquests dar. Mit Hilfe eines fest geplanten Vorgehens arbeitet sich der Schüler mit immer tiefer greifenden Fragen in ein Thema ein. Der Ablauf wird durch folgende Schritte strukturiert:

- Thema
- Aufgabenstellungen
- Ressourcen
- Prozess
- Evaluation
- Präsentation[130]

---

der Fremdsprachendidaktik". In *Interaktive Medien und Fremdsprachenlernen.* Hrsg. v. Peter Bosenius; Jürgen Donnerstag (Frankfurt am Main: Peter Lang GmbH, 2004), 19.

[130]Heinz Moser, *Abenteuer im Internet* (Zürich: Verlag Pestalozzianum [u.a.], 2008), 31.

Anliegen der Webquest-Methode ist es, den Einsatz des Internets in den Unterricht so einzubetten, dass als erstes Ziel Fachinhalte abwechslungsreich vermittelt werden können. Zudem sollen die Schüler das World Wide Web mit seiner Informationsflut für eigene Lernzwecke einzusetzen lernen, dabei Medienkompetenzen entwickeln und durch kreative Aufgabenstellungen des Lehrers eine offenere Form des Unterrichts erfahren. In einer weiter gefassten Definition von Webquests können neben dem Internet auch weitere, nicht digitale Quellen für die Informationsbeschaffung herangezogen werden.[131] Durch Anleitung in Form der oben genannten Schritte sowie bestimmter Fragestellungen sollen die Schüler ein Thema strukturiert bearbeiten, Ergebnisse sichern und auch Mitschülern ihre Erkenntnisse zur Verfügung stellen. Die Ergebnisse der Webquests können beispielsweise ähnlich wie bei *Wikipedia*[132] zusammengetragen und immer wieder abgerufen werden.[133] Webquests sind vor allem ein Weg, durch einen didaktischen Rahmen ein zielgerichtetes Arbeiten mit Internetquellen zu gewährleisten.[134]

Ferner können via Internet E-Mail-Kontakte zu anderen Schülern im Land der Zielsprache entstehen, Partnerschaften aufgebaut und Austauschprogramme sowie Tandems vorbereitet bzw. durchgeführt werden. Ein gelungenes Beispiel hiefür ist das EU-Programm „eTwinning"[135], das Schulen in Europa miteinander vernetzt und bei dem in virtuellen Klassenräumen Partnerschulen über das Internet miteinander an Unterrichtsprojekten arbeiten. Kostenlos kann so z.B. ein sehr realitätsbezogenes Fremdsprachenlernen angeregt werden.

Abschließend sei an dieser Stelle noch auf die Möglichkeiten des Chats und der Videokonferenzen hingewiesen. Theoretisch können mit Hilfe dieser Funktionen synchrone Kontakte mit fremdsprachigen Muttersprachlern hergestellt werden. In der Praxis gestaltet sich die Umsetzung allerdings schwierig. Der Aufwand, eine Videokonferenz mit einer Partnerklasse herzustellen, ist meist groß und wird von den Lehrern gemieden. Der Einsatz von Kopfhörern, Mikrofonen, Lautsprecherboxen, eventuell einer Leinwand mit Beamerpräsentation oder sogar Webcams und Filmkameras übersteigt zum einen das Equipment einer heutigen Schulklasse bei Weitem, zum anderen

---

[131]Vgl. Heinz Moser, *Abenteuer im Internet* (Zürich: Verlag Pestalozzianum [u.a.], 2008), 20.

[132]http://www.wikipedia.de [Stand: 12.06.11/12:53].

[133]Vgl. Heinz Moser, *Abenteuer im Internet* (Zürich: Verlag Pestalozzianum [u.a.], 2008), 15–16.

[134]Vgl. ebd., 20.

[135]http://www.etwinning.de/ [Stand: 08.02.11/11:45].

ist es fraglich, inwiefern die Videokonferenz dem Aufwand-Nutzen-Vergleich standhält. Ein Ausweg wäre hierbei aber beispielsweise ein fest installiertes, interaktives Whiteboard, das – wie weiter unten beschrieben – den Aufwand minimieren könnte. Ebenso ist die Initiierung eines Klassenchats praktisch eher schlecht durchführbar. Sowohl bei einer Videokonferenz als auch bei einem Chat müssen beide Partnerschulen eine enge Kooperation pflegen, sich gut aufeinander abstimmen und vorher Lernziele und Inhalte festlegen. Bei einem rein schriftlichen Chat könnten die Schüler natürlich recht ungehemmt „drauflosschreiben" da sie mehr oder weniger anonym bleiben oder zumindest nicht gesehen werden, allerdings ist die Leistung der Schüler kaum für den Lehrer überprüfbar. Auch das anschließende Lesen von Chatprotokollen erscheint wenig sinnvoll.

3.1.2 Lernsoftwares

Einen weiterern großen Themenbereich in Verbindung mit dem Computer im kommunikativen Fremdsprachenunterricht stellt der Einsatz von (Lern-) Softwares dar. Im Zuge dessen wird zwar wenig unverfälschtes Sprachmaterial durch ein Programm bereitgestellt, dafür aber bei guter Umsetzung ein in Teilen sehr interaktiver Unterricht begünstigt. Ein „gutes Computer-Programm [ist] in der Lage (...), eine große Menge an Stoff auf eine anschauliche, kurzweilige und zum Teil sogar faszinierende Weise zu vermitteln"[136]. Zu berücksichtigen ist allerdings, so Schönweiss, dass durch ihren Einsatz auch tatsächlich „etwas für die Bildung der Kinder gewonnen"[137] wird. Als Lernsoftware wird Software dann bezeichnet, wenn sie „eigens für Lehr-und Lernzwecke programmiert wurde (...)"[138]. Der Einsatz dieser Programme erfolgt entweder im Bildungssektor oder zu Hause.

Bevor im Folgenden auf für unterrichtliche Zwecke entworfene Lernsoftwares eingegangen wird, sollen zunächst Softwares genannt werden, die trotz unterrichtsunspezifischer Gestaltung viel Potenzial bieten können: Gängige Anwendungsprogramme wie *Word, Paint* oder *Excel* können ebenso im Fremdsprachenunterricht verwendet werden. Gerade weil diese Programme nicht explizit für den Einsatz im Unterricht gestaltet worden sind, bieten sie den Schülern einen großen Handlungsspielraum. Es können Texte

---

[136] Friedrich Schönweiss, *Bildung in Zeiten des Internet. Über aktuelle Mythen, Hoffnungen und Perspektiven* (Münster: Westfälische Wilhelms-Universität Münster, Abt. Neue Technologien im Bildungs- und Sozialwesen/Medienpädagogik, 2000), 29.

[137] Ebd.

[138] Peter Baumgartner; Sabine Payr, *Lernen mit Software* (Innsbruck u.a.: Studien-Verlag, 1999), 137.

verfasst, Collagen erstellt oder Daten gesammelt werden. Ein klarer Vorteil ist dabei, dass es keine vorgegebene Struktur gibt, wodurch der Lerner sehr selbständig seinen Interessen gemäß arbeiten kann. Neben fachlichen Lernzielen lernen die Schüler ebenso den kompetenten Umgang mit Programmen, der im späteren Berufsleben weitestgehend vorausgesetzt wird. Allerdings erfordert der Einsatz viel Kreativität und didaktisches Geschick von Seiten der Lehrkraft, da die Lernumgebung zunächst nicht an die Bedürfnisse der Lerner angepasst ist und erst durch die Ideen und Arbeitsaufträge der Lehrkraft zum Hilfsmittel für altersgerechtes Lernen werden kann. Ohne einen genauen methodisch-didaktischen Plan werden Anwendungsprogramme schnell zum teuren Ersatz für Papier und Stift. Schreiben in *Word* wird im Fremdsprachenunterricht beispielsweise erst sinnvoll, wenn durch eine typische Formatierung z.B. eine Klassenzeitung entsteht, die per Mail an die Partnerschule in England oder Amerika geschickt wird.

Neben den offenen Anwendungsprogrammen gibt es vor allem speziell für den Englisch- oder Französischunterricht konzipierte Sprachlernsoftwares. Fast jeder Schulbuchverlag bietet mittlerweile zu seinen Lehrwerken Begleitsoftwares, Übungsprogramme oder andere Softwareprodukte an. Die Lernsoftwares lassen sich hinsichtlich ihrer Zielsetzung und ihrer didaktischen Konzeption in verschiedene Typen unterteilen. Gängige Lernprogramme für den Fremdsprachenunterricht sind Drill-and-Practice--Programme, tutorielle Programme und (intelligente) tutorielle Systeme. Simulationen, wie sie heutzutage angeboten werden, sind hingegen weniger sinnvoll im Rahmen des Fremdsprachenlernens. Es sind derzeit keine Simulationen bekannt, die „explizit komplexe Fremdsprachenlernsituationen simulieren"[139]. In gewissem Maße wäre es möglich, Simulationen aus anderen Fachbereichen für den Fremdsprachenunterricht heranzuziehen. Da viele Simulationsprogramme aber aus Bereichen wie Wirtschaft, Politik oder Technik im Allgemeinen stammen, ist ein Einsatz eher in der Oberstufe denkbar.[140]

Drill-and-Practice-Programme dienen vorrangig der „Festigung von bereits gelernten Inhalten"[141]. Im Bereich des Fremdsprachenlernens sind dies also beispielsweise Vokabeltrainer oder Grammatiktests. Sie lassen sich leicht in den Unterricht integrieren und können zudem schnell selber her-

---

[139]Stefan Baier, *Einsatz digitaler Informations- und Kommunikationsmedien im Fremdsprachenunterricht* (Frankfurt am Main: Peter Lang Verlag, 2009), 163.

[140]Vgl. ebd.

[141]Peter Baumgartner; Sabine Payr, *Lernen mit Software* (Innsbruck u.a.: Studien-Verlag, 1999), 154.

gestellt werden, etwa mittels Autorensoftware.[142] Durch den behavioristischen Ansatz des Reiz-Reaktions-Schemas, den diese Übungsprogramme verkörpern, sind Drill-and-Practice-Programme in Verruf geraten.[143] Da jedoch gerade beim Fremdsprachenlernen immer wieder Wörter, Sätze und Strukturen eingeübt werden müssen, können diese Grammatiktrainer – situationsbezogen und als ein Mittel unter vielen eingesetzt – das Üben abwechslungsreicher gestalten. Es kommt vor allem auf die didaktische Umsetzung und Gestaltung der Lernsoftware an.

Einen weiteren weit verbreiteten Typ von Lernsoftware stellen die Tutorensysteme dar. Sie lassen sich hinsichtlich ihrer Flexibilität unterscheiden. Ihnen gemein ist, dass der Computer als Tutor auftritt, der den Lernenden begleitet, ermuntert und bestimmte Inhalte vermittelt. Ein entscheidendes Merkmal dieser Software ist, dass sie weniger Faktenwissen vermittelt, sondern vielmehr „Regeln und ihre Anwendung, also vor allem prozedurales Wissen"[144]. Dabei wird mit vielen Beispielen gearbeitet und Wert auf eine altersgerechte Didaktik und Methodik gelegt. Der Stoff kann je nach Typ linear vermittelt werden, was eine starke Gängelung des Lerners mit sich bringt. Andere Systeme lassen dem Lerner die Möglichkeit in den Inhalten zu springen, Kapitel auszulassen oder Interessensschwerpunkte zu setzen. Merkt sich das Programm dabei auch noch die Lernfortschritte und Lernschwierigkeiten des Lerners und bezieht diese Erkenntnisse in die anschließende Aufgabenauswahl mit ein, kann von intelligenten tutoriellen Systemen gesprochen werden. Lernsoftware dieser Art ist besonders anspruchsvoll und benötigt eine ausgefeilte Programmierarbeit im Vorhinein. Trotz des weithin selbstgesteuerten Lernens wird natürlich trotzdem in einem fest abgesteckten und durch die Entwickler der Lernsoftware vorgegebenen Rahmen gelernt. Sinnvoll ist es daher, neben tutoriellen Systemen den Schülern die Möglichkeit einzuräumen, sich parallel des Internets und der Hypertextstrukturen zu bedienen. Aber auch solche ergänzenden Internetrecherchen sollten vom Lehrer je nach den Vorerfahrungen der Schülergruppe mehr oder weniger intensiv angeleitet und begleitet werden.

Einer der wichtigsten Aspekte bei der Arbeit mit Lernsoftware ist

---

[142] Autorenprogramme sind Tools, mit Hilfe derer einfache Multiple-Choice-, Matching- oder Lückentextaufgaben erstellt werden können. Durch intuitiv gestaltete Bedienelemente und bereitgestellt Templates kann eine Lehrkraft ohne Programmierkenntnisse individuelle Übungsaufgaben erstellen.

[143] Vgl. Peter Baumgartner; Sabine Payr, _Lernen mit Software_ (Innsbruck u.a.: Studien-Verlag, 1999), 154.

[144] Ebd., 158.

die Auswahl geeigneter Programme. Dies setzt einen medienkompetenten Lehrer voraus, der nicht nur ‚aus dem Bauch heraus' eine gute Lernsoftware erkennt, sondern einen qualifizierten Überblick über das Angebot sowie die Bewertungskriterien von Lernsoftwares hat. Neben den fachspezifischen Ansprüchen sollte eine Software z.b. pädagogischen sowie technischen Anforderungen standhalten.[145]

3.2 Der Einsatz von interaktiven Whiteboards im kommunikativen Englischunterricht

Mit den Begriffen ‚interaktives Whiteboard', ‚Smartboard' oder ‚Activboard' werden je nach Hersteller interaktive Weißwandtafeln bezeichnet, die mittels eines Computers und eines Beamers ein digitales Tafelbild projizieren. Mit Hilfe einer speziell programmierten Software wird es dem Lehrer ermöglicht, interaktive Tafelbilder zu erstellen, Schrift zu digitalisieren, Bilder, Videos, Audiodateien und Animationen vorzuführen, Computeranwendungen vor der Klasse zu bedienen oder Lernprogramme zu benutzen. Mit einem elektronischen Stift oder – je nach Technologie – mit der Hand werden an der digitalen Tafel Texte geschrieben, Objekte bewegt, Programme bedient, Arbeitsaufträge bearbeitet oder Lernprogramme ausgeführt. Jede übliche Mausfunktion kann mit diesem Stift ausgeführt werden, um innerhalb der Smartboardsoftware zu navigieren und zu arbeiten. Je nach Ausstattung des Klassenzimmers können darüber hinaus Schüler mittels eines eigenen Tablet-PCs oder eines digitalen Abstimmungsgerätes (Clicker, Activote, Smart-Response) jederzeit aktiv als Gesamtheit in den Unterricht

---

[145]Mittlerweile sind im Rahmen von Unterrichtsmedien und -software Kataloge mit Bewertungskriterien entstanden sowie Foren und Datenbanken mit Rezensionen und Erfahrungsberichten. Ein Beispiel hierfür wäre die Datenbank der deutschen Länder und Österreichs für Medien in der Bildung, SODIS, erreichbar unter der URL www.sodis.de [Stand 20.07.11/12:21]. Hier werden beispielsweise Lernsoftwares und Tools für den Unterricht begutachtet, um Lehrkräfte hinsichtlich des Einsatzes zu beraten. Ebenso gibt es eine Vielzahl von Auszeichnungen, Medaillen und Siegel, die gute Medienprodukte kennzeichnen sollen. Dabei sind die zugrunde gelegten Maßstäbe allerdings oft undurchsichtig oder nicht vergleichbar. Eine relativ aussagekräftige und umfangreiche Übersicht über Qualitätsanforderungen bietet aber z.B. der Kriterienkatalog der Comenius EduMedia Auszeichnung der Gesellschaft für Pädagogik und Information e.V., abrufbar unter http://www.gpi-online.de/upload/ETHIKMEDIA/Qualittsanforderungen_Multimedia_OKT_2008.ps .pdf [Stand 20.07.11/12:34]. Mit Hilfe solcher Indikatoren und Informationsquellen kann die Lehrkraft eine gute und vor allem relativ objektive Medienauswahl für den Unterricht treffen.

mit einbezogen werden. Der Lehrer kann durch Umfragen oder Multiple-Choice-Aufgaben die Meinung aller Schüler einholen und überprüfen, ob jeder dem Unterrichtsgeschehen folgt. Tafelbilder können über die Tablet-bildschirme von jedem Schüler individuell ergänzt und bearbeitet werden. Eine Übertragung auf das Whiteboard ermöglicht die Diskussion der Ergebnisse im Plenum.

Während vor allem England schon seit 2004/ 2005 fast alle Grundschulen mit der entsprechenden Hard- und Software ausgestattet hat, ist der Einsatz von interaktiven Whiteboards in Deutschland noch weniger verbreitet und anerkannt. Zudem mangelt es an konkreten Unterrichtskonzepten, zur Verfügung stehenden interaktiven Tafelbildern und didaktischen Handreichungen, die den Einsatz der neuen Technologie erleichtern würden. Ähnlich wie bei der Initiative *Schulen ans Netz* 1996, bei der deutsche Schulen flächendeckend mit Computern ausgestattet wurden, aber keine oder kaum Schulungen zum Einsatz des neueren Mediums stattfanden, sind auch bei der Einführung der interaktiven Tafeln bislang keine ausreichenden, praxistauglichen Konzepte vorhanden. Allerdings mag es auf die schlechten Erfahrungen mit der flächendeckenden Computereinführung zurückzuführen sein, dass nun die Ausstattung der Schulen mit interaktiven Whiteboards eher zögerlich aufgenommen wird.

Die Argumente für und gegen den Einsatz der neuen Technik sind vielfältig. Zunächst ist das Thema ‚interaktives Whiteboard' stark mit Unsicherheit behaftet und ruft eine Ablehnungshaltung bei vielen Lehrkräften hervor, die sich mit dem neueren Medium noch nicht vertraut gemacht haben. Die Diskussion um die Anschaffung wirft einige Fragen auf, wie z.B.: Wie soll die Schule das bezahlen? Wer erklärt den Lehrern die neue Technik? Wie soll das interaktive Whiteboard eingesetzt werden? Warum müssen die Lehrkräfte sich zusätzlich mit einem neuen Gerät befassen, sich mehr Arbeit machen und ihren traditionell oft gut laufenden Unterricht umstellen? Viele dieser Fragen können nicht zufriedenstellend beantwortet werden. Die Anschaffung der Geräte ist in der Tat recht kostspielig, denn neben einem interaktiven Whiteboard, das alleine schon ca. 2000 EUR kosten kann, werden ein Beamer sowie ein Computer benötigt. Wenn die Schule sich gegen die zusätzlichen technischen Spielereien wie den Clicker oder die Tablets entscheidet und vielleicht einen Computer hat, kostet eine Grundausstattung mit Beamer bei den führenden Anbietern etwa 4000 EUR pro Klasse. Ohne Sponsoren, Fördervereine und Spenden ist somit die Ausstattung der Schule kaum möglich. Ein denkbarer Kompromiss wäre hier eventuell ein mobiles interaktives Whiteboard, das bei Bedarf zwischen den

Klassen ausgetauscht werden kann. Zudem muss jeder Klassenraum über einen Internetzugang verfügen, um die Vorteile des Internetgebrauchs in Kombination mit der elektronischen Tafel überhaupt nutzen zu können.

Der Einsatz der interaktiven Whiteboards ist auch methodisch zu hinterfragen, insbesondere hinsichtlich eines kommunikativ ausgerichteten Englischunterrichts. Ein großer Kritikpunkt des Mediums ist, dass durch den Einsatz der interaktiven Tafeln erneut ein frontaler Unterricht gefördert wird. Dies könnte als Rückschritt bezeichnet werden, denn gerade der moderne Fremdsprachenunterricht bemüht sich um Schülerzentrierung, autonomes Lernen und kooperative Arbeitsformen. Mit dem interaktiven Whiteboard konzentriert sich jedoch der Hauptanteil der Unterrichtszeit auf den Lehrer bzw. einzelne Schüler, die vorne an der Tafel agieren. Der Einsatz von Clickern etc. zur Klassenabstimmung ist dahingehend mehr Augenwischerei, denn auch wenn durch Klassenaufgaben jeder Schüler kurzzeitig aktiv wird, findet das Unterrichtsgeschehen vorrangig frontal statt. Es liegt hier an der Medien- und Methodenkompetenz des Lehrers, das interaktive Whiteboard sinnvoll einzusetzen. Zudem lassen sich viele Aufgaben, mit denen die Whiteboardfirmen werben, ebenso mit einer klassischen Tafel oder dem Einsatz von Geräten wie dem Kassettenrekorder oder dem Fernseher bewältigen. Dennoch ist hier gerade die Vereinigung klassischer Funktionen der Tafel mit im Prinzip allen gängigen neuen Medien reizvoll. Der Lehrer benötigt nur noch ein Gerät um Filme abzuspielen, Internetquellen einzubinden, Tondateien zu präsentieren oder einen einfachen Anschrieb mit Bildern und bewegten Grafiken zu veranschaulichen. Die Einbindung didaktisch unberührter, fremdsprachlicher Texte wird somit um einiges erleichtert. Die mitgelieferte Software spielt schließlich eine wichtige Rolle für einen etwaigen Mehrwert des interaktiven Whiteboards.

Einige Schulbuchverlage bieten bereits Materialien für interaktive Tafeln an. So präsentierten unter anderem Klett, Cornelsen und Westermann auf der Fachtagung ‚Interaktive Tafeln' der Medienberatung NRW im Januar 2010 ihre Vorschläge für die Unterrichtsgestaltung mit dem interaktiven Whiteboard.[146] Zudem bemühen sich die Hersteller der interaktiven Weißwandtafeln – die um das Problem fehlender Konzepte wissen – Communities aufzubauen, in denen Lehrer untereinander ihre Erfahrungen austauschen und ihre selbst erstellten, digitalen Tafelbilder und Unterrichtseinheiten mit dem interaktiven Whiteboard anderen zur Verfügung stellen können. Vor allem ein Blick nach England zeigt, wie das interaktive Whiteboard gewinn-

---

[146] http://www.medienberatung.schulministerium.nrw.de/dokumentationen/2010/interaktive+tafeln.htm [Stand: 26.11.10/14:05].

bringend in verschiedenen Klassenstufen und verschiedenen Fächern eingesetzt werden kann. Momentan finden sich auf englischsprachigen Websites verschiedenste Lernprogramme, die beispielsweise für den frühen Fremdsprachenunterricht verwendet werden können. Die kleinen Lernprogramme eignen sich sehr gut für das Fach Englisch und können problemlos am interaktiven Whiteboard ausprobiert werden. Ein gutes, kostenloses Angebot bietet vor allem die BBC mit ihrer Kinderseite *CBeebies*[147], die im Rahmen des mehrfach ausgezeichneten Kinderkanals entstanden ist. Lernspiele, die dort für junge Muttersprachler bis 6 Jahre angeboten werden, sind zu großen Teilen für junge deutsche Englischlerner geeignet. Häufig können Aufgaben aus anderen Fächern, die meist dezent vertont sind, für den Englischunterricht herangezogen werden.[148] So gibt es bei der BBC z.B. viele Mathematikspiele, mit denen durch die Versprachlichung der Lehrkraft die englischen Zahlen gelernt oder im Bereich Biologie die Körperteile entdeckt werden können.[149] Besonders lohnenswert für den Englischunterricht sind vor allem die Scienceclips[150], die viele Anlässe für den englischen Sprachgebrauch bieten. Die Clips gibt es für verschiedene Altersstufen und verschiedene Fächer, so bietet die BBC ebenfalls viele englischsprachige Materialien für die Sekundarstufe an. Weitere kostenlose Angebote finden sich zudem auf der Website von *Edheads*[151], eine nicht profitorientierte Internetseite mit vielen Lerntools für Schüler und Studenten. Hier werden die Schüler beispielsweise vor die Aufgabe gestellt, ein Mobiltelefon für Senioren zu designen oder in einem virtuellen Labor mit Stammzellen zu arbeiten. Gerade solche Lernprogramme eignen sich für das fächerübergreifende Lernen, da Inhalte aus anderen Fächern wie der Biologie oder Mathematik im Englischunterricht behandelt werden können. Durch diese Öffnung des Unterrichts kann die englische Sprache in konkreten Anwendungsbereichen realitätsbezogen gelernt werden. Die britische Website *Topmarks.co.uk*[152] bietet darüber hinaus speziell nach Altersstufen unterteilt eine ganze Datenbank an kostenlosen Lernprogrammen für interaktive Whiteboards an. Vor allem in der Rubrik ‚Literacy‘ finden sich Übungen, die für junge Eng-

---

[147]http://www.bbc.co.uk/cbeebies/ [Stand: 10.12.10/10:55].

[148]Siehe beispielsweise: http://www.bbc.co.uk/cbeebies/games/theme/life/#/lb/nina/ninaslab [Stand: 10.12.10/10:50].

[149]Siehe beispielsweise: http://www.bbc.co.uk/schools/numbertime/games/test.shtml [Stand: 10.12.10/10:48].

[150]Siehe: http://www.bbc.co.uk/schools/scienceclips/ages/6_7/science_6_7.shtml [Stand: 10.12.10/11:16].

[151]Siehe beispielsweise: http://edheads.org/activities/eng_cell/ [Stand: 10.12.10/11:01].

[152]http://www.topmarks.co.uk/Interactive.aspx?cat=38 [Stand: 10.12.10/11:22].

lischlerner sehr geeignet sind. Auf der Internetseite *Scholastic.com*[153] gibt es ebenfalls eine umfangreiche Sammlung an Smartboard Activities. Besonders interessant sind hierbei für den frühen Fremdsprachenunterricht die interaktiven Storybooks, mit Hilfe derer Geschichten abschnittsweise angehört und ergänzt werden können.

Sogar diverse Schulen bieten ihre selbst gestalteten Lernprogramme im Internet an, um anderen Lehrern und auch Eltern ihre Arbeit zu verdeutlichen und Hilfestellungen für den Unterricht mit dem interaktiven Whiteboard zu geben. Schlussendlich kann die neue Technologie im Rahmen des bereits geforderten Medienmixes dazu beitragen, den Fremdsprachenunterricht abwechslungsreicher und motivierender zu gestalten, und damit auch Kommunikation unter Verwendung von für die Schüler relevanten und interessanten Texten anzuregen. Es bedarf dazu allerdings noch weiterer, didaktischer Konzepte und Begleitmaterialien.

4 Ausgewählte methodische Ansätze im heutigen Englischunterricht

Je nach Schulform und Alter der Schüler gibt es eine Vielzahl an Methoden, die ein Lehrer zur Vermittlung der englischen Sprache anwenden kann. Deutliche Unterschiede gibt es vor allem zwischen dem frühen, eher spielerischen und entdeckenden Englischunterricht der Grundschule und dem sehr zielgerichteten Englischunterricht der Sekundarstufe I. Während in den Klassen 1–4 das sprachliche Handeln in den Mittelpunkt der Unterrichtsgestaltung gerückt wird und die Sprache vor allem darstellend und gestaltend den Kindern näher gebracht wird, beginnt mit dem Wechsel in die weiterführende Schule ein strukturierterer und systematischerer Unterricht. Dies soll nicht heißen, dass der frühe Englischunterricht keinen strukturierten Lernzielen unterliegt, sondern einzig verdeutlichen, dass der Schonungsraum, der jungen Englischlernern in Bezug auf beispielsweise Grammatik und Rechtschreibung in der Grundschule eingeräumt wird, mit Beginn der 5. Klasse endet. Dementsprechend werden bei jüngeren Kindern vor allem holistische Methoden wie die *Total Physical Response*-Methode (kurz *TPR*) nach Asher[154] oder das *Storytelling* im Unterricht ein-

---

[153]http://teacher.scholastic.com/whiteboards/languagearts.htm [Stand: 10.12.10/11:32].

[154]James J. Asher, *Learning another language through actions: the complete teacher's guidebook* (Los Gatos, California: Sky Oaks Productions, 1988).

gesetzt.[155] Der Fremdsprachenunterricht in der Sekundarstufe I wird heute noch beeinflusst von den Methoden der letzten 150 Jahre: der „Grammatik-Übersetzungsmethode, [der] (...) audiolinguale[n] Methode und [der] (...) moderne[n] Sprachpragmatik auf der Grundlage des britischen Kontextualismus und des kommunikativen Ansatzes in Deutschland"[156]. Dennoch zeichnet sich auch im modernen fortgeführten Englischunterricht das Verständnis ab, dass sich eine erfolgreiche Kommunikation weniger durch stets perfekte Grammatikverwendung als durch die „Situationsangemessenheit der sprachlichen Ausdrucksweise"[157] auszeichnet. Die kommunikative Kompetenz nach letzterem Verständnis rückt mehr und mehr in den Vordergrund.

In Hinblick auf den Fokus dieser Dissertation werden im Folgenden ausgewählte Methoden und Aspekte erläutert, die die Autorin für besonders wichtig hält hinsichtlich der kommunikativen Unterrichtsgestaltung im Englischunterricht der Sekundarstufe I sowie letztendlich des sinnvollen Einsatzes der Methode Soap Opera.

4.1 Lernermotivation durch Relativierung der Künstlichkeit des Fremdsprachenlernens

Zu den wichtigsten Bedingungen für einen nachhaltigen und kommunikativen Englischunterricht zählt unter anderem eine hohe Lernermotivation, die langfristiges Lernen erst wirklich möglich macht. Diese Erkenntnis kann nicht nur durch die Hirnforschung gestützt werden, sondern sollte jedem Lehrer intuitiv einleuchten.[158] Eine grundlegende, immer wieder aufs Neue geweckte Motivation ist mit einer der entscheidendsten Faktoren für den

---

[155]Vgl. Hans-Eberhard Piepho,„„Story telling' – which, when, why". In *Fremdsprachen in der Grundschule – Grundlagen und Praxisbeispiele*. Hrsg. v. Werner Bleyhl (Hannover: Schroedel Verlag, 2000), 43–55.

[156]Wilfried Brusch, *Didaktik des Englischen – Ein Kerncurriculum in zwölf Vorlesungen* (Braunschweig: Schroedel u.a., 2009), 60–61.

[157]Ebd., 61.

[158]Seit der Entdeckung des limbischen Systems, das in der Hirnforschung als Ursprungsort von „Affekten, Gefühlen und Motivationen" gesehen wird, ist es zu einer „Neubewertung der Emotionen und ihrer Rolle beim Lernen" gekommen. Braun und Meier sprechen 2006 z.B. den Gefühlen beim Lernen die Funktion eines „Türöffner[s] für Lernprozesse und Leistungen" zu. Wolfgang Beyen, *Methodische Aspekte zeitgemäßer Unterrichtsgestaltung – Was können Lehrer von der Pädagogischen Psychologie und den Neurowissenschaften erwarten?* (Rinteln: Merkur Verlag Rinteln, 2008), 78.

Lernerfolg.[159] Gerade das wiederholte Motivieren ist von Bedeutung, da die Schüler nicht immer gleich motiviert bleiben, sondern je nach Klassenstufe und Lernlevel immer wieder für die Sprache begeistert werden müssen. Schon in der Grundschule sollte der Grundstein für ein lebenslanges, erfolgreiches Englischlernen gelegt werden.[160]

Die Lernmotivation ist dabei ein „vielschichtiges und komplexes Geschehen"[161] und „entsprechend vielfältig ist das Angebot an wissenschaftlichen Theorien und Konzepten zur Beschreibung und Erklärung motivationaler Faktoren in der Schule"[162]. Es können nach Beyen 2008 sowie Wild, Hofer und Pekrun 2006 verschiedene Formen der Lernmotivation unterschieden werden, wie beispielsweise die Lernzielorientierung (Wunsch nach Steigerung eigener Fähigkeiten), das Flow-Erleben (das vollständige Aufgehen in einer Tätigkeit) oder persönliche Ziele.[163] Darüber hinaus müssen Begriffe wie die der ‚Motivation' und des ‚Motivs', der ‚intrinsischen' oder ‚extrinsischen' Motivation, aber ebenso die Konzepte der Bedürfnisse (‚basic needs') und Interessen (Deci und Ryan, 1985) bei der Untersuchung von motivationalen Faktoren berücksichtigt werden, die das Lernen und Leisten beeinflussen können. Eine Vertiefung in die Motivationspsychologie soll an dieser Stelle nicht gegeben werden, da im Rahmen von Schule und Unterricht die Berücksichtigung „aller relevanten Erkenntnisse (...) kaum möglich"[164] oder erforderlich wäre.[165] Es sei an dieser Stelle z.B. auf die Beiträge von Beyen 2008 (Kapitel 4.2.1) oder Krapp 2008 verwiesen. In den Fokus der folgenden Ausführungen werden vor allem die intrinsische Motivation sowie das Interesse an Lerninhalten gerückt, da sie „als besonders günstige Konzepte zur Anregung des Lernprozesses"[166] gelten.

---

[159] Vgl. Friederike Klippel, Sabine Doff, *Englischdidaktik* (Berlin: Cornelsen Scriptor, 2007), 233.

[160] Vgl. ebd., 234.

[161] Andreas Krapp, „Motivation ist das A und O – Über eine grunglegende Gelingensbedingung kooperativen Lernens". In *Friedrich Jahresheft 2008. Individuell lernen – kooperativ arbeiten.* Hrsg. v. Friedrich Verlag in Zusammenarbeit mit Klett (Seelze: Friedrich Verlag 2008), 79.

[162] Ebd.

[163] Vgl. Wolfgang Beyen, *Methodische Aspekte zeitgemäßer Unterrichtsgestaltung – Was können Lehrer von der Pädagogischen Psychologie und den Neurowissenschaften erwarten?* (Rinteln: Merkur Verlag Rinteln, 2008), 95.

[164] Andreas Krapp, „Motivation ist das A und O – Über eine grunglegende Gelingensbedingung kooperativen Lernens". In *Friedrich Jahresheft 2008. Individuell lernen – kooperativ arbeiten.* Hrsg. v. Friedrich Verlag in Zusammenarbeit mit Klett (Seelze: Friedrich Verlag 2008), 79.

[165] Vgl. ebd.

[166] Wolfgang Beyen, *Methodische Aspekte zeitgemäßer Unterrichtsgestaltung – Was*

Im Allgemeinen „ist die Motivation von Schülerinnen und Schülern, Englisch zu lernen, hoch"[167]. Neben der extrinsischen Motivation der Lerner, z.b. gute Noten im Fach Englisch zu bekommen, ist vor allem die intrinsische Motivation ein wichtiger Erfolgsfaktor in allen Bereichen des Lernens, so auch im Fremdsprachenunterricht.

> Lernerfolg und intrinsische Motivation (...) korrelieren [positiv miteinander] und (...) dieser Zusammenhang [kann] durchaus „kausal im Sinne eines leistungsfördernden Effekts" (Wild/ Hofer/ Pekrun 2006, S. 217) gedeutet werden (...). Eine Auseinandersetzung mit der Frage der Entwicklung und Förderung der ‚intrinsischen Motivation' und des ‚Interesses' scheint daher aus didaktischer Sicht lohnenswert.[168]

Gerade durch die bereits häufig vertraut klingende Sprache oder die relativ einfache Erlernbarkeit sind gute Voraussetzungen geschaffen, sich dem Englischunterricht motiviert zu öffnen. Manchmal scheint es jedoch ebenso genau an dieser intrinsischen Motivation in deutschen Schulklassen zu mangeln, was in Teilen auch auf die künstliche Situation zurückzuführen ist, in der Englisch gelernt wird. Oft ist den Schülern die Bedeutung der englischen Sprache (noch) nicht bewusst und durch das hauptsächlich nicht englischsprachige Umfeld – von Popsongs oder englischen Filmen einmal abgesehen – wird die Notwendigkeit, die Fremdsprache zu erlernen, nicht direkt ersichtlich. Daher muss die Lehrkraft insbesondere motivieren und Interesse für die Sprache wecken. Sie muss ein Bewusstsein dafür haben, welche Aspekte die Schülermotivation positiv beeinflussen können.

Ganz konkret basiert die Schülermotivation auf mehreren Faktoren bzw. lässt sich an bestimmten Faktoren festmachen, wie z.B.: der Grad der Aufmerksamkeit der Schüler, die Relevanz des Stoffes für die Schüler, die Zuversicht der Schüler insbesondere hinsichtlich ihres Könnens und ihres Lernerfolges sowie die Zufriedenstellung der klassenspezifischen und individuellen Lernerbedürfnisse.[169] Zur Berücksichtigung solcher und ähnlicher Handlungsfelder stehen dem Lehrer verschiedene „Verfahren, Medien und

---

können Lehrer von der Pädagogischen Psychologie und den Neurowissenschaften erwarten? (Rinteln: Merkur Verlag Rinteln, 2008), 98.

[167]Vgl. Friederike Klippel, Sabine Doff, *Englischdidaktik* (Berlin: Cornelsen Scriptor, 2007), 233.

[168]Wolfgang Beyen, *Methodische Aspekte zeitgemäßer Unterrichtsgestaltung – Was können Lehrer von der Pädagogischen Psychologie und den Neurowissenschaften erwarten?* (Rinteln: Merkur Verlag Rinteln, 2008), 98.

[169]Vgl. Krunoslav Mikulan, „Multimedia Competencies of Primary Foreign Language Teachers". In *Lehrerkompetenzen und Lernerfolge im frühen Fremdsprachenunterricht.* Hrsg. v. Heidemarie Sarter (Aachen: Shaker Verlag, 2008), 140.

Materialien" sowie „einige Lehrstrategien [zur Verfügung], die helfen können, mittel- und langfristig Motivation zu sichern"[170]. Dazu zählen beispielsweise der Wechsel von Sozialformen im Unterricht (Einzelarbeit, Part-
nerarbeit, Gruppenarbeit, etc.), der Einsatz neuer und neuerer Medien, die
Verwendung motivierender Materialien, ein differenziertes Lernangebot, offene Unterrichtsformen und viele weitere Aspekte.[171] Ein wichtiger Faktor,
der eine höhere Schülermotivation fördern kann, ist die Relativierung der
Künstlichkeit, die in diesem Unterkapitel näher erläutert wird.

Ein Problem, das im fortgeführten Fremdsprachenunterricht der Se-
kundarstufen hinsichtlich der Motivation der Schüler von elementarer Bedeutung ist, ist die „Künstlichkeit des englischsprachigen Austausches"[172].
Während in der Grundschule beispielsweise die Handpuppe als Kommu-
nikationspartner dienen kann, die ausschließlich Englisch versteht und somit nur in der Fremdsprache angesprochen werden kann, gestaltet sich das
Bemühen um einen plausibel erscheinenden Sprachgebrauch mit zunehmendem Alter der Lerner schwieriger. Deutsche Schüler sind oft nicht auf
Anhieb bereit, mit dem Lehrer und miteinander Englisch zu sprechen, weil
es ihnen peinlich ist, sie sich in der fremden Sprache nicht flüssig ausdrücken
können, der Sinn der englischen Kommunikation nicht tiefergreifender ist,
als dass es sich um ein benotetes Fach handelt, oder vielleicht die behandelten Themen für sie auf den ersten Blick keine Relevanz haben.

Daher ist es umso wichtiger, dass die Schüler vom Lehrer motiviert
und mit dem Englischsprechen im Unterricht vertraut gemacht werden.
Dies kann unter anderem dadurch gelingen, dass das Unterrichtskonzept
zum Ziel hat, Hemmungen abzubauen und die englische Sprache auch im
unterrichtlichen Kontext zu einem echten Kommunikationsmittel werden
zu lassen. Nur dann kann ein kommunikativer Englischunterricht stattfinden, der nachhaltig die Sprache vermittelt. Es stellt sich nun die Frage, wie die Künstlichkeit verringert oder gar überwunden und damit ein
lernförderliches Klima geschaffen werden kann.

Die Berücksichtigung folgender Aspekte kann helfen, die englische
Sprache sinnvoll und nachhaltig zu verwenden und zu vermitteln:[173]

---

[170]Vgl. Friederike Klippel; Sabine Doff, *Englischdidaktik* (Berlin: Cornelsen Scriptor,
 2007), 234.
[171]Vgl. ebd., 234–235.
[172]Colin Black, Wolfgang Butzkamm, *Klassengespräche – Kommunikativer Englischunterricht: Beispiel und Anleitung* (Heidelberg: Quelle und Meyer, 1977), 111.
[173]Für allgemeine Empfehlungen zur Förderung der intrinsischen Lernmotivation und
 des Interesses siehe Wolfgang Beyen, *Methodische Aspekte zeitgemäßer Unterrichtsgestaltung – Was können Lehrer von der Pädagogischen Psychologie und den Neu-*

- Einsprachigkeit
- Glaubhaftigkeit und Motiviertheit des Lehrers
- Behandlung von für die Schüler relevanten Themen
- Gelegenheiten zum Einbringen von Meinungen und Gefühlen der Schüler schaffen
- Diskurskultur entstehen lassen
- Interesse an der Sprache wecken
- Lernerfolge auch im Bereich Kommunikation sichtbar machen

Zunächst kann eine konsequente Einsprachigkeit im Fremdsprachenunterricht nicht nur dazu dienen, den sprachlichen Input generell zu erhöhen[174], sondern ebenso, die Wertschätzung und selbstverständliche Verwendung der Sprache zu betonen. Es ist unabdingbar, dass der Lehrer selbst die englische Sprache im schulischen Kontext durchgehend als motivierendes Beispiel praktiziert. Er muss sich „bewusst gegen diese Künstlichkeit durch[setzen], vor allem indem er die Sache selbst ernst nimmt, d.h. durch sein Verhalten zeigt, dass für ihn eine fremdsprachige Klärung einer aktuellen Frage keineswegs unnatürlich ist"[175]. Vor allem sollte der Lehrer die englische Sprache auch benutzen, wenn es z.B. um wichtige organisatorische Mitteilungen in der Klasse geht. Ein Umschalten in die Muttersprache würde den Stellenwert des Englischen sonst schmälern.[176] Die „Motiviertheit und Glaubhaftigkeit des Lehrenden" gehören nach Roth neben den „individuellen kognitiven und emotionalen Lernvoraussetzungen der Schüler", der „allgemeinen Motiviertheit und Lernbereitschaft der Schüler", der „speziellе[n] Motiviertheit der Schüler für einen bestimmten Stoff, [dem] Vorwissen und (...) [dem] aktuelle[n] emotionalen Zustand" sowie dem „spezifische[n] Lehr- und Lernkontext" zu den wichtigsten Faktoren, die das Lernen beeinflussen.[177] Einsprachigkeit gehört deswegen zu einer wichtigen Voraussetzungen und geht mit der Glaubhaftigkeit und Motiviertheit des Lehrenden einher.

---

rowissenschaften erwarten? (Rinteln: Merkur Verlag Rinteln, 2008), 101–102.

[174]Vgl. Friederike Klippel; Sabine Doff, *Englischdidaktik* (Berlin: Cornelsen Scriptor, 2007), 207.

[175]Ebd.

[176]Vgl. Colin Black, Wolfgang Butzkamm, *Klassengespräche – Kommunikativer Englischunterricht: Beispiel und Anleitung* (Heidelberg: Quelle und Meyer, 1977), 111.

[177]Gerhard Roth, „Die Bedeutung von Motivation und Emotionen für den Lernerfolg". In *Was ist „guter" Unterricht? Namhafte Expertinnen und Experten geben Antwort.* Hrsg. v. Eiko Jürgens; Jutta Standop (Bad Heilbrunn: Julius Klinkhardt, 2010), 237–238.

Ein weiterer wichtiger Aspekt zur Überwindung der Künstlichkeit des Fremdsprachenlernens stellt die vermehrte Behandlung von für die Schüler wirklich relevanten Themen dar. Es ist nachvollziehbar, dass vor allem solche Inhalte gut behalten und verinnerlicht wird, die eine hohe Relevanz für einen selber in der gegenwärtigen Lebenssituation aufweisen. Die Schüler müssen also mit Blick auf ihre eigene Lebenswelt von den Themen, die im Unterricht behandelt werden, überzeugt sein. Diese Passung zwischen Schülerinteressen und Lernzielen kann natürlich nicht immer hergestellt werden, oft reicht aber schon ein immer wieder erkennbares Bemühen von Seiten der Lehrkraft aus, eine grundlegende Motivation der Lerner zu wecken.

An den Aspekt der relevanten Themen schließt die Forderung an, den Schülern ausreichende Gelegenheiten zu bieten, in diesem Kontext ihre eigenen Meinungen, Gedanken und Gefühle mitteilen zu können. Hierbei darf es nicht um das standardisierte Abklopfen von Sichtweisen gehen, sondern der Lehrer sollte den Schülern ein echtes Interesse an ihren Blickwinkeln entgegenbringen und eine Diskurskultur in seiner Klasse fördern. Im Rahmen dieser Diskurskultur spielt ebenso das Prinzip der ‚authenticity' sowie der Umgang mit Fehlern eine entscheidende Rolle:

> Die Verwendung der Zielsprache im Klassendiskurs und als Mittel und Gegenstand der mündlichen und schriftlichen Sprachtätigkeit erfolgt nicht idealisiert (...), sondern entsprechend dem natürlichen, wenn auch didaktisch entwickelten und gestützten Spracherwerb, also als Benutzung einer Interimssprache mit all den typischen („Fehler-") Merkmalen der jeweiligen Beherrschungsstufe.[178]

Darüber hinaus sollte es genügend Möglichkeiten geben, mit Texten zu experimentieren und eigene Ideen in der fremden Sprache zu entwickeln. Dies impliziert wiederum Themen, die die Schüler emotional involvieren und sie zum Mitreden motivieren. Vor allem kommt es hier auf ein sensibles Lehrerhandeln an, denn interessante, Engagement fordernde Themen können im Umkehrschluss ebenso dazu führen, dass die Schüler wegen der Dringlichkeit ihrer Anliegen ihre Meinung in der Muttersprache äußern.[179]

Bei der Auswahl von Themen für den kommunikativen Englischunterricht sollte ein besonderes Augenmerk auf der aktuellen Klassenzusammen-

---

[178] Bundesarbeitsgemeinschaft Englisch an Gesamtschulen, *Kommunikativer Englischunterricht – Prinzipien und Übungstypologie (Neue Ausgabe)* (München: Langenscheidt-Longman GmbH, 1996), 29.

[179] Vgl. Colin Black, Wolfgang Butzkamm, *Klassengespräche – Kommunikativer Englischunterricht: Beispiel und Anleitung* (Heidelberg: Quelle und Meyer, 1977), 111.

setzung und den jeweiligen Interessen der Schüler liegen. Gerade Sekundarstufenschüler, die mitten in der Pubertät sind, haben mit vielen Lebensproblemen zu kämpfen, die ernst genommen werden müssen. Daher bedient der Lehrer nicht einfach nur die Interessen der Schüler, indem er lebensnahe Themen wie Beziehungsprobleme, die aktuelle Popkultur oder auch Tagesgeschehen, die die Schüler berühren, in den Unterricht mit einfließen lässt. Er schlägt eine Brücke zu den Lernern und nimmt sich ihrer an, bevor er das Interesse der Schüler nutzt, um Lerninhalte zu vermitteln. Diese Form des Englischunterrichts setzt natürlich eine gute Lehrer-Schüler-Beziehung voraus, denn nur wenn die Schüler ihren Lehrer schätzen, ihm vertrauen und eine positive Einstellung zu seinem Unterricht haben, kann ein persönlicher und kommunikativer Fremdsprachenunterricht überhaupt stattfinden.

Des Weiteren bleiben die Schüler nur motiviert, wenn sie Erfolge sehen – sei es bei sich oder auch bei anderen Mitschülern. Um möglichst vielen Lernern diese Erfolgserlebnisse zu ermöglichen, ist ein Unterricht erforderlich, der nicht nur kommunikativ ausgelegt ist und die Interessen der Lerner ernst nimmt, sondern ebenso methodisch-didaktisch sinnvoll gestaltet ist. Gerade in Hinblick auf die Entwicklung eines für möglichst alle Schüler persönlich nachvollziehbaren und persönlich relevanten Sprachgebrauchs ist es wichtig, schrittweise vorzugehen und kein sofortiges Umdenken zu erwarten.[180] Freiere Diskussionen können zunächst in kleinerem Rahmen mit Hilfe von vorbereitenden Aufgaben angeleitet werden oder Schüler können anstatt vor dem Plenum in Kleingruppen miteinander reden, ohne sich ständig der Korrektur des Lehrers auszusetzen. Im späteren Verlauf des Schuljahres kann eine Diskurskultur entstehen, die zu einem motivierenden, involvierenden Englischlernen beiträgt. „Motivation und Emotionalität auf Seiten des Lehrenden wie des Lernenden"[181] zählen nach Roth zu den wichtigsten Faktoren, die aus einer neuro- und kognitionswissenschaftlichen Sicht heraus Lernen fördern.

Abschließend ist es im Rahmen eines kommunikativ ausgerichteten Unterrichts, der das Englische als echtes Kommunikationsmittel verwendet, wichtig, Fortschritte in Bereichen wie kommunikative Kompetenz oder Diskursfähigkeit für die Schüler sichtbar zu machen. Während ein Vokabeltext oder ein Lückentext schnell aufzeigen, wo Stärken und Schwächen des

---

[180]Vgl. Colin Black, Wolfgang Butzkamm, *Klassengespräche – Kommunikativer Englischunterricht: Beispiel und Anleitung* (Heidelberg: Quelle und Meyer, 1977), 111.

[181]Gerhard Roth, „Die Bedeutung von Motivation und Emotionen für den Lernerfolg". In *Was ist „guter" Unterricht? Namhafte Expertinnen und Experten geben Antwort.* Hrsg. v. Eiko Jürgens; Jutta Standop (Bad Heilbrunn: Julius Klinkhardt, 2010), 233.

Einzelnen in leicht überprüfbaren Bereichen wie z.B. der Grammatik liegen, gestaltet sich das Festhalten von Lernerfolgen im kommunikativen Bereich schwieriger. Nichtsdestotrotz ist es gerade bei einem kommunikativen Englischunterricht wichtig, die Lernfortschritte bezüglich der kommunikativen Kompetenz der Schüler aufzuzeigen und ihren Wert hervorzuheben.

4.2 Storytelling

Ein unumstritter, aber wichtiger Bestandteil des Englischunterrichts ist das Erzählen von Geschichten. Kleinere und größere Geschichten sind unsere ständigen Begleiter im Alltag, sie werden von Kindern geliebt und regen die Fantasie sowie den kreativen Umgang mit Sprache an. Zudem hören sowohl Kinder als auch Jugendliche Geschichten mit einer hohen Aufmerksamkeit zu und prägen sich die Inhalte von Erzählungen sehr genau und einfach ein. Es liegt daher nahe, diese positiven Effekte für den Fremdsprachenunterricht zu nutzen. Vor allem im frühen Fremdsprachenunterricht werden Geschichten immer wieder in die Unterrichtsstunde eingebunden, um das Hörverständnis zu verbessern, wiederkehrende Strukturen einzuüben und Kommunikation anzubahnen. Dabei sollte es „nicht [in erster Linie] um die Vermittlung und Festigung von Sprachmaterial"[182] gehen, sondern vielmehr um eine übergreifende Sinnentnahme der fremdsprachlichen Texte. Während im Grundschulbereich das *Storytelling* durch ein reiches Repertoire an Mimik, Gestik und Bildimpulsen unterstützt wird, werden in der Sekundarstufe Geschichten eher aus Lehrwerken vor- und mitgelesen, die mehr der Vermittlung von neuem Vokabular und neuen Grammatikstrukturen dienen.

> Die Texte sind für alle gleich, die Aufgaben bewirken, dass möglichst alle Schüler dasselbe – und das möglichst sprachrichtig – sagen und schreiben. Das Übungsgeschehen ist nicht darauf gerichtet, dass die Lernenden *sich*, das heißt Empfundenes, Gedachtes, Beobachtetes, Entdecktes, Herausgefundenes ausdrücken können, sondern sie trainieren Formen, Paradigma, Regeln ein, ohne dass dadurch Eigenes, Selbstgedachtes besser, treffender, farbiger mitgeteilt werden kann.[183]

---

[182] Hans-Eberhard Piepho, „‚Story telling' – which, when, why". In *Fremdsprachen in der Grundschule – Grundlagen und Praxisbeispiele.* Hrsg. v. Werner Bleyhl (Hannover: Schroedel Verlag, 2000), 43.

[183] Hans-Eberhard Piepho; Christoph Edelhoff, *Narrative Dimensionen im Fremdsprachenunterricht* (Braunschweig: Schroedel [u.a.], 2007), 43.

Dabei ist auch der Alltag von Jugendlichen noch stark geprägt von Geschichten, besonders Serien und Soap Operas im Fernsehen sowie persönlich erzählten Erlebnissen unter Freunden. Das Bedürfnis nach interessanten, aufregenden Geschichten kann daher ebenso im fortgeführten Englischunterricht genutzt werden, um das Hörverständnis zu schulen und Inhalte zu vermitteln. Allerdings müssen die Vorgehensweise sowie die Thematik an die entsprechende Altersstufe angepasst werden.

In der Grundschule ist das *Storytelling* an die Bedürfnisse der jungen Lerner angepasst. Der Lehrer übernimmt die Rolle des Erzählers und wird eventuell unterstützt von anderen Quellen wie Tonträgern, Videos oder Computeranimationen. Unter Geschichten werden nicht nur Märchen und Fabeln verstanden, sondern auch ganz alltägliche Vorfälle, die in den Unterricht mit eingebunden werden können.[184] Wichtig ist hierbei – und das gilt ebenso für ältere und erwachsene Zuhörer –, dass das Erzählte „innere Bilder und Vorstellungen"[185] hervorruft. Um ein grundlegendes Verständnis zu garantieren, werden die Geschichten mit visuellen Impulsen unterstützt. Das können Bilder, Gesten, Minenspiel, Realien oder auch Schüler als Statisten sein. Als wenig motivierend hat sich die lange verbreitete Vorgehensweise erwiesen, neues Vokabular vorab explizit einzuführen. Darauf sollte sowohl in der Grundschule als auch in der Sekundarstufe verzichtet werden. Bei der Einführung, dem Vortrag und den anschließenden Aktivitäten rund um die Geschichte hat Piepho für die Grundschule ein angemessenes Konzept entwickelt, das das *Storytelling* in verschiedene Stufen einteilt:

- setting the stage
- telling the story
- post-story-activities[186]

Ziel ist es zunächst, vor der eigentlichen Geschichte einzelne Teilstücke den Schülern vorzustellen, um ein schrittweises Heranführen an den Inhalt zu ermöglichen (setting the stage). Wichtige Passagen werden öfters wiederholt, wobei die Inhalte wie bereits beschrieben durch äußere Impulse den Lernern verdeutlicht werden. Vorerfahrungen sollen möglichst aktiviert und mehrere Lernkanäle angesprochen werden.[187] Die Erschließung des neuen

---

[184] Vgl. Hans-Eberhard Piepho, „‚Story telling' – which, when, why". In *Fremdsprachen in der Grundschule – Grundlagen und Praxisbeispiele*. Hrsg. v. Werner Bleyhl (Hannover: Schroedel Verlag, 2000), 44.

[185] Ebd.

[186] Ebd.

[187] Vgl. ebd.

Vokabulars liegt dabei weitgehend beim Lerner. Das Prinzip der Einsprachigkeit ist dabei natürlich zu wahren.

Erst jetzt, nachdem die Schüler sich mit den Elementen der Geschichte vertraut gemacht haben, folgt die eigentliche Präsentation der Story (telling the story). Wichtig ist hierbei, dass die Lehrkraft sich vorher genau mit dem Text der Erzählung vertraut gemacht hat, so dass sie sie möglichst frei erzählen kann. Spannend wird das Erzählte vor allem dann, wenn die Schüler immer wieder in den Erzählvorgang eingreifen können, z.B. in dem sie Worte ergänzen oder Dialogteile spontan nachsprechen dürfen. Des Weiteren sollten Fragen und Wiederholungen erlaubt sein, allerdings muss der Lehrer darauf achten, dass der Erzählfluss und der Spannungsbogen nicht zu oft unterbrochen wird, um die Geschichte am Leben zu erhalten.

Anschließend folgen Post-Story-Activities, mit Hilfe derer die Schüler das Gehörte verarbeiten und festigen können. Tafelbilder, Zeichnungen, Reime, Übungen, etc. können die Geschichte abrunden und das Gesagte festhalten. Im Idealfall prägen sich die Schüler die Inhalte, Redemittel und Strukturen so gut ein, dass sie sie auch in eigenen Äußerungen abrufen und einsetzen können. Die Geschichten sollen den Lernern helfen, sich in der neuen Sprache mitteilen zu können.[188]

Da das *Storytelling* in der Grundschule weit verbreitet ist, sollte diese den Schülern bekannte Erzählform in der weiterführenden Schule aufgegriffen und erweitert werden. So kann das Erzählen von Geschichten vor allem das freie Schreiben und das Leseverständnis der Sekundarstufenschüler fördern. Zudem gilt es, Schüler an das Erzählen und das Aufnehmen von Erzähltem zu gewöhnen, um sie auf den Weg zu einer „subjective literacy in English"[189] zu bringen. Dies führt darüber hinaus im besten Fall zu einer „lebenslangen Freude am Hören und Lesen von Literatur"[190]. Allerdings müssen Themen, Inhalte und Vortragsweise selbstverständlich an die Altersstufe der Schüler angepasst werden. Wesentliche Unterschiede zu den Geschichten in der Grundschule finden sich in der „Komplexität der Voka-

---

[188] Vgl. Hans-Eberhard Piepho, „‚Story telling' – which, when, why". In *Fremdsprachen in der Grundschule – Grundlagen und Praxisbeispiele*. Hrsg. v. Werner Bleyhl (Hannover: Schroedel Verlag, 2000), 46.

[189] Hans-Eberhard Piepho; Christoph Edelhoff, *Narrative Dimensionen im Fremdsprachenunterricht* (Braunschweig: Schroedel [u.a.], 2007), 7.

[190] Hans-Eberhard Piepho, „‚Story telling' – which, when, why". In *Fremdsprachen in der Grundschule – Grundlagen und Praxisbeispiele*. Hrsg. v. Werner Bleyhl (Hannover: Schroedel Verlag, 2000), 47.

beln, der Metaphern, der Schemata und Textschablonen"[191]. Mit steigendem Alter der Lerner kommt es zunehmend darauf an, ihnen qualifiziertere sprachliche und textstrukturelle Mittel und Fähigkeiten zu vermitteln, um sie zum Erzählen und Schreiben eigener Geschichten zu befähigen.[192] Ebenso wie in der Grundschule sollte das Augenmerk in der Sekundarstufe I und auch später noch auf dem kommunikativen Gebrauch der englischen Sprache liegen und weniger auf einer absolut fehlerfreien und grammatikalisch immer korrekten Textproduktion. „Fluency goes before correctness"[193] ist der Leitsatz, der den Weg zu einem lebhaften und hemmungsfreien Gebrauch der englischen Sprache ebnet.

Eine Möglichkeit, lebensnahe Geschichten in die Englischklasse zu bringen, stellen hierbei die Soap Operas dar, wie im zweiten Teil dieser Dissertation erläutert wird.

4.3 Individuelle Förderung

Seit einigen Jahren schon ist die Debatte um die individuelle Förderung in Schulen in aller Munde. Das Schulministerium NRW beschreibt das Rahmenkonzept der individuellen Förderung mit folgenden vier Handlungsfeldern:

- das Bemühen, die jeweilige Lernausgangslage, den Lernstand und Lernbedarf der Schülerinnen und Schüler zu ermitteln und dazu die geeigneten Instrumente und Verfahren anzuwenden;
- die konzeptionell geleitete Unterstützung, Förderung und Begleitung der jeweiligen Lernprozesse;
- eigene Förderangebote auch aus der Perspektive des nachfolgenden Systems zu betrachten um die Anschlussfähigkeit des Wissens sicher zu stellen und Übergänge gezielt vorzubereiten;
- die Dokumentation und Auswertung der Fördermaßnahmen, die schulinterne Überprüfung ihrer Wirksamkeit und die Weiterentwicklung der Förderkonzepte.[194]

Besonders unter dem Stichwort ‚Heterogenität' wird vor allem in den letzten Jahren diskutiert, wie der „Unterschiedlichkeit von Schülerinnen und

---

[191]Hans-Eberhard Piepho; Christoph Edelhoff, *Narrative Dimensionen im Fremdsprachenunterricht* (Braunschweig: Schroedel [u.a.], 2007), 29.

[192]Vgl. ebd., 30.

[193]Billows 1961 zitiert in: Hans-Eberhard Piepho; Christoph Edelhoff, *Narrative Dimensionen im Fremdsprachenunterricht* (Braunschweig: Schroedel [u.a.], 2007), 35.

[194]http://www.chancen-nrw.de/cms/front_content.php?idcat=234 [Stand:10.06.11/18:00].

Schülern – in ganz vielfältigen Hinsichten – besser als bisher Rechnung getragen werden kann"[195]. Diese Unterschiedlichkeit zeigt sich z.b. in den „Migrationserfahrungen, [im] Vorwissen, Geschlecht, [in einer eventuellen] Behinderung, Interessen, Alter, sozioökonomischer Hintergrund, Lerntempo, Motivation, usw."[196]. Ebenso bringen die Schüler unterschiedliche sprachliche Voraussetzungen mit, sowohl im Deutschen als auch im Englischen.

Heterogenität im Fremdsprachenunterricht wurde bislang meist nur hinsichtlich der Leistungsunterschiede bezogen auf die fremdsprachlichen Fähigkeiten wie Grammatikwissen, Aussprache, Größe des Wortschatzes, Kommunikationsfähigkeit etc. wahrgenommen und beurteilt.[197]. In den letzten Jahren ist zudem der Faktor Mehrsprachigkeit gerade in Bezug zu den verschiedenen Migrationshintergründen der Lerner immer mehr in den Fokus der Wissenschaft gerückt worden.[198] So fand beispielsweise Hoti in einer dreijährigen Längsschnittstudie in der Schweiz heraus, dass Kinder mit Migrationshintergrund bzw. Kinder mit einer „(bi)nationale[n] Identifikation"[199] schneller ein besseres Hörverständnis aufweisen als z.B. deutschsprachige Kinder mit nur einem sprachlichen Hintergrund.[200] Breite Forschungserkenntnisse zur Förderung bei individuellen Lernschwierigkeiten von Schülern im Fremdsprachenerwerb gibt es bislang nicht. Vielmehr wurden vor allem in Deutschland einzelne Aspekte wie die Motivation oder die Lernstrategien der Lerner erforscht, allerdings ohne „klare(...) Kausalaussagen oder gar praktisch verwertbare(...) Resultate(...)"[201] zu liefern. Dies liegt vor allem daran, dass das Lernen einer (Fremd-)Sprache ein sehr komplexer Prozess ist, der von verschiedensten Faktoren beeinflusst wird und den verschiedensten Lernervoraussetzungen unterliegt.[202] Jeder Lerner

---

[195] Matthias Trautmann, „Heterogenität – (k)ein Thema der Fremdsprachendidaktik?". In *Individualisierung und Differenzierung im kommunikativen Englischunterricht – Grundlagen und Beispiele*. Hrsg. v. Otfried Börner [u.a.] (Braunschweig: Diesterweg Verlag [u.a.], 2010), 6.

[196] Ebd., 7.

[197] Vgl. ebd.

[198] Vgl. ebd., 7–8.

[199] Andrea Haenni Hoti, „Der Einfluss des Migrationshintergrunds auf die Englischfertigkeiten von Primarschülerinnen und -schülern". In *Chancenungleichheit in der Grundschule – Ursachen und Wege aus der Krise*. Hrsg. v. Jörg Ramseger; Matthea Wagener (Wiesbaden: VS Verlag für Sozialwissenschaften, 2008), 126.

[200] Ebd., 125–128.

[201] Matthias Trautmann, „Heterogenität – (k)ein Thema der Fremdsprachendidaktik?". In *Individualisierung und Differenzierung im kommunikativen Englischunterricht – Grundlagen und Beispiele*. Hrsg. v. Otfried Börner [u.a.] (Braunschweig: Diesterweg Verlag [u.a.], 2010), 8.

[202] Vgl. ebd.

hat andere sprachliche Vorkenntnisse, persönliche Lernstrategien, kognitive Fähigkeiten, Motivationsgründe, etc. Die unterschiedlichen Kenntnisse werden zudem aktuell künstlich verstärkt, da in der 5. Klasse Schüler zusammentreffen, die in der Grundschule jeweils verschiedene Methoden und Techniken im Englischunterricht kennengelernt haben, von verschiedenen Lehrerpersönlichkeiten mit individuellen Konzepten unterrichtet worden sind und trotz mittlerweile weitestgehend einheitlicher Kernziele für den frühen Fremdsprachenunterricht teilweise höchst unterschiedliche Kompetenzen vorweisen können. Es wird deutlich, dass auch im Englischunterricht neue Konzepte zur Binnendifferenzierung erarbeitet werden müssen, um den aktuellen Anforderungen einer heterogenen Schülerschaft gerecht zu werden.

Als eine weitere Gruppe von Lernern, die besonders in den letzten Jahren immer mehr in den Fokus des öffentlichen Interesses geraten ist, sind Schüler mit Lese-Rechtschreibschwierigkeiten, Teilleistungsstörungen und diagnostizierter Legasthenie zu nennen. Im Rahmen des Deutschunterrichts und der Förderung in Bezug auf die deutsche Rechtschreibung haben sich vielfältige Angebote entwickelt, die auf die besonderen Bedürfnisse der Schüler einzugehen versuchen. Zu den führenden Konzepten der Diagnose und Förderung von Rechtschreibschwächen aller Schüler von der Grundschule bis hin zu Sekundarstufe zählen unter anderem die Münsteraner Rechtschreibanalyse des Lernservers der Universität Münster[203], die Hamburger Schreibprobe[204] und das Münsteraner Screening[205].

Während in der Muttersprache die Problematiken von Lernschwächen und Teilleistungsstörungen bereits in mehreren Ansätzen erforscht und bereits einige spezielle Hilfestellungen für Betroffene, Lehrer und Eltern entwickelt wurden, steht die individuelle Förderung im Fremdsprachenunterricht noch ganz am Anfang. Es scheint zunächst einleuchtend, dass Schüler, die z.B. Schwierigkeiten in den Bereichen der lautlich-phonologischen Wahrnehmung, der Artikulation, Intonation, Konzentration oder dem Verständnis abstrakter grammatischer Strukturen vorweisen, auch Probleme beim Erwerb einer Fremdsprache haben. Dennoch sind bislang keine ganzheitlichen Ansätze vorhanden, die Schüler mit Lernschwächen auch im Fremdsprachenerwerb angemessen individuell fördern und unterstützen.

Gerade durch den nun frühen Fremdsprachenbeginn, der in vielerlei Hinsicht einen positiven Einfluss auf den Erfolg der Schüler im späteren

---

[203]http://www.lernserver.de [Stand: 16.03.11/11:42].
[204]http://www.hsp-plus.de [Stand: 16.03.11/11:44].
[205]http://www.cornelsen.de/foerdern/1.c.1638003.de [Stand: 16.03.11/11:47].

Fremdsprachenunterricht sowie im Berufsleben hat, werden jedoch Schüler mit Lese-Rechtschreibstörungen und anderen Teilleistungsstörungen benachteiligt. Zum einen sind bei Schuleintritt Lernschwierigkeiten und Legasthenie noch nicht diagnostiziert worden. Es kann folglich keine besondere Rücksicht auf diese Schüler genommen werden und es steht kein passendes Arbeitsmaterial zur Verfügung. Zum anderen wird vor allem der Anfangsunterricht in den Fremdsprachen kommunikativ gestaltet und nimmt nur ungenügend Rücksicht auf das langsamere Lerntempo von Schülern mit verschiedenen Lernschwächen. Da besonders Legastheniker sehr verunsichert sind, sich aufgrund ihrer Schwächen nicht gut artikulieren können und sich somit gerade zu Beginn des Fremdsprachenerwerbs zurückziehen, können schwerwiegende, sachbezogene aber auch seelische Probleme entstehen. „Können die einzelnen Schüler nicht genügend individuell verwertbare, sprachliche Erfahrungen machen und Konzepte erwerben, entstehen Defizite."[206]

Der Englischunterricht in der Mittelstufe kann mit der entsprechenden Förderung in der Schule, zu Hause und auch in speziellen Fördereinrichtungen erfolgreich verlaufen. Voraussetzung dafür ist, dass zunächst der Ist-Stand der Kinder diagnostiziert werden kann. Schon bei diesem ersten notwendigen Schritt mangelt es an umfassenden Testmöglichkeiten. Daran anschließend muss ein individuell fördernder Unterricht gewährleistet werden, der jeden einzelnen Schüler nach seinen Bedürfnissen fördert und fordert. Als eine Möglichkeit zur Differenzierung werden immer wieder die Möglichkeiten des Computereinsatzes und spezieller Lernsoftware genannt. Allerdings sind die bisherigen Programme selten ausreichend interaktiv gestaltet und können sich nicht so individuell wie nötig auf den Lerner einstellen. Fehler werden nicht detailliert genug analysiert und eine auf der Fehleranalyse basierende Aufgabenauswahl findet meist kaum bis gar nicht statt.[207] Hinzu kommen praktische Probleme wie fehlende Computerarbeitsplätze, mangelnde Medienkompetenzen der Lehrkräfte und schlechte Einbindungsmöglichkeiten in den Unterricht. Um die Vorteile des PC-Einsatzes für eine individuelle Förderung nutzen zu können, müssen zunächst ähnlich wie im Bereich der Rechtschreibung digital unterstützte

---

[206] Katrin Sellin, *Wenn Kinder mit Legasthenie Fremdsprachen lernen* (München: Ernst Reinhardt Verlag, 2008), 12.

[207] Vgl. Matthias Trautmann, „Heterogenität – (k)ein Thema der Fremdsprachendidaktik?". In *Individualisierung und Differenzierung im kommunikativen Englischunterricht – Grundlagen und Beispiele.* Hrsg. v. Otfried Börner [u.a.] (Braunschweig: Diesterweg Verlag [u.a.], 2010), 11.

Diagnose- und Fördermöglichkeiten herangezogen werden, um eine große Zahl von Schülern passgenau unterstützen zu können. Diese werden vereinzelt von Verlagen bereitgestellt, z.b. von Cornelsen[208]. Solche Tests sind ein erster Schritt in die richtige Richtung, allerdings müssen solche Testverfahren mit anschließender Fördermöglichkeit inhaltlich noch ausgebaut und auch auf den Primarbereich ausgeweitet werden.

Eine weitere Möglichkeit, möglichst alle Lerner ihren individuellen Lernweg gehen zu lassen, ist das Konzept des offenen Unterrichts. Insbesondere im Primarbereich dient eine persönliche, institutionelle, politisch-pädagogische, methodisch-organisatorische und inhaltliche Öffnung des Unterrichts einem Lernen vom Schüler aus, bei dem der Lehrer eine positive Beziehungskultur zwischen Schüler und Lehrer fördert, die Schule sich der kindlichen Lebenswelt sowie außerschulischen Lernorten öffnet, der Unterricht von Selbst- und Mitbestimmung der Schüler geprägt ist, heterogene Lernvoraussetzungen der Schüler in individuell anschlüssfähigen Lernumgebungen berücksichtigt und alternative Wege des Lernens zugelassen werden.[209] Mit diesen Dimensionen der Öffnung des Unterrichts nach Hanke kann auch ein individueller Englischunterricht gestaltet werden, der möglichst viele Schüler persönlich anspricht. Voraussetzung dafür sind offene Aufgabenstellungen und Arbeitsformen, die ein differenziertes Arbeiten ermöglichen. Während in der Grundschule Unterrichtsformen wie das Lernen an Stationen, Werkstattunterricht oder die Arbeit mit dem Wochenplan häufig im Rahmen des offenen Unterrichts gewählt werden, können im Englischunterricht der Sekundarstufe beispielsweise der Projektunterricht oder die Freiarbeit als Methode angewandt werden. Leider wird diese Chance bislang noch kaum von Lehrkräften der weiterführenden Schulen genutzt.[210] Doch in diesen Arbeitsphasen können Schüler besonders gut eigene Ideen mit einbringen, ihren Lernweg durch Materialauswahl und Schwierigkeitsniveau selbst steuern, die Sozialform wählen und auch Aspekte wie den Lernort, die Lernzeit und die Methoden weitestgehend selbst bestimmen. Dieses freie Arbeiten kann jedoch nur gelingen, wenn die Lehrkraft die Schüler an diesen offenen Unterricht herangeführt hat und vor allem ein

---

[208] http://www.cornelsen.de/foerdern/1.c.1638035.de [Stand: 16.03.11/12:24].

[209] Petra Hanke, *Anfangsunterricht* (Weinheim, Basel: Beltz Verlag, 2007), 111–112.

[210] Die Studie ‚Deutsch Englisch Schülerleistungen International' von 2001 bis 2008 zeigte unter anderem, dass nur 10% der Lehrkräfte Freiarbeit in ihrem Unterricht einsetzen. Vgl. http://www.dipf.de/de/projekte/deutsch-englisch-schuelerleistungen-international [Stand: 16.03.11/13:11]. Häufig werden dem offenen Unterricht Beliebigkeit und Strukturlosigkeit vorgeworfen, doch auch Freiarbeit kann mit entsprechend vereinbarten Lernzielen und wiederkehrenden Abläufen strukturiert werden.

sehr differenziertes Material in vielen Niveaustufen anbietet, das möglichst eine Selbstkontrolle der Schüler zulässt. Bei guter Vorbereitung kann eine Öffnung des Unterrichts einen kommunikativen und interaktiven Englischunterricht fördern. Da offene Unterrichtsformen auf einem Verständnis eines autonomen Lerners basieren, der Verantwortung für seinen Lernprozess übernimmt, wird dieser Aspekt im folgenden Kapitel näher betrachtet.

Schließlich kann eine individuelle Förderung im Englischunterricht nur gelingen, wenn neben einer fundierten Diagnose, passgenauem Fördermaterial und passenden Methoden vor allem die Lehrkraft in der Lage ist, flexibel auf die Lernbedürfnisse der Schüler zu reagieren, ihnen differenziertes Material anbietet und über die Arbeit mit den Standardtexten wie dem Lehrwerk hinaus die Schüler mit einem nachvollziehbaren, für sie relevanten, herausfordernden und auch motivierenden Input konfrontiert.

4.4 Lernerautonomie

Neben Prinzipien wie ‚Authentizität' und ‚Language Awareness' spielt seit den 1980er Jahren vor allem der Aspekt der Lernerautonomie in der heutigen Fremdsprachendidaktik eine wichtige Rolle.[211] Der Begriff des ‚autonomen Lernens' wird häufig synonym gebraucht mit Begriffen wie „selbstverantwortliches oder selbstständiges Lernen"[212]. Allerdings wird der Begriff der Lernerautonomie auch inhaltlich in mehrerer Hinsicht verwendet. Als autonomer Lerner kann ein Schüler bezeichnet werden, der Verantwortung für den Inhalt und Prozess seines Lernens übernimmt, der in gewissem Maße ein eigenes Curriculum für sich aufstellt und sich die in der Schule vermittelten Lerninhalte für seine Zwecke aneignet.[213] Ganz konkret formuliert Schönweiss 2001: „Es muss ein Ziel von Bildung sein, dass jeder schrittweise in die Lage versetzt wird, seine eigene Bildungsbiografie selbst

---

[211] Vgl. Claus Gnutzmann, „,Das geht doch nicht, oder?' – Grammatik für Lehrende". In *Grammatik lehren und lernen.* Hrsg. v. Wolfgang Börner; Klaus Vogel (Bochum: AKS-Verlag Bochum, 2001), 1 (Fremdsprache in Lehre und Forschung, Band 29). Vgl. Friederike Klippel; Sabine Doff, *Englischdidaktik* (Berlin: Cornelsen Scriptor, 2007), 288.

[212] Friederike Klippel, Sabine Doff, *Englischdidaktik* (Berlin: Cornelsen Scriptor, 2007), 288.

[213] Vgl. David Little, „Authentik: The development of an approach to language learning based on authentic texts in print and audio". In *Prozessorientierte Mediendidaktik im Fremdsprachenunterricht.* Hrsg. v. Wilfried Gienow; Karlheinz Hellwig (Frankfurt am Main: Peter Lang Verlag, 1993), 128.

in die Hand zu nehmen"[214]. Zu betonen ist hierbei die Eigenverantwortung der Schüler für ihren Lernprozess. Nicht gemeint ist mit Autonomie jedoch eine Beliebigkeit hinsichtlich der Stoffauswahl, da sich das Lernen natürlich an Lehrplänen und Richtlinien orientieren muss.[215] Gerade im Bereich des Fremdsprachenlernens bedeutet Autonomie ebenso, dass der Lerner im Bereich der interkulturellen, sozialen Kompetenzen lernt, sich selbstsicher in der zielsprachlichen Gesellschaft auszudrücken:

> When the object of learning is a foreign language, learner autonomy also implies a capacity to perform a range of discourse roles wide enough to allow a high degree of social autonomy in the target language community.[216]

Lernerautonomie kann vor allem durch Unterrichtsmaterialien gefördert werden, die individuelle Lernwege zulassen, den Schülern Auswahlmöglichkeiten geben, zum eigenständigen Arbeiten motivieren und darüber hinaus die Lerner in Entscheidungsprozesse über das unterrichtliche Handeln mit einbeziehen. Durch solche Materialien, die eine hohe Lerneraktivität fördern, erhöht sich die Chance, dass der Lerner eine höhere „Behaltens- und Anwendungsleistung"[217] zeigt.[218] Autonomie bedeutet jedoch nicht, dass der Lehrer, der für den Englischunterricht fachlich, methodisch und didaktisch ausgebildet worden ist, den Hauptanteil der Verantwortung für den Lernerfolg eines Schülers an diesen abgeben kann. Es wird deutlich, dass ein wirklich selbstgesteuertes Lernen nur gelingen kann, wenn der Lehrer seinen Schülern Mittel an die Hand gibt, kompetente Entscheidungen in ihrem Lernprozess zu treffen. Er sollte Lernstrategien transparent machen, eine große Aufgabenvielfalt anbieten, Lernziele mit den Schülern vereinbaren, ihnen die Möglichkeit zur eigenen Leistungskontrolle geben, ihnen z.B. durch den Einsatz von Portfolios die Beobachtung ihrer Sprachentwicklung ermöglichen, etc. Der Lehrer wird zum oft angeführten Berater,

---

[214]Friedrich Schönweiss, „Schulen ans Netz – und dann?". In *Psychologie Heute*, Heft 7, 2001, 63.

[215]Friederike Klippel; Sabine Doff, *Englischdidaktik* (Berlin: Cornelsen Scriptor, 2007), 288.

[216]David Little, „Authentik: The development of an approach to language learning based on authentic texts in print and audio". In *Prozessorientierte Mediendidaktik im Fremdsprachenunterricht*. Hrsg. v. Wilfried Gienow; Karlheinz Hellwig (Frankfurt am Main: Peter Lang Verlag, 1993), 128.

[217]Friederike Klippel; Sabine Doff, *Englischdidaktik* (Berlin: Cornelsen Scriptor, 2007), 288.

[218]Vgl. ebd.

trägt aber weiterhin eine große Verantwortung. Autonome Lerner brauchen „Anleitung durch die Lehrkraft und häufig indirekte Steuerung"[219].

Darüber hinaus ist Lernerautonomie eng verbunden mit den Forderungen nach einem offenen Unterricht, der über das Lehrwerk hinaus ein selbständiges Lernen der Schüler ermöglicht. Dies kann beispielsweise durch intensive Partner- und Gruppenarbeit, Wochenplanarbeit, Lernen an Stationen oder Werkstattarbeit realisiert werden. Wichtig ist, dass Selbständigkeit zum Unterrichtsprinzip wird, z.B. auch bei der Auswahl der Materialien und Medien durch die Schüler.[220] Wenn ein offener, individuell fördernder und auf ein autonomes Lernen der Schüler ausgerichteter Fremdsprachenunterricht umgesetzt werden soll, kann das Lehrwerk alleine in seiner vorgegebenen Progression nicht das einzige Unterrichtsmedium sein. Es bedarf natürlich einer Ergänzung von verschiedensten Materialien und Medien, um einen kommunikativen und schülerzentrierten Fremdsprachenunterricht zu gewährleisten.

Autonomie im Fremdsprachenunterricht zielt vor allem auf ein lebenslanges Lernen ab. Gerade beim Fremdsprachenlernen wird im Prinzip nie ein endgültiges Ziel erreicht. Der Lerner ist nie ‚fertig'. Auch in vielen anderen Lebensbereichen muss immer weiter gelernt werden. Auf diese Flexibilität und das Verständnis von lebenslangem Lernen muss die Schule ihre Schüler vorbereiten.[221]

5 Ausgewählte Kriterien für einen kommunikativ gestalteten Englischunterricht

Die nachfolgende Tabelle soll das bis hierhin dargestellte bezogen auf einen kommunikativ ausgerichteten Fremdsprachenunterricht zusammenfassen. Der Kriterienkatalog soll Anhaltspunkte liefern, welche Aspekte besonders fokussiert werden müssen, um beispielsweise die kommunikativen Kompetenzen der Schüler im Englischunterricht der Sekundarstufe I zu fördern. Da nur ein bestimmter Blickwinkel von Interesse ist, darf diese Auflistung natürlich auch nur als Auszug aus den vielfältigen Kriterien eines guten Fremdsprachenunterrichts gesehen werden.

---

[219]Friederike Klippel; Sabine Doff, *Englischdidaktik* (Berlin: Cornelsen Scriptor, 2007), 289.
[220]Vgl. ebd.
[221]Vgl. ebd., 288.

Bereiche	Voraussetzungen	Umsetzung bzw. Konsequenzen
Lernermotivation	Relativierung der Künstlichkeit des Fremdsprachenlernens	Einsprachigkeit, Anwendungsorientierung und lebensweltlicher Bezug, Diskurskultur, Motiviertheit und Glaubhaftigkeit des Lehrenden, positive Lehrer-Schüler-Beziehung
	Angemessener Wechsel von Sozialformen	Plenum, Gruppen- und Partnerarbeit, Einzelarbeit (Fokus auf Gruppen- und Partnerarbeit, um Hemmungen abzubauen)
	Einsatz eines Medienmixes unter Berücksichtigung neuer Medien	Lehrwerk, Arbeitsblätter, Tafel, auditive Medien etc., darüber hinaus PC und Internet, interaktives Whiteboard
	Verwendung von didaktisch unberührten, für die Schüler relevanten Materialien	Zeitschriften, Filme, gesprochener Text, Blogs, Foren, Austauschpartner, insbesondere affektiv involvierende Materialien
Persönliche Einstellung	Gebrauch des Englischen um eigene Gedanken und Gefühle auszudrücken	Diskurskultur und kommunikative Kompetenz der Schüler stärken, Pragmatik, emotional einbindende Themen und Texte behandeln, ganzheitliches, situatives Lernen
	Betrachtung des Englischen als eigene Sprache", nicht bloß als Unterrichtsfach	Verknüpfung eigener Interessen der Schüler mit der Fremdsprache, Verwendung relevanter, lebensnaher Texte
	Selbstverständlicher Gebrauch des Englischen über den Unterricht hinaus	Förderung von Austauschprogrammen, Bereitstellen von englischsprachigen Filmen, Serien, Texten, Comics, Spielen, etc., englischsprachige Projekte und Ags an der Schule fördern
Methoden	Storytelling	Kreativen Umgang mit Sprache zulassen, hohe Aufmerksamkeit nutzen/ erzeugen, Hörverständnis verbessern, sinnentnehmendes Verstehen von gesprochenen Texten, emotionale Einbindung, „subjective literacy"
	Lernerautonomie	Lernstrategien vermitteln, insbesondere zur Verbesserung kommunikativer Fähigkeiten, Mitbestimmungsrecht der Schüler, eigene Lernwege ermöglichen

	Individuelle Förderung	Diagnose der Lernausgangslage, insebsondere hinsichtlich kommunikativer Fähigkeiten, Einbezug unterschiedlicher Vorkenntnisse und Interessen, Bereitstellen von differenziertem Lernmaterial zur passgenauen Förderung, Öffnung des Unterrichts
Sprachliche Mittel	Fokus Zeiten	Flüssiges und sicheres Beherrschen der englischen Zeiten, begünstigt durch hohe Lehrerkompetenz im Bereich der Grammatikvermittlung, Verwendung geeigneter Lehrwerke (z.B. Einbindung der Grammatik in situative Kontexte), *TPR*
	Fokus Wortschatz	Breiter und tiefer Wortschatz, kontextbezogene Verwendung, emotionale Einbindung der Wortfelder
	PC und Internet	Nutzen der sofortigen und gleichzeitigen sowie zeitversetzten Kommunikationsmöglichkeiten, Nuzung interaktiver Module für ein konstruktivistisches Lernen, Fülle an authentischen Materialen verwenden
Medieneinsatz	Lernsoftware	Vorteile einer vorbereiteten (selbst gestalteten) Lernumgebung nutzen, Bereitstellen von Werkzeugen für das Erstellen eigener geschriebener/ gesprochener Texte, Kommunikation in einer ßicheren Ümgebung, abwechslungsreiches Einüben sprachlicher Mittel (Grundvoraussetzung für Kommunikation)
	Interaktives Whiteboard	Zugang zu Materialien aus dem Land der Zielsprache im Plenum, Videokonferenzen mit Muttersprachlern, motivierende Darstellung von Lerninhalten, Medienkombination, Nutzung bereits vorhandener und oft kostenloser, muttersprachlicher Lernmaterialien

Tabelle 1: Ausgewählte Kriterien für einen kommunikativ gestalteten Englischunterricht.

III Die Soap Opera als Genre und Methode im Englischunterricht

Der dritte Teil dieser Dissertation soll die Soap Opera hinsichtlich ihrer Perspektiven für den Einsatz im Englischunterricht in der Sekundarstufe I analysieren. Ebenso sollen Grenzen und Gefahren aufgedeckt werden, die das Format mit sich bringt. Dazu wird zunächst das Genre Soap Opera mit seiner Definition, Entstehung und Auswirkung untersucht. Anschließend wird rückbeziehend auf die erarbeiteten Aspekte aus Teil II dieser Dissertation aufgedeckt, inwiefern die Seifenoper als Unterrichtsmethode und -gegenstand einen modernen, schülerzentrierten und kommunikativ gestalteten Englischunterricht fördern kann. Die theoretische Betrachtung soll zeigen, ob diese Methode in Teilbereichen des Fremdsprachenunterrichts sogar einen neuen Zugang zum Englischlernen darstellen kann. Darüber hinaus wird gezeigt, wie die Soap auch überfachlich im Unterricht zum Objekt einer kritischen Medienbetrachtung werden kann. Ziel ist es letztendlich, einen Englischunterricht zu ermöglichen, der die Sprache Englisch zu mehr werden lässt als ein reines Unterrichtsfach und die Schüler mit echter kommunikativer Kompetenz ausstattet, die auch im realen Leben Bestand hat.

6 Das Genre Soap Opera, seine Charakteristika und mögliche Schlussfolgerungen für den Einsatz im Englischunterricht

Was ist eine Soap? Seit wann gibt es sie und wie ist sie entstanden? Was charakterisiert eine Soap Opera? Zur Analyse und Bewertung der Frage, ob es sinnvoll ist, die Soap Opera als Zugang für bestimmte Themen im Englischunterricht der Sekundarstufe I einzusetzen, bedarf es zunächst einer genauen Betrachtung dieser Serienform und dieses Genres. Daher befasst sich dieses Kapitel mit der Begriffsklärung, der Entstehung, Verbreitung und Funktion der Soap Opera in TV und Internet. Im Fokus steht zudem die Frage, welchen Einfluss die alltagsnahen Geschichten auf junge Zuschauer haben und inwiefern die Soap eine Vorbildfunktion erfüllt oder sogar Rollenbilder und Moralvorstellungen prägen kann. Dadurch soll herausgearbeitet werden, worin der Reiz der Seifenoper besteht, aber ebenso, welche Problematik mit diesem Genre einhergeht. Es soll deutlich werden, welche Grenzen sich zunächst für den Einsatz in Schule und Unterricht auftun.

6.1 Begriffsdefinition

Trotz einiger Studien über Soap Operas im amerikanischen und deutschsprachigen Raum besteht zum Begriff der Soap keine begriffliche Klarheit.[222] Dennoch soll an dieser Stelle versucht werden, die Charakteristika der Soap Opera zwecks einer möglichen Definition zu erfassen. Als Soap Opera (kurz ‚Soap‘) oder Seifenoper wird heutzutage eine endlos angelegte Fernsehserie bezeichnet, die zu regelmäßigen Zeiten im Fernsehen ausgestrahlt wird. Ergänzend liefert Freese im *Viewfinder*[223] eine Definition für den schulischen Kontext: Eine Soap Opera ist demnach „A radio or television serial drama dealing with the events and problems of the characters' daily lives."[224] Eine (werk-)täglich gesendete Soap kann aufgrund ihrer amerikanischen Vorgänger als ‚Daily Soap‘ bezeichnet werden[225], wohingegen einmal wöchentlich ausgestrahlte Soaps oft als ‚Prime-Time-Soaps‘ gelten, da sie zur besten Sendezeit in den Abendstunden gezeigt werden. Zu den erfolgreichsten täglichen Soaps im deutschen Fernsehen zählen zurzeit die Serien *Gute Zeiten, schlechte Zeiten* (RTL), *Marienhof* (ARD), *Unter Uns* (RTL) und *Verbotene Liebe* (ARD).[226] Die erste und älteste deutsche Soap Opera wird seit 1985 im Ersten Deutschen Fernsehen einmal wöchentlich ausgestrahlt: *Lindenstraße*.[227] Gerade in den letzten Jah-

---

[222]Vgl. Udo Göttlich, *Daily Soaps und Daily Talks* (Opladen: Leske + Budrich, 2001), 25.

[223]Peter Freese (Hrsg.), *Viewfinder Topics – Film, Soap and Photo, Reality – or illusion?* (München: Langenscheidt GmbH, 2003).

[224]Ebd., 54.

[225]Vgl. Udo Göttlich, *Daily Soaps und Daily Talks* (Opladen: Leske + Budrich, 2001), 15.

[226]Im Folgenden abgekürzt mit *GZSZ, MH, UU* und *VL*.

[227]Vgl. Gerlinde Frey-Vor, *Coronation Street – Infinite drama and British reality ; an analysis of soap opera as narrative and dramatic continuum* (Trier: WVT Wiss. Verl.

ren etablierten sich zudem als Varianten der klassischen Soap Opera verschiedenste ‚Doku-Soaps' im deutschen Fernsehen. Das Themenspektrum der Doku-Soaps kann dabei kaum abgegrenzt werden. Als Beispiele seien hier Zoo-Sendungen wie *Elefant, Tiger & Co* (ARD), Kochsendungen wie *Das perfekte Dinner* (VOX) oder *Die Küchenschlacht* (ZDF) und Familiensendungen wie *We are Family* (ProSieben) genannt. Es lässt sich aber zu jedem erdenklichen Thema, das den Alltag deutscher Familien betrifft, eine Doku-Soap finden (Kindererziehung, Heimwerken, Liebe allgemein, Umzug, Beruf, Urlaub, Finanzberatung, Geburt, Recht und Kriminalität, Ernährung, Inneneinrichtung, etc...). Doku-Soaps ähneln klassischen Soaps, da sie alltägliche Themen aufgreifen und durch Dramtisierung und Intimisierung einen Spannungsbogen aufbauen.

Vereinzelt und eher selten lassen sich soapähnliche Formate auch im Internet finden, die sogenannten ‚eSoaps'. Meist handelt es sich um kurze interaktive Episoden in Form von Videostreams oder Bildergeschichten, zu denen die Zuschauer Kommentare abgeben können oder bei denen der User Einfluss auf den Fortlauf der Geschichte hat. Beispiele hierfür sind die britische Internet-Soap *Chalkhill*[228] oder die Online-Soap *Coastal Dreams* der NBC aus dem Jahr 2007.[229] Mittlerweile sind diese Soap Operas aber nicht mehr abspielbar. Der britische Channel 4 (E4) veröffentlicht seit 2009 die Internet-Soap *Hollyoaks: The Morning After the Night Before*. Die Mini-Episoden können auf der Website von Channel 4 aufgerufen werden und werden aktuell noch produziert.[230] Vereinzelt gibt es deutsche Internet-Soaps, wie z.B. die Krimi-Comedy-Soap *Borscht* oder die Foto-Story *Die Bucht*. Dennoch ist diese Art der Ausstrahlung von Seifenopern eher ungewöhnlich und im deutschsprachigen Raum so gut wie gar nicht verbreitet. Ein Grund dafür ist, dass die Produzenten einer Soap Opera über das Fernsehen mehr Zuschauer erreichen als über das Internet. Darüber hinaus sind die Online-Soaps hauptsächlich Low-Budget-Produktionen mit Laiendarstellern und es fehlt meist sowohl an einer professionellen Crew als auch an fähigen Autoren. Ebenso machen die Internet-Auftritte der Soaps deutlich, dass sie schnell und amateurhaft entwickelt worden sind. Dies fällt besonders dadurch auf, dass es kein bzw. fast kein Merchandising gibt, das bei den meisten Fernseh-Soaps den schillernden und konsumorientier-

---

Trier, 1991),41–42.

[228] http://www.chalkhillsoapopera.com/home[Stand: 23.04.10/16:27].
[229] http://www.nbc.com/coastal_dreams/[Stand: 23.04.10/16:55].
[230] http://www.e4.com/hollyoaks/the-morning-after-the-night-before/[Stand: 23.04.10/17:08].

ten Rahmen bildet. Die eSoaps sind kaum bekannt und haben meist eine kleine Fan-Gemeinde. Daher wird diese nichtkommerzielle Lücke im Seifenoperngeschäft auch nicht für intelligentere oder anspruchsvollere Produktionen als die zur Zeit vorhandenen genutzt. Das Soap-Format und seine Anhänger scheinen mit der knalligen, dramatischen und konsumfreudigen Welt der TV-Soaps fest verbunden zu sein.[231] Dennoch ist ein Aufschwung des Genres ‚eSoap' im Zuge der zunehmenden Verbreitung internetfähiger Fernseher, Tablet-PCs oder immer leistungsstärkerer Smartphones durchaus denkbar.

Eine Soap Opera zeichnet sich dadurch aus, dass sie fortlaufend, zeitnah und daher meist auch kostengünstig produziert wird. Es kann von einer „Fließbandproduktion"[232] gesprochen werden. Während die bekannteren, lange mitwirkenden Darsteller meist eine schauspielerische Ausbildung vorweisen können, sind vor allem die oft wechselnden kleineren Nebenrollen mit Laien besetzt, die meist keine explizite Schauspielausbildung haben. Die durch häufige Werbung unterbrochenen Geschichten über das alltägliche Leben mehrerer Protagonisten stammen dabei meist aus der Feder mehrerer Autoren.

In der Soap Opera spiegeln sich – trotz meist überzeichneter Geschehnisse – teils auch aktuelle gesellschaftsrelevante Themen und technische Entwicklungen wider.[233] Der jeweilige Plot richtet sich dabei nach der Zielgruppe, die jeweils angesprochen wird. Es gibt Soaps, die für Erwachsene geschrieben sind oder explizit für Kinder oder Jugendliche.[234] Während in ihrer Entstehungszeit die ersten Soaps eher für Frauen produziert wurden, hat sich die Zielgruppe mittlerweile auch auf das männliche Publikum ausgeweitet.[235] Dennoch bleibt nach Forschungsergebnissen der Gesellschaft für Konsumforschung (GfK) die Soap ein Frauengenre: 1999 waren nach Auswertung der Umfrageergebnisse die Zuschauer von *GZSZ* zu 66% weiblich. Ähnlich verhielt es sich bei den anderen im deutschen Fernsehen eta-

---

[231]Corinna Haas, „Web-Soaps. Zum Transfer eines erfolgreichen TV-Genres ins Internet.". In *Medien Praktisch. Zeitschrift für Medienpädagogik*, Heft 2/03, 2003. Online abgerufen unter http://www.mediaculture-online.de/fileadmin/bibliothek/haas_websoaps/haas_websoaps.html[Stand: 17.03.11/ 14:42].

[232]Udo Göttlich, *Daily Soaps und Daily Talks* (Opladen: Leske + Budrich, 2001), 31.

[233]Vgl. Heike Paul; Alexandra Ganser, *Screening Gender – Geschlechterszenarien in der gegenwärtigen US-amerikanischen Populärkultur* (Münster: Lit Verlag, 2007), 177.

[234]z.B. *Schloss Einstein*, Erstausstrahlung 1998 im Kinderkanal. Die Kinder-Seifenoper wird zur Zeit im Ki.Ka, MDR, HR und RBB ausgestrahlt. Aktuell gibt es bereits um die 550 Folgen.

[235]Vgl. Heike Paul; Alexandra Ganser, *Screening Gender – Geschlechterszenarien in der gegenwärtigen US-amerikanischen Populärkultur* (Münster: Lit Verlag, 2007), 176.

blierten Soap Operas. 70% der Zuschauer von *Marienhof* waren weiblich, 73% von *Unter Uns* und 68% von *Verbotene Liebe*.[236] Neuere Zahlen aus dem Jahr 2010 bestätigen diese Tendenz:

Sendung	Sender	Jahr	Gesamt Struktur in %	Männer Struktur in %	Frauen Struktur in %
Verbotene Liebe	ARD	2010	100	29	71
Marienhof	ARD	2010	100	28	72
GZSZ	RTL	2010	100	31	69

Tabelle 2: Zuschauerstruktur nach Geschlecht
(Quelle: AGF/GfK Fernsehforschung, TV-Scope, Fernsehpanel (D+EU)).

Allen Soaps gemeinsam ist die Art und Weise der Dramatisierung. In dialoggeprägten Szenen werden dem Zuschauer mehrere Handlungsstränge präsentiert, die meist miteinander verwoben sind. Durch divergente Figuren mit verschiedenen Sichtweisen werden Themen in einem auf einige wenige Orte reduzierten Umfeld dargestellt. Handlungsorte und Akteure werden in kurz aufeinander folgenden Szenenwechseln präsentiert. Immer wieder bauen sich dabei in diesem engen Rahmen ähnliche Konflikte auf, die unter den Charakteren über mehrere Folgen hinweg gelöst werden. Die einzelnen Episoden enden meist mit einem Cliffhanger, der die Zuschauer an die Soap binden soll. [237]

Auch wenn auf den ersten Blick eine recht einfache Definition der Soap Opera gegeben werden kann, sind die Übergänge zu anderen Genres wie der Telenovela, der typischen Fernsehserie oder der Sitcom oft fließend. Die Soap kann insofern abgegrenzt werden, als dass sie nicht wie gängige Fernsehserien in Staffeln (Seasons) gedreht wird, die Handlung in der Einzelfolge nicht abgeschlossen ist und somit kein absolutes Happy End wie bei

---

[236] Vgl. Maya Götz, „Wer sieht Soaps, warum und mit welchem Erfolg? – Ein Streifzug durch die internationale Forschung". In *Pickel, Küsse und Kulissen*. Hrsg. v. Claudia Cippitelli; Axel Schwanebeck (München: Verlag Reinhard Fischer, 2001), 191.

[237] Vgl. Udo Göttlich, *Daily Soaps und Daily Talks* (Opladen: Leske + Budrich, 2001), 39.
Als Cliffhanger wird in der Regel eine dramatische Situation am Ende einer Folge oder vor einer Werbepause (Minicliff) bezeichnet, die den Zuschauer durch einen offen gelassenen Spannungsbogen dazu verleiten soll, sich die nächste Folge anzusehen. Es wird eine engere Bindung an die Seifenoper provoziert, indem ein Charakter beispielsweise einen Autounfall hat, und nun nicht klar ist, ob er diesen überleben wird oder nicht. Ebenso werden am Ende der Folge oft schockierende Wahrheiten eröffnet, die dann in der nächsten Folge entsponnen werden. Vgl. ebd., 25.

einer Telenovela erwartet werden kann. Dennoch können Gemeinsamkeiten im Erzählstil und der Thematik (Cliffhanger, Romanzen, alltägliche Probleme) verzeichnet werden. Zudem wird die Soap ähnlich wie die Sitcom und die Telenovela in der Regel ausschließlich im Filmstudio aufgezeichnet. Außenaufnahmen können durch das geringe Budget und den engen Zeitplan nicht verwirklicht werden.

6.2 Die Soap Opera: Entstehung und Entwicklung in Radio und TV

DEUTSCHLAND	MEILENSTEINE	INTERNATIONAL
Erfindung der Zylinderschnellpresse (Johann Friedrich Gottlob Koenig)	1812	
	19. Jhd.	Enstehung der Massenpresse
	19. Jhd.	*Domestic Novels*
	1836/37	Charles Dickens veröffentlicht Fortsetzungsgeschichten in Magazinen
	1887	Sir Arthur Ignatius Conan Doyle veröffentlicht die erste Geschichte von *Sherlock Holmes* (Kurzgeschichten mit Seriencharakter)
	1930er Jahre	Entstehung erster Radio-Seifenopern in Amerika und Großbritannien
	1933	Radio-Soaps, die Waschmittel bewarben, verliehen dem Genre den Spitznamen ‚Soap Opera'
	1950er Jahre	Im Zuge technischer Neuerungen werden die Radio-Soaps nach und nach durch Fernseh-Soaps ersetzt
	1951	Beginn der Seifenoper-Ära im Fernsehen mit Ausstrahlung der ersten Soaps wie *Search for Tomorrow*, *Love of Life* oder *The Guiding Light*
	1960	Die letzte Radio-Soap Opera wird abgesetzt
	1960er Jahre	Beginn der Produktion von Seifenopern in Europa
	1970er Jahre	Primetime Soaps wie *Dallas* setzen neue Maßstäbe und erweitern den Zuschauerkreis
Sendestart *Lindenstraße* (erste deutsche Seifenoper, basierend auf der britischen Soap *Coronation Street* aus dem Jahr 1960)	08. Dez. 1985	
Sendestart *GZSZ*	11. Mai 1992	
Sendestart *Unter Uns*	28. Nov. 1994	
Sendestart *Verbotene Liebe*	02. Jan. 1995	
Sendestart *Marienhof*	02. Jan. 1995	
Letzte Folge von *Marienhof*	15. Jun. 2011	

Tabelle 3: Meilensteine in der Entstehungsgeschichte der Seifenoper.

Die ‚Seifenoper' oder ‚Soap Opera' hat heutzutage einen festen Platz im täglichen Fernsehprogramm. Ihre Entstehung kann dabei weit zurückverfolgt werden. Die direkten Wurzeln der Soap Opera lassen sich vor allem auf literarische Stilrichtungen zurückführen, die im 19. Jahrhundert eine wachsende Leserschaft begeisterten. Mit den enormen Fortschritten in der Weiterentwicklung des Buchdrucks durch Druckmaschinen seit 1800 wurde es möglich, hohe Auflagen von Magazinen und Zeitschriften kostengünstig und schnell zu publizieren. Die Massenpresse entstand und mit ihr vermehrten sich erschwingliche Groschenromane und Kurzgeschichten mit Seriencharakter, wie z.B. die Abenteuer von Sir Arthur Conan Doyles *Sherlock Holmes*. Fiktionale Charaktere entfachten eine Begeisterung, die durchaus mit der heutiger Soapfans zu vergleichen ist.[238] Bekannte Autoren wie Charles Dickens nutzten schon seit 1830 regelmäßig erscheinende Magazine und Zeitungen, um ihre Romane episodenweise zu veröffentlichen, und es entstanden standardisierte Schreibformen, die stark den heutigen Soap-Skripten ähnelten.[239]

Als ein weiterer Vorläufer der Seifenoper können die *Domestic Novels* genannt werden. In diesen moralischen Familienromanen mit romantischen Akzenten standen zumeist weibliche Charaktere und das häusliche Umfeld im Mittelpunkt der Handlung. Diese Charakteristika wurden maßgebend für die Radio-Soaps.[240] Das häusliche Setting und romantische sowie melodramatische Elemente spielen bis heute eine Rolle in der modernen Soap Opera, obwohl auch andere Schauplätze wie der Arbeitsplatz, das Café, das Krankenhaus, etc. üblich geworden sind. Die Autoren sowie die Leserschaft der *Domestic Novels* waren hauptsächlich weiblich.[241]

Vor diesem Hintergrund verschiedener literarischer Einflüsse entstanden sowohl in Amerika als auch in Großbritannien die ersten Radio-Soap-Operas in den 1930er Jahren. Dabei verhalfen die fortlaufenden Serien dem Radiosender nicht nur zu einem treuen Publikum, sondern wurden vor allem zu Werbezwecken produziert.[242] Diese neuartige Form des Marketings

---

[238] Vgl. Gerlinde Frey-Vor, *Coronation Street – Infinite drama and British reality ; an analysis of soap opera as narrative and dramatic continuum* (Trier: WVT Wiss. Verl. Trier, 1991), 32.

[239] Vgl. ebd., 31–32 und ebenso Heike Paul; Alexandra Ganser, *Screening Gender – Geschlechterszenarien in der gegenwärtigen US-amerikanischen Populärkultur* (Münster: Lit Verlag, 2007), 178.

[240] Vgl. Gerlinde Frey-Vor, *Coronation Street – Infinite drama and British reality ; an analysis of soap opera as narrative and dramatic continuum* (Trier: WVT Wiss. Verl. Trier, 1991), 35.

[241] Vgl. ebd., 33.

[242] Vgl. Heike Paul; Alexandra Ganser, *Screening Gender – Geschlechterszenarien in der*

machte sich vor allem der Waschmittel- und Haushaltswarenhersteller Procter & Gamble zu Nutze, der die Seifenoper im Radio sponserte und seine Produkte in die Geschichte mit einbinden ließ. Da die erste von Procter & Gamble gesponserte Seifenoper *Ma Perkins* (1933) das Waschmittel *Oxydol* bewarb, erhielten die fortlaufenden Serien den Spitznamen ‚Soap Opera'.[243] Im Zuge der technischen Entwicklungen des 20. Jahrhunderts verlor die Radio-Soap mehr und mehr ihren Reiz für Sponsoren und Zuhörer.

Seit Beginn der 1950er Jahre wurden bereits erste Seifenopern für das Fernsehen gedreht und feierten große Erfolge bei den Zuschauern. Der wirkliche „Beginn der eigentlichen Seifenoper-Ära im Fernsehen lässt sich auf das Jahr 1951 datieren"[244], als die ersten erfolgreichen Soaps wie *Search for Tomorrow* oder *Love of Life* im Fernsehen liefen. Diese Soaps konnten sich für Jahrzehnte im amerikanischen Fernsehen etablieren. Als erste Fernsehsoap, die erfolgreich den Sprung vom Radio ins Fernsehen geschafft hat, gilt die US-amerikanische Seifenoper *The Guiding Light* aus dem Jahr 1952.[245] Diese Soap Opera wurde bis ins Jahr 2009 ausgestrahlt, anfänglich noch im Radio und im Fernsehen, später dann nur noch im TV. 1956 wurden in Amerika bereits siebzehn Fernsehsoaps ausgestrahlt, die eine Dauer von fünfzehn Minuten aufwiesen und live gesendet wurden. Knapp zehn Jahre später hatte eine Soap das Standardformat von dreißig Minuten. Die Ausdehnung der Sendezeit und die Etablierung eines gängigen Formats machen den Erfolg des Konzeptes nochmals deutlich.[246] 1960 wurden die letzten Radio-Soaps abgesetzt und teilweise auf das neue Medium Fernsehen übertragen.[247]

> Although differing considerably in technique from radio, television continued to employ the same formula: open-ended stories on the domestic concerns, daily hopes and despairs of more or less average middle class families, living in small towns or suburbs. Up to the present day most of the day-time television soap operas resemble

---

gegenwärtigen US-amerikanischen Populärkultur (Münster: Lit Verlag, 2007), 178.

[243] Vgl. Gerlinde Frey-Vor, *Coronation Street – Infinite drama and British reality ; an analysis of soap opera as narrative and dramatic continuum* (Trier: WVT Wiss. Verl. Trier, 1991), 34.

[244] Nikola Weiß, *Daily Soaps – Das Geheimnis deutscher Seifenopern* (Düsseldorf: Verlag Dr. Müller, 2004), 29.

[245] Udo Göttlich, *Daily Soaps und Daily Talks* (Opladen: Leske + Budrich, 2001), 26.

[246] Vgl. Heike Paul; Alexandra Ganser, *Screening Gender – Geschlechterszenarien in der gegenwärtigen US-amerikanischen Populärkultur* (Münster: Lit Verlag, 2007), 179.

[247] Vgl. Gerlinde Frey-Vor, *Coronation Street – Infinite drama and British reality ; an analysis of soap opera as narrative and dramatic continuum* (Trier: WVT Wiss. Verl. Trier, 1991), 35–36.

televised radio programmes more than films. For, visualization is minimal, action scarce and dialogues dominant.[248]

Frey-Vor stellt hier noch einmal neben den wichtigsten Charakteristika einer Soap Opera die Gemeinsamkeiten von Radio-Soaps und den daraus entstandenen TV-Formaten heraus: Das Geheimrezept der Soap wurde beibehalten. Zudem entstanden Seifenopern, die ihren Schwerpunkt auf bestimmte inhaltliche Richtungen legten. Einige Serien konzentrierten sich beispielsweise auf jugendliche Zuschauer und spiegelten vorrangig deren Sichtweisen und Probleme wider, andere Soaps wurden zu Krankenhausserien (sogenannte Mediacal Soaps oder Medical Dailies) oder legten Wert auf Spannung durch kriminelle Machenschaften. Während anfänglich auch die Zuschauer der Daily Soaps vorrangig weiblich waren, lässt sich mittlerweile ein Zuwachs an männlichen Fans verzeichnen. Ebenso ist das Klischee der Hausfrau, die sich nach abenteuerlicher Abwechselung in ihrem tristen Alltag sehnt, längst nicht mehr in dem Maße zutreffend:

> Among those millions of viewers, there may still be some 'frustrated housewives', but, genereally speaking, today's soap fans are no longer necessarily (female) homemakers; they have been joined in large numbers by professional women, college students – and men.[249]

Dabei bemühten sich vor allem *Primetime Soaps* wie *Dallas* in den späten 1970er Jahren um das männliche Publikum, um den Zuschauerkreis zu erweitern. Ebenso halfen technische Neuerungen wie der Videorekorder, das potenzielle Publikum zu erweitern, da nun auch Berufstätige später in ihrer Freizeit das Programm verfolgen konnten.[250]

Mit der wachsenden geschlechter- und bildungsschichtenübergreifenden Zuschauerschaft wuchs auch das Interesse der Wissenschaft an der Soap Opera. Die Soap Opera und ihre Zuschauer sind Forschungsgegenstand, seit es Forschungen zu den elektronischen Medien gibt.[251] Seit den 1930er Jahren, als die ersten amerikanischen Radio-Soap-Operas produziert wurden, befassten sich – wenn auch erst zögerlich – vor allem Sozialwissenschaftler mit dem Phänomen ‚Soap Opera'. Insbesondere seit dem Auf-

---

[248] Gerlinde Frey-Vor, *Coronation Street – Infinite drama and British reality ; an analysis of soap opera as narrative and dramatic continuum* (Trier: WVT Wiss. Verl. Trier, 1991), 36.

[249] Heike Paul; Alexandra Ganser, *Screening Gender – Geschlechterszenarien in der gegenwärtigen US-amerikanischen Populärkultur* (Münster: Lit Verlag, 2007), 176.

[250] Vgl. ebd., 179.

[251] Ebd., 8.

schwung bis zu den 1980er Jahren wurden die Soap und das in ihr vermittelte Bild der Gesellschaft auch unter Gender-Aspekten untersucht. Allerdings kann erst ab der „zweiten Hälfte der 1980er Jahre"[252] von einer speziellen medien- und kommunikationswissenschaftlichen Beschäftigung mit Soap Operas und Fernsehserien gesprochen werden.[253] Generell kann festgehalten werden, dass die Forschung zum Genre Soap Opera sich eher auf die Inhaltsanalyse, die Entwicklungsgeschichte und vor allem auf die Analyse einzelner sozialer Gruppen und ihrer Darstellung in der Seifenoper konzentrierte. Eher selten wurden die Eigenschaften der Soap Opera als fiktionaler Text mit bestimmten Charakteristika analysiert. Zum Einsatz der Soap im unterrichtlichen Kontext gibt es bislang keine umfassenden Forschungsansätze.

6.3 Die Soap Opera in Fernsehen und Internet heute

Nach Darstellung der Entwicklung der Soap Opera in Radio und Fernsehen wird deutlich, welche Erfolgsgeschichte dieses Genre geschrieben hat. Seit den ersten Radio-Soaps kann das Genre auf eine gut 80jährige Entwicklung zurückschauen und ist aus der heutigen Fernsehlandschaft nicht mehr wegzudenken. Im Folgenden soll die Soap Opera hinsichtlich ihres aktuellen Stellenwertes bei deutschen Zuschauern sowie ihre Ausdehnung auf das Medium Internet betrachtet werden. Ein Fokus liegt dabei auf den jugendlichen Zuschauern, die in Hinblick auf den Einsatz der Soap Opera im Unterricht für diese Dissertation von besonderer Bedeutung sind.

6.3.1 Die Soap im Fernsehen

In Deutschland haben sich verschiedene Soap Operas im täglichen Fernsehprogramm etabliert. Zu den bekanntesten und erfolgreichsten gehören unter anderem die Adaption der australischen Soap *The Restless Years*, *Gute Zeiten – Schlechte Zeiten*, die ihren Sendestart bei RTL am 11. Mai 1992 hatte, sowie *Unter Uns* (RTL/ Sendestart 28. November 1994), *Verbotene Liebe* (ARD/ Sendestart 2. Januar 1995) und *Marienhof* (ARD/ Sendestart ebenfalls 2. Januar 1995).[254] Die Seifenoper *Marienhof* wurde nun in diesem Jahr am 15. Juni nach über 4000 Folgen abgesetzt.[255] Diese und die vielen

---

[252]Udo Göttlich, *Daily Soaps und Daily Talks* (Opladen: Leske + Budrich, 2001), 24.
[253]Vgl. ebd.
[254]Vgl. ebd., 27.
[255]http://www.daserste.de/marienhof/ [Stand: 29.06.11/13:48].

weiteren Seifenopern wie *Anna und die Liebe* (SAT1), *Herzflimmern – Die Klinik am See* (ZDF) oder *Alles was zählt* (RTL) werden werktäglich von Millionen Menschen an rund 250 Tagen im Jahr rezipiert.[256] Zu beachten ist dabei vor allem, dass die erfolgreichste Soap *GZSZ* genau zur gleichen Zeit wie die *Tagesschau* ausgestrahlt wird. Dies ist insofern problematisch, als dass der Privatsender RTL, so Göttlich, bewusst junge Zuschauer von einer der wichtigsten Informationssendungen zum aktuellen Tagesgeschehen weglockt.[257] Es ist allerdings fraglich, ob bei dieser zeitlichen Platzierung nicht viel mehr im Vordergrund stand, die Soaps so nah wie möglich vor dem Hauptabendprogramm ab 20:15 Uhr auszustrahlen, um möglichst viele Zuschauer anzusprechen, die vielleicht schon etwas früher einschalten. Auch andere private Sender strahlen in diesem Zeitfenster während den Nachrichten Formate aus, die junge Menschen ansprechen und von der *Tagesschau* „weglocken" könnten. So hat das Magazin *Galileo* auf Prosieben einen festen Platz zur Sendezeit der *Tagesschau*. Die *News* werden auf diesem Sender um 18 Uhr ausgestrahlt. Die qualitativ höherwertige und unabhängigere *Tagesschau* wird jedoch auf allen öffentlich-rechtlichen Sendern ab 20 Uhr gesendet, Wiederholungen und weitere Nachrichtensendungen können bei Interesse aber über den ganzen Tag verteilt angeschaut werden.

Die folgenden aktuellen Zahlen der GfK Fernsehforschung zeigen auf, wie viele Menschen welche Soaps schauen und wieviel Prozent Marktanteil (MA) die einzelnen Soap Operas haben.

Sendung	Sender	Jahr	Sehbeteiligung in Millionen	Zuschauer gesamt		
				MA in %	Ø-Alter %	
Verbotene Liebe	Das Erste	2010	1,80	10,8	59	
Marienhof	Das Erste	2010	1,64	8,6	58	
Gute Zeiten, schlechte Zeiten	RTL	2010	3,61	13,5	44	

Tabelle 4: Sehbeteiligung Zuschauer gesamt
(Quelle: AGF/GfK Fernsehforschung, TV-Scope, Fernsehpanel (D+EU)).

---

[256] 2002 schauten ca. 12 Millionen Menschen an Werktagen Soap Operas. Vgl. Jeannine Simon, *Wirkungen von Daily Soaps auf Jugendliche* (München: Verlag Reinhard Fischer, 2004), 1.

[257] Vgl. Udo Göttlich, *Daily Soaps und Daily Talks* (Opladen: Leske + Budrich, 2001), 29.

			Erw. 14–19 Jahre	
Sendung	Sender	Jahr	Sehbeteiligung in Millionen	MA in %
Verbotene Liebe	Das Erste	2010	0,03	5,1
Marienhof	Das Erste	2010	0,03	5,2
Gute Zeiten, schlechte Zeiten	RTL	2010	0,19	22,4

			Erw. 20–29 Jahre	
Sendung	Sender	Jahr	Sehbeteiligung in Millionen	MA in %
Verbotene Liebe	Das Erste	2010	0,13	7,8
Marienhof	Das Erste	2010	0,12	8,0
Gute Zeiten, schlechte Zeiten	RTL	2010	0,60	30,9

Tabelle 5: Sehbeteiligung Zuschauer 14–19 Jahre und 20–29 Jahre (Quelle: AGF/GfK Fernsehforschung, TV-Scope, Fernsehpanel (D+EU)).

			Erw. 30–39 Jahre	
Sendung	Sender	Jahr	Sehbeteiligung in Millionen	MA in %
Verbotene Liebe	Das Erste	2010	0,13	7,8
Marienhof	Das Erste	2010	0,12	6,5
Gute Zeiten, schlechte Zeiten	RTL	2010	0,65	23,6

			Erw. 40–49 Jahre	
Sendung	Sender	Jahr	Sehbeteiligung in Millionen	MA in %
Verbotene Liebe	Das Erste	2010	0,20	7,8
Marienhof	Das Erste	2010	0,22	7,6
Gute Zeiten, schlechte Zeiten	RTL	2010	0,73	17,4

Tabelle 6: Sehbeteiligung Zuschauer 30–39 Jahre und 40–49 Jahre (Quelle: AGF/GfK Fernsehforschung, TV-Scope, Fernsehpanel (D+EU)).

Diese Marktforschungsergebnisse sind ein Auszug aus einer umfassenderen Zuschaueranalyse zu den großen Soaps im deutschen Fernsehen. Fokussiert werden für diese Dissertation die Altersgruppen zwischen 14 und 49 Jahren, da aus diesem Altersspektrum in der Regel die Gruppen der Schüler als auch deren Eltern stammen. Auch wenn Jugendliche nicht direkt Soaps schauen, können sie trotzdem über das Fernsehverhalten der Eltern an das Genre herangeführt werden. Den Tabellen 4, 5 und 6 ist zunächst zu entnehmen, dass der allgemeine subjektive Eindruck, dass vorrangig junge Zuschauer Soaps konsumieren, nicht den Fakten entspricht. Lediglich ein gutes Fünftel der Jugendlichen Zuschauer zwischen 14 und 19 Jahren schauen die Soap *GZSZ*, die Seifenopern der öffentlich rechtlichen Sender haben einen noch geringeren Marktanteil in dieser Altersgruppe. Das Durchschnittsalter der Zuschauer liegt vielmehr zwischen 44 und 59 Jahren. Das RTL-Format *GZSZ* bleibt dennoch für jüngere Zuschauer die interessanteste Soap Opera. In ihr gibt es vorrangig jugendliche Figuren bzw. junge Erwachsene, deren schulischer, beruflicher und privater Alltag inszeniert wird. Dennoch sind ebenso die älteren Charaktere ein wichtiger Bestandteil der Handlung.[258] So ging es in den Anfängen der Soap *GZSZ* vor allem darum, „die Schritte junger Schulabgänger in die berufliche Eigenständigkeit sowie ihre Lösung von Schule und Elternhaus zu schildern"[259]. *GZSZ* stellt mit knapp 4800 Folgen als Soap einen ungeschlagenen Rekord in der deutschen Fernsehgeschichte auf.

Etwas andere inhaltliche Tendenzen zeigen sich in den etwas sozialrealistischeren Soaps wie *Lindenstraße* und *Marienhof*. Dort wurden bislang auch Themen wie körperliche Behinderung und ihre Auswirkung auf das Beziehungsleben, Ausländerhass und Rechtsradikalismus sowie religiöse Themen in den Mittelpunkt gerückt.[260] Ebenso ist z.B. bei *Marienhof* „der Anteil ausländischer Darsteller und Figuren Höher als bei *Gute Zeiten, schlechte Zeiten, Verbotene Liebe* und *Unter Uns*"[261]. Vor allem in der Lindenstraße werden immer wieder politische Themen aufgegriffen. So wurde beispielsweise in der Folge „Ein unmoralisches Angebot" (Folge 1322, Ausstrahlung am 03.04.2011) nach der atomaren Katastrophe in Fukushima am Frühstückstisch über das Thema Atomkraft geredet. Später fallen kritische Kommentare zu Gaddafi und dem Militäreinsatz in Libyen. Ebenso wird über den damals noch nicht gewählten, späteren grünen Ministerpräsidenten in Baden-Württemberg diskutiert, wenn auch nur sehr kurz.

---

[258]Vgl. Udo Göttlich, *Daily Soaps und Daily Talks* (Opladen: Leske + Budrich, 2001), 33.
[259]Ebd.
[260]Vgl. ebd., 38.
[261]Ebd.

Die aktuellen Daten der GfK-Marktforschung können allerdings keine Aussage darüber treffen, warum Soaps geschaut werden und warum welche Altersgruppe Fan des Genres ist. Es ist schwierig, umfassende Aussagen über die verschiedenen Zuschauergruppen zu machen. Frank und Greenberg haben in den 1980er Jahren eine Studie mit 2476 Interviews gemacht, die zu verschiedensten Aussagen über die Gründe des Soap-Konsums führten. Immer wieder konnten jedoch Verbindungen zwischen Interessen, sozialem Umfeld, der Aufgeschlossenheit der Zuschauer gegenüber intellektuellen Inhalten und der Häufigkeit bzw. der Motivation des Soap-Sehens hergestellt werden. So stellten Frank und Greenberg recht allgemeine Thesen auf, wie z.b., dass ältere Frauen Soaps schauen, um einen Ersatz für fehlende Freunde zu schaffen oder dass Menschen, die ihre Zeit vorrangig zu Hause verbringen, sich von der Gesellschaft abgeschnitten fühlen und in den Soaps Integration suchen. Die Frage, warum auch junge Menschen Soaps schauen, wird nicht beantwortet. Es wird einzig darauf hingewiesen, dass vor allem solche Jugendlichen Seifenopern schauen, die wenig Interesse an intellektuellen Themen zeigen und weniger bildungsorientiert sind.[262] Es gibt allerdings ebenso gegenteilige, aktuellere Stimmen, die von hoch gebildeten Zuschauern sprechen, die sich durch die dargestellten Szenen an frühere Schwächen erinnern und das „ständig erregte Milieu, die schönen Menschen"[263] einfach genießen. So stellt Sybille Simon-Zülch weiterführend die Thesen auf, dass auch junge Zuschauer Soaps konsumieren könnten, um „sich mit den verschiedensten Facetten ihrer inneren Realität zu konfrontieren"[264] und dies „ganz ohne pädagogisch-moralische Belehrung"[265]. Sie bezeichnet die Soaps als „Knetmasse"[266] mit denen die Jugendlichen spielerisch umgehen, sie formen und wieder zerstören, um wieder neue Ideen und Vorstellungen zu entwickeln.

Um ein möglichst großes Publikum zu erreichen, werden die meisten Soaps im Vorabendprogramm ausgestrahlt. Dabei haben sie in Deutschland eine Spielzeit von 22–23 Minuten. Inklusive der Werbepausen bei privaten Fernsehsendern sowie dem Trailer, Vor- und Abspann, Werbeblöcken vor und nach der Sendung und eventuellen Sponsoren der Sendung ergibt sich

---

[262] Vgl. Muriel G. Cantor; Suzanne Pingree, *The Soap Opera* (Beverly Hills, London, New Delhi: Sage Publications, 1983.), 122–126.

[263] Sybille Simon-Zülch, „Seifenopern auf einen Blick – Streifzug durch das deutsche Programm". In *Pickel, Küsse und Kulissen*. Hrsg. v. Claudia Cippitelli; Axel Schwanebeck (München: Verlag Reinhard Fischer, 2001), 29.

[264] Ebd.

[265] Ebd.

[266] Ebd.

meist eine „Brutto-Spielzeit"[267] von ca. 30 Minuten.[268] Mit knapp einem Viertel Sendezeit nimmt die Werbung also einen recht hohen Stellenwert innerhalb der Soap Opera ein.

In der Soap Opera selbst wird durch moderne Kleidung, trendige Accessoires und aktuelle Popmusik im Hintergrund eine werbe- und konsumfreundliche Atmosphäre geschaffen. Es kann von einem gewollten Product-Placement gesprochen werden. So können auf der Internetpräsenz von *GZ-SZ* beispielsweise die Playlists zu den einzelnen Folgen mit Interpret und Songtitel eingesehen werden, wodurch die Absicht, mit den Soaps Popmusik zu vermarkten, deutlich wird. Um die eigentliche Soap herum wird meist ein Konsumraum mit gewinnbringenden Werbespots, Internetauftritten und Merchandisingmaschinerien inszeniert.[269] Bücher, Kalender, DVDs, Brettspiele, Audio-CDs und Magazine stellen dabei nur einen Teil der gesamten Produktpalette dar. Sogar Mode, die über das normale Fan-T-Shirt hinaus geht, wird verkauft. Auch wenn viele Zuschauer von Soap Operas meist älter sind, zielt das Marketing vor allem auf die jugendliche Zielgruppe ab.[270]

Zudem treten immer wieder Prominente in der Seifenoper auf, um zeitweise ihre Popularität zu steigern. Popstars nutzen den Rahmen der Soap, um sich in Szene zu setzen und vor allem Newcomern bieten erfolgreiche Soaps eine Plattform, um ihre Songs vorzustellen.[271] Interessant ist, dass auch Kooperationen mit anderen Serien geschlossen werden können. So spielten beispielsweise Ende der 1990er Jahre Schauspieler aus der Polizeiserie *SK-Babies* (RTL) mit ihren Charakteren in der RTL-Soap *Unter Uns* mit.[272]

---

[267]Udo Göttlich, *Daily Soaps und Daily Talks* (Opladen: Leske + Budrich, 2001), 27.

[268]Vgl. ebd., 28.

[269]Vgl. http://www.uni-protokolle.de/nachrichten/id/49749/[Stand: 16.11.09/13:18].

[270]Maya Götz, „Wer sieht Soaps, warum und mit welchem Erfolg? – Ein Streifzug durch die internationale Forschung". In *Pickel, Küsse und Kulissen*. Hrsg. v. Claudia Cippitelli; Axel Schwanebeck (München: Verlag Reinhard Fischer, 2001), 188.

[271]Vgl. Udo Göttlich, *Daily Soaps und Daily Talks* (Opladen: Leske + Budrich, 2001), 35.

[272]Vgl. ebd., 36.

6.3.2 Der Internetauftritt von TV-Soaps

Das Internet dient heute mehr denn je einer stetig wachsenden Zahl von Nutzern als Berater und Informationsquelle für fast alle Fragen des Alltags.[273] So können beispielsweise bestimmte psycho-soziale und para-soziale Faktoren die Motivation auslösen, dieses Massenmedium zu benutzen. Menschen möchten ‚dabei sein‘, ‚dazu gehören‘ (psycho-sozial) und sich in vielen Fällen auch einfach ‚nicht allein fühlen‘ (para-sozial).[274] Dies sind einige Gründe, warum vor allem Jugendliche das Internet nutzen, warum sie Beiträge in Foren schreiben oder Sozialen Netzwerken beitreten.[275] Ebenso hat sich das Internet in den letzten Jahren so fest im Alltag vieler Menschen etabliert, dass beispielsweise der Besuch von *facebook* oder der Fan-Website zur Gewohnheit geworden ist. Gerade ein Großteil der Jugendlichen und jungen Erwachsenen gibt an, „täglich im Internet zu sein“.[276] Daher ist es nicht verwunderlich, dass viele Fernsehserien und insbesondere TV-Soaps mit bunt geschmückten Internetauftritten daherkommen, um ihre Zuschauer auch außerhalb der Sendezeit zu unterhalten, sie an das Produkt zu binden und im Idealfall zu kleinen Spontankäufen bei Werbepartnern zu animieren.

Neben der täglich ausgestrahlten Folge bieten die meisten Soaps abseits vom Fernseher ein „programmbegleitendes bzw. -ergänzende[s](...) Angebot im Internet“[277] an. Auf aufwändig gestalteten Websites können die Zuschauer über das reine Fernsehangebot hinaus sich mit den Inhalten der Soap beschäftigen, Informationen über aktuelle Themen und ihre Stars einholen sowie sich mit anderen Fans der Seifenoper austauschen. Darüber hinaus wird versucht, trotz „des technisch-kühlen Mediums Internet eine emotionale“[278], festere Bindung des Zuschauers an die Soap herbeizuführen. Während die öffentlich-rechtlichen Sender dies auf eine eher informierende, seriöse Art erreichen möchten, werden z.B. die Produktionen des Senders RTL aggressiver beworben. Auf der Internetpräsenz der Soap Opera *GZSZ* wird beispielsweise auf einer Uhr die Zeit bis zur nächsten Folge herunter-

---

[273]Vgl. Thomas Hörner, *Marketing im Internet: Konzepte zur erfolgreichen Online-Präsenz* (München: Deutscher Taschenbuch Verlag, 2006), 3.

[274]Vgl. ebd., 3–4.

[275]Vgl. ebd., 4.

[276]Langzeitstudie „Massenkommunikation“ herangezogen in Thomas Hörner, *Marketing im Internet: Konzepte zur erfolgreichen Online-Präsenz* (München: Deutscher Taschenbuch Verlag, 2006), 3.

[277]Udo Göttlich, *Daily Soaps und Daily Talks* (Opladen: Leske + Budrich, 2001), 17–18.

[278]Thomas Hörner, *Marketing im Internet: Konzepte zur erfolgreichen Online-Präsenz* (München: Deutscher Taschenbuch Verlag, 2006), 120.

gezählt, der Nutzer kann das *GZSZ*-Portal gratis auf sein Handy laden um immer informiert zu sein oder sich gegen eine kleine Gebühr die nächste Folge noch vor der Veröffentlichung im Fernsehen herunterladen.[279]

Die Internetauftritte verraten den Produktionsfirmen durch angemeldete Mitglieder, welche Menschen ihre Soap Opera schauen – auch wenn diese Daten natürlich nicht repräsentativ sind. Sie dienen der Kundenbindung und können zudem neue Zuschauer auf die Soap aufmerksam machen.[280] Beiträge in Foren und Diskussionsgruppen geben den Machern ein direktes Feedback zu den gerade gelaufenen Folgen und sind daher enorm wichtig für den anhaltenden Erfolg der Soap. Neben einem guten Fernsehkonzept ist also auch die Webpräsenz ein ernstzunehmender Marketingbereich, der gepflegt wird. Die Websites sind daher nicht nur sehr aktuell, sondern regen viele Nutzer zum Verweilen und Mitmachen an. Im Gegensatz zu anderen Medien und Werbemitteln erweisen sich nach Hörner folgende medienspezifische Erfolgsfaktoren als zentral für das Medium Internet:

- Die Aktivierung des Benutzers
- Die Auffindbarkeit der eingesetzten Online-Instrumente
- Die Bindung der Besucher
- Die Content- bzw. Informationsqualität
- Das Kommunikationskonzept
- Die Erzeugung von Vergnügen bei der Nutzung.[281]

Die Berücksichtigung dieser Erfolgsfaktoren lässt sich mit unterschiedlicher Schwerpunktsetzung bei den Internetauftritten aller deutschen Soaps erkennen. Zunächst sind alle Soaps mit ihrem Titel schnell in Suchmaschinen auffindbar. Darüber hinaus ist die Navigation und Orientierung auf den Websites übersichtlich und einfach gestaltet, entweder mit Reitern oder linksseitigen Navigationsleisten. Auch beim Design der bereits genannten Internetpräsenz von *GZSZ* können einige von Hörners Erfolgsfaktoren wiedergefunden werden. Die Website http://gzsz.rtl.de/ legt vor allem Wert auf ein reiches Informationsangebot rund um die Inhalte und die Charaktere der Soap Opera. Der Vergnügungsfaktor ist vor allem durch die Gestaltung des Layouts hoch: es werden viele Videos und große Bilder angeboten, das Erscheinungsbild wird neben recht femininen Farben durch

---

[279]http://gzsz.rtl.de/[Stand: 30.11.09/14:00].

[280]Vgl. Thomas Hörner, *Marketing im Internet: Konzepte zur erfolgreichen Online-Präsenz* (München: Deutscher Taschenbuch Verlag, 2006), 35.

[281]Ebd., 42.

blinkende Werbebanner und einen Newsticker geprägt, die das junge Publikum ansprechen sollen. Ein weiterer Schwerpunkt liegt auf der Bindung der Zuschauer durch eine lebendige Fan-Community, einen Countdown zur nächsten Folge und das Angebot, Folgen vor der Veröffentlichung zu sehen. Die Website ist allerdings im öffentlichen Bereich nicht sehr interaktiv gestaltet. Außer der Möglichkeit, mit Hilfe einer Suchmaske eine bestimmte Folge der Soap oder ein bestimmtes Mitglied der Community zu finden, bieten sich keine wirklichen Interaktionsmöglichkeiten für die Nutzer an. Die Website von *Marienhof* bietet hingegen einige interaktive Elemente. So lassen sich in der Rubrik ‚Wer mit wem?' z.B. Charakterpaare durch Drag & Drop bilden, wodurch der Nutzer mehr über die Beziehung dieser beiden Charaktere zueinander erfährt.[282] Der Netzauftritt der *Lindenstraße* bietet den Usern die Möglichkeit, eine virtuelle Reise durch die Wohnungen der Lindenstraße zu unternehmen, um sich einen Überblick zu verschaffen, wer wo wohnt.[283]

Eine ausführliche Auseinandersetzung mit der Funktion, dem Layout und den Mitteln der Internetauftritte der Soap Operas kann an dieser Stelle nicht gegeben werden. Dennoch bleibt festzuhalten, dass alle deutschen Soaps mit unterhaltsamen Internetauftritten und unterschiedlichen Mitteln die Zuschauer über das Fernsehangebot hinaus emotional an das Produkt binden möchten. Gerade die Fan-Communities werden gepflegt und von vielen Zuschauern genutzt.

6.4 Die Soap und ihre Vorbildfunktion

Für Jugendliche, die tagtäglich ihre Lieblingssoaps mit Eifer verfolgen, haben die Geschichten einen nicht unerheblichen Einfluss auf ihr eigenes Leben, ihre Einstellungen zu Werten, ihre Ideen zur Lösung bestimmter Probleme und auch ihre moralischen Leitlinien. Göttlich und Nieland beschreiben den Einfluss der Soap auf den Lebensstil junger Menschen wie folgt im Rahmen ihrer Studie zum Thema ‚Daily Soaps und Daily Talks':

> Die Inszenierung von Lebensstilen und Lifestyle-Mustern [in deutschen Soaps] soll Anschluss- und Identifikationsmöglichkeiten für die Rezipienten bilden. Aufgrund ihrer Dramatisierungsweise bieten die deutschen Soaps mit einer Reihe von beständig wechselnden Themen, Konflikten, Konfliktlösungen und Werthaltungen in einer re-

---

[282] http://www.daserste.de/marienhof/wermitwem/[Stand: 08.03.11/13:04].
[283] http://www.lindenstrasse.de/Multimedia/Fotogalerien/Wer_wohnt_wo_Uebersicht.jsp [Stand: 08.03.11/13:10].

gelmäßigen Abfolge von Erzählbögen eine ideale Folie zur Präsentation von Lebensstilen.[284]

Es muss sogar davon ausgegangen werden, dass besonders jugendliche Zuschauer die konsumfreundlich inszenierte Welt der Soap Opera in gewisser Weise als Maßstab sehen. ‚In' ist nur der, der das neueste Handy, den besten Mp3-Player und die coolsten Wohnaccessoires besitzt. Die Soap Opera fungiert dabei als „Trendverstärker"[285] und forciert das Verlangen der Jugendlichen nach den neuesten Produkten. Gefragt sind diejenigen, die die neueste Mode tragen und sich perfekt zur Schau stellen. Konsum wird zur Freizeitbeschäftigung und trägt maßgeblich zur Wertigkeit der eigenen Person bei.[286] Über den gerade für die Produzenten wichtigen Part der Konsumforschung hinaus beziehen sich Soap Operas auch auf andere für Jugendliche wichtige Lebensbereiche wie die Familie, die Peer-Group, die Bereiche Schule, Ausbildung und Berufsleben sowie die Freizeitgestaltung.[287] Kulturelle oder politische Aspekte fallen meist unter den Tisch. Zudem erhält der Bereich der Beziehungen neben dem Konsum einen übertriebenen Stellenwert. Gerade im Kontext der Medienwirkungsforschung gibt es also viele Bereiche, die in Hinblick auf die Vorbildfunktion von Soaps untersucht werden müssen.[288] In dieser Dissertation werden zwei besonders wichtige Bereiche fokussiert: die Darstellung von Rollenbildern und die Vermittlung von Moralvorstellungen und Werte. Es soll gezeigt werden, inwiefern unrealistische Eindrücke vermittelt werden und wie diese sich auf die Einstellungen junger Zuschauer auswirken können. Die Beleuchtung dieser beiden Aspekte soll verdeutlichen, welche möglichen Gefahren das Genre mit sich bringt. Die Erkenntnisse dienen als ergänzender theoretischer Hintergrund für die späteren Schlussfolgerungen für oder gegen einen Einsatz der Soap Opera im Unterricht.

---

[284] Udo Göttlich, *Daily Soaps und Daily Talks* (Opladen: Leske + Budrich, 2001), 41.

[285] Ebd., 16.

[286] Vgl. Heike Paul; Alexandra Ganser, *Screening Gender – Geschlechterszenarien in der gegenwärtigen US-amerikanischen Populärkultur* (Münster: Lit Verlag, 2007), 11.

[287] Vgl. Jeannine Simon, *Wirkungen von Daily Soaps auf Jugendliche* (München: Verlag Reinhard Fischer, 2004), 104.

[288] Für eine umfassende Darstellung der Ansätze der Medienwirkungsforschung siehe Jeannine Simon, *Wirkungen von Daily Soaps auf Jugendliche* (München: Verlag Reinhard Fischer, 2004).

6.4.1 Rollenbilder

Die Soap Opera wird vor allem durch die Menschen interessant, die ihr fiktives Leben den Zuschauern darbieten. Sie sind es, die ans Herz wachsen, mit denen mitgelitten werden kann, die Sympathien oder Antipathien auf sich ziehen. Figuren werden zu Alltagsbegleitern, unterhalten, amüsieren, leben Möglichkeiten vor oder bieten schlichtweg eine Projektionsfläche für die Gefühle, Probleme und Wünsche der Zuschauer. Die Charaktere sind Dreh- und Angelpunkt einer jeden Soap. Herzog arbeitete bereits 1944 im Rahmen von Untersuchungen zu Radio-Soaps heraus, dass Hörerinnen in den Geschichten der Seifenoper „nach Hinweisen und Vorbildern für ihr eigenes Verhalten suchten"[289]. Die moderne Medienforschung konstatiert unter anderem, dass Rezipienten Medien aktiv und bedürfnisgesteuert nutzen. Ebenso hat die Mediennutzung einen Einfluss auf die Sozialisation des Individuums. Medien „können Bedürfnisse erzeugen und latent vorhandene Bedürfnisse verstärken"[290]. Während bei erwachsenen Zuschauern eher davon ausgegangen werden kann, dass das „Publikum diese Unterscheidung von realer und inszenierter Realität nachvollziehen kann"[291] und somit auch die Medienwirkung in großen Teilen durchschaut, kann bei Jugendlichen noch ein großes Maß an Begeisterungsfähigkeit und Beeinflussbarkeit vorherrschen. Umso wichtiger ist es, gerade in Hinblick auf junge Fans der Seifenopern, die Rollenbilder genauer zu beleuchten, die tagtäglich den Zuschauer emotional ansprechen und vielleicht sogar prägen. Wie realistisch sind diese Rollenbilder? Wie vielschichtig? Gibt es über die verschiedenen Produktionen hinweg stereotype Charaktere, die immer wieder präsentiert werden? Und vor allem: Welche Auswirkungen haben die dargestellten Rollenbilder auf die Einstellungen der (jungen) Zuschauer?

In deutschen Soaps werden den Zuschauern eine ganze Reihe möglicher Rollenvorbilder mit verschiedenen Lebensstilen präsentiert. Im Schnitt erscheinen pro Folge ca. 24 Hauptakteure im Setting.[292] Es treten immer wieder ähnliche Standardfiguren wie „die ,Femme fatale', der fürsorgliche

---

[289]Herzog zitert in: Maya Götz, „Wer sieht Soaps, warum und mit welchem Erfolg? – Ein Streifzug durch die internationale Forschung". In *Pickel, Küsse und Kulissen*. Hrsg. v. Claudia Cippitelli; Axel Schwanebeck (München: Verlag Reinhard Fischer, 2001), 190.

[290]Jeannine Simon, *Wirkungen von Daily Soaps auf Jugendliche* (München: Verlag Reinhard Fischer, 2004), 131.

[291]Niklas Luhmann, *Die Realität der Massenmedien* (Wiesbaden: VS Verlag für Sozialwissenschaften/ GWV Fachverlage GmbH, 4. Auflage, 2009), 71.

[292]Vgl. Udo Göttlich, *Daily Soaps und Daily Talks* (Opladen: Leske + Budrich, 2001), 43.

Kumpel, der Bösewicht, der erfolgreiche Yuppie und der sympathische Tee-nager"[293] auf. Ein Fokus bei den meisten deutschen Soaps liegt dabei auf den jugendlichen Charakteren bzw. den jungen Erwachsenen.[294] Das Verhältnis von männlichen und weiblichen Charakteren ist dabei anders als bei US-amerikanischen Soaps in etwa ausgeglichen. Dies belegt unter an-derem die Studie von Göttlich und Nieland, die Ende der 1990er Jahre die Akteursstruktur in den fünf großen deutschen Soaps analysiert haben.[295] Auf den ersten Blick scheint das Angebot an verschiedenen Rollenbildern also recht groß und dabei hinsichtlich der Geschlechterrollen gleichmäßig verteilt. Zudem zeigt sich in den Soaps teilweise eine kulturelle und soziale Vielschichtigkeit, die durchaus in Ansätzen das gesellschaftliche Bild wi-derspiegeln kann. Nichtsdestotrotz werden Teile der Gesellschaft vermehrt in den Vordergrund gerückt. So analysiert Gerlinde Frey-Vor:

> 79% of all characters analysed fall under five main life-style catego-ries: The chic suburbanite (21%), the subtle single (20%), the tra-ditional family person (19%), the successful professional (10%) and the elagant sicialite (9%).[296]

Deutlich wird dies vor allem bei der Betrachtung der Professionen der Fi-guren in der Soap Opera *GZSZ*. Die meisten Charaktere haben „Trendbe-rufe"[297] oder sind Besitzer oder Teilhaber von Unternehmen oder Vereinen: Prof. Dr. Jo Gerner/ Anwalt, Unternehmer und Politiker, Verena Koch/ Re-dakteurin, Katrin Flemming-Gerner/ Innenarchitektin und Herausgeberin, Tayfun Badak/ Spätkaufbetreiber, Pia Koch/ DJane, Alexander Cöster/ Redakteur beim *Morgenecho*, Maren Seefeld/ Bildredakteurin und Grafik-designerin, etc.[298] Ähnlich sieht es beispielsweise bei *Verbotene Liebe* aus, wo sich neben Grafen und Gräfinnen Arbeitnehmer in modernen Jobs be-weisen: Charlie Schneider ist Bistrobesitzerin, Oliver Sabel/ Teilhaber *No Limits*, Nicola von Lahnstein/ Fotografin, Marlene Wolf/ Musicaldarstelle-

---

[293] Vgl. Jeannine Simon, *Wirkungen von Daily Soaps auf Jugendliche* (München: Verlag Reinhard Fischer, 2004), 45.

[294] Vgl. ebd.

[295] Udo Göttlich, *Daily Soaps und Daily Talks* (Opladen: Leske + Budrich, 2001), 43.

[296] Gerlinde Frey-Vor, *Coronation Street – Infinite drama and British reality ; an analysis of soap opera as narrative and dramatic continuum* (Trier: WVT Wiss. Verl. Trier, 1991), 9.

[297] Jeannine Simon, *Wirkungen von Daily Soaps auf Jugendliche* (München: Verlag Rein-hard Fischer, 2004), 45.

[298] http://gzsz.rtl.de/cms/html/de/pub/stars.phtml (Alle Darsteller – Rollensteckbriefe) [Stand: 09.03.11/15:22].

rin, etc.[299] Es wird deutlich, dass auch in der Wahl der dargestellten Berufe in Soap Operas mit der Mode gegangen wird, geht man einmal davon aus, dass ‚sein eigener Herr sein'– und das auch im Beruf – den Nerv der Zeit durchaus treffen könnte. Luhmann betont 2009, dass mit der Mode zu gehen für viele Menschen „fast wie ein Zwang"[300] gilt, und dieser Zwang von der Werbeindustrie wohlwollend bedient wird. Im Sinne der Zuschauerquoten werden in Soaps durch Trendberufe auch hier die Wünsche und Vorstellungen der Zuschauer angesprochen, um sie für diese fiktive Welt zu begeistern. ‚Normalere' Berufe sind eher selten vertreten bzw. werden nicht so stark im Vordergrund präsentiert. Ein ehemaliger Sozialarbeiter, ein Zimmermann, Lehrer und eine Physiotherapeutin fallen z.B. aus dem Rahmen von Designern, Barkeepern und Unternehmern heraus. Es fällt zudem auf, dass Charaktere, die einen relativ weit verbreiteten Beruf gewählt haben, oft zusätzlich noch etwas Besonderes darstellen: Leon Moreno ist Koch, aber auch Clubbesitzer, Clemens Richter ist Lehrer, aber ebenso ehemaliger Inhaber einer Werbeagentur, Emily Höfer ist Aushilfe, aber zudem Sängerin und Ex-Model, etc.[301] Für alle berufstätigen Charaktere gilt jedoch, dass sie verhältnismäßig wenig bei ihrer tatsächlichen Arbeit zu sehen sind.[302]

Die populären Jobs der Soap-Opera-Welt sind allerdings für die meisten der Zuschauer kaum zu verwirklichen. Vielmehr entstehen unrealistische Vorstellungen von der Arbeitswelt, den Anforderung im Job und den Karrieremöglichkeiten. Nicht allen stehen solche Perspektiven offen und gerade die Vorzüge eines soliden Ausbildungsberufes – um hier bewusst konservativ zu sprechen – oder eines Studiums werden den Jugendlichen nicht als erstrebenswert präsentiert. Auch die Probleme der Arbeitslosigkeit werden kaum angesprochen. Allerdings kann den modernen Soaps zu Gute gehalten werden, dass die klassische Rolle der Hausfrau der früheren Soaps fast völlig aus den Handlungen verschwunden ist und die meisten Frauen erfolgreich berufstätig oder ambitioniert sind, sich in ihrem zukünftigen Berufsleben zu verwirklichen: „More and more soap opera women have entered the labor force, just as more and more real women have done"[303]. Dies gilt nicht nur für typisch weibliche Berufe, sondern beispielsweise ebenso für Posi-

---

[299] http://www.daserste.de/verboteneliebe/darsteller.asp [Stand: 22.03.11/11:51].

[300] Niklas Luhmann, *Die Realität der Massenmedien* (Wiesbaden: VS Verlag für Sozialwissenschaften/ GWV Fachverlage GmbH, 4. Auflage, 2009), 63.

[301] http://gzsz.rtl.de/cms/html/de/pub/stars.phtml (Alle Darsteller – Rollensteckbriefe) [Stand: 10.03.11/10:35].

[302] Vgl. Muriel G. Cantor; Suzanne Pingree, *The Soap Opera* (Beverly Hills, London, New Delhi: Sage Publications, 1983.), 89.

[303] Ebd.

tionen im Management, in der Unternehmensleitung, im Rechtssektor oder der Medizin.

Sowohl Darsteller als auch Milieus wirken dabei jedoch häufig wie ‚weichgespült'. Extreme werden gerade hinsichtlich sozial schwächerer Milieus vermieden, wohingegen der gehobene Mittelstand bis hin zur Oberschicht eher verstärkt dargestellt wird. Dies lässt sich vor allem daran erkennen, dass die Mehrzahl der Charaktere in einem gepflegten Umfeld wohnt – oft auch in trendig eingerichteten WGs –, durch Job, Schule oder Ausbildung eine Perspektive in ihrem Leben hat und sich allzu oft mit Sorgen plagt, die eher emotional übersteigert als existenzbedrohend sind. Die Darsteller werden insofern nach den Vorstellungen der Autoren idealisiert, als dass sie in den meisten Fällen hübsch, jung oder jugendlich sind bzw. erscheinen und fast nie übergewichtig oder behindert sind. Ganz vereinzelt lassen sich Menschen mit körperlichen Behinderungen finden, wie z.B. der Charakter des Dr. Ludwig Dressler in der *Lindenstraße*. Ähnlich wie Luhmann 2009 die Werbung kritisiert, dient auch in den Soaps die „Tendenz zur schönen Form (...) [der] Funktion des Unkenntlichmachens der Motive"[304]. Die schöne Hülle lässt darüber hinwegsehen, wie inhaltsleer oder klischeebehaftet oft die Äußerungen sowie die Wesenszüge der Charaktere daherkommen. Zudem kann die vorrangige Darstellung von schlanken, zierlichen und gesunden Menschen vor allem bei weiblichen Zuschauern zu einer Unzufriedenheit mit ihrem eigenen Körper bis hin zu Störungen in der Selbstwahrnehmung führen. Dies belegen unter anderem Thompson, Heinberg, Altabe und Tantleff-Dunn unter Einbezug ihrer eigenen Studie im Jahr 1999.[305] Die Untersuchung vom Selbstbild der Frauen und der Häufigkeit, mit der sie schlanke Frauen in Zeitschriften und im Fernsehen sehen, bezieht sich allerdings nur auf die USA.[306]

---

[304] Niklas Luhmann, *Die Realität der Massenmedien* (Wiesbaden: VS Verlag für Sozialwissenschaften/ GWV Fachverlage GmbH, 4. Auflage, 2009), 61.

[305] J. Kevin Thompson [u.a.], *Exacting Beauty – Theory, Assessment, and Treatment of Body Image Disturbance* (Washington, DC: American Psychological Association, 1999), 100 ff.

[306] Eine 1:1-Übertragung kann aufgrund einiger kultureller Unterschiede und des unterschiedlichen Freizeitverhaltens von Amerikanern und Deutschen nicht vorgenommen werden, dennoch lassen sich tendenzielle Parallelen ziehen. So konsumieren Amerikaner beispielsweise laut The Nielsen Company, einem führenden Informations- und Medienunternehmen, mit 5 Stunden täglich etwa genauso lange Fernsehsendungen wie Deutsche. 2009 wurde in Deutschland laut der Medienforschung der ARD ebenfalls pro Tag etwas mehr als 5 Stunden Fernsehen geschaut. Amerikaner und Deutsche setzen sich also ähnlich lange unrealistischen Schönheitsidealen aus. Vgl. http://blog.nielsen.com/nielsenwire/wp-content/uploads/2009/05/nielsen_thr-

Muriel Cantor und Suzanne Pingree untersuchten bereits 1983 in *The Soap Opera*[307] den Inhalt von amerikanischen Soap Operas in Radio und Fernsehen. Sie beziehen sich unter anderem auf Studien von Stedman, Arnheim, Goldsen und Thurber, die in den 1940er Jahren vor allem Radio-Soaps hinsichtlich ihres Inhaltes analysierten.[308] Ein Hauptaugenmerk lag dabei auf der Darstellung von Sex, Ehe und die Elternrolle der Erwachsenen. Sie unterstreichen in ihren Ergebnissen, dass Sex in den Soaps nie wirklich gezeigt wird, Küsse und ähnliche intime Handlungen allerdings recht häufig. Vor allem die Konsequenzen wie Schwangerschaft und Abtreibung werden thematisiert.[309] Während in den ersten Soaps die Charaktere eher naiv und unbeholfen gerade in Bezug auf Sex dargestellt wurden, gehen die heutigen Soapfiguren eher offen und selbstbewusst mit dem Thema um. Vorehelicher Sex, Scheidungen, Fremdgehen und uneheliche Kinder gehören zum normalen Soap-Alltag.[310] Seit den 1970er Jahren, als Goldsen diese Schlüsse im Kontext einer allgemeinen gesellschaftlichen Öffnung gegenüber dem Thema Sex zog, wurden sexuelle Neigungen, Erlebnisse und Verbrechen noch weiter in den Fokus der Soap gerückt. So gibt bzw. gab es bei *GZSZ*, *Verbotene Liebe* oder *Marienhof* diverse homosexuelle Paare (z.B. die Rollen Carsten und Lenny in *GZSZ*, Christian und Olli in *Verbotene Liebe*), Vergewaltigungstraumata oder sexuelle Misshandlungen.

Über das rein sexuelle hinaus werden hauptsächlich das Liebesleben der Figuren und deren Beziehungsprobleme zum Thema gemacht. Downing untersuchte in den 1970er Jahren 300 Soap Operas und fand heraus: „84 percent dealt with romantic love, 98 percent with interpersonal relationships, and 98 percent with personal problems"[311]. Sozialkritische oder gesellschaftsrelevante Themen machten gerade einmal 6–15 % des Inhaltes aus.[312] Diese Ergebnisse sind nicht überraschend, allerdings verdeutlichen die Zahlen ein mögliches Problem: junge Zuschauer, die die Soap Opera intensiv verfolgen, könnten die Relevanz von Liebesbeziehungen gegenüber sozialen und gesellschaftlichen Anliegen falsch einschätzen. Kontroverse so-

---

ee screenreport_q109.pdf [Stand: 07.04.2011/15:44]
http://www.ard.de/intern/basisdaten/fernsehnutzung/fernsehnutzung_20im__23220
_3Bberblick/-/id55024/bxj2vh/index.html [Stand: 07.04.2011/15:24].

[307] Muriel G. Cantor, Suzanne Pingree, *The Soap Opera* (Beverly Hills, London, New Delhi: Sage Publications, 1983.)

[308] Ebd., 71–72.

[309] Vgl. ebd., 73.

[310] Vgl. ebd., 76.

[311] Ebd., 80.

[312] Ebd.

ziale Themen werden kaum angesprochen, die Privatheit des Einzelnen überwiegt.[313]Es scheint nicht unrealistisch, dass Jugendliche, die vorrangig vermittelt bekommen, dass Menschen sich über ihre Beziehungen und ihre sexuelle Entfaltung definieren, ein falsches Selbstbild bekommen oder sogar einem Druck ausgesetzt werden, selber ein aufregendes Liebesleben ausleben zu müssen, um akzeptiert zu werden. Auch wenn Jugendliche natürlich zwischen der Soap und dem realen Leben unterscheiden können, haben gerade emotional mitreißende Geschichten einen prägenden Einfluss auf ihre Einstellungen und Selbstkonzepte.

Es besteht zudem die Gefahr des Eskapismus. Neben Motiven wie Unterhaltung, Informationssuche oder sozialem Nutzen spielt auch der Faktor Vermeidung und Flucht für den Zuschauer eine wichtige Rolle.[314] Die schwierige Welt der Berufsorientierung in einer Leistungsgesellschaft, die gerade für Jugendliche und junge Erwachsene zum Problem werden kann, Familienprobleme oder schlechte Noten in der Schule können mit der zweiten Welt der Soap Opera zeitweise verdrängt werden.

Annähernd allgemeingültige Forschungsergebnisse zu den Auswirkungen der dargestellten Rollenbilder in einer Soap Opera auf das Verhalten und die Einstellungen der Rezipienten gibt es nicht. Seit Beginn der Verbreitung von Seifenopern wurden immer wieder stichprobenartige Umfragen, Versuche und Beobachtungen gemacht, die allerdings kaum als repräsentativ eingeschätzt werden können.[315] Die Untersuchungen wurden meist entweder von Produktionsfirmen veranlasst, die Erkenntnisse über ihre Zuschauer gewinnen wollten, oder von besorgten Pädagogen oder Psychologen, die dem Genre die schädlichen Auswirkungen nachweisen wollten.[316] Mit Vorsicht kann zumindest festgehalten werden, dass das Genre durch die Fokussierung von Beziehungsthemen das Interesse und die Wichtigkeit dieses Lebensbereiches unverhältnismäßig betont und mitunter den Eindruck erwecken kann, dass Beziehungen eher brüchiger Natur sind und Partner häufiger gewechselt werden.[317] Ebenso wurden keine eindeutigen Hinweise gefunden, dass Konsumenten von Soaps sich gerade deswegen für

---

[313]Vgl. Muriel G. Cantor, Suzanne Pingree, *The Soap Opera* (Beverly Hills, London, New Delhi: Sage Publications, 1983), 82.

[314]Vgl. Maya Götz, „Wer sieht Soaps, warum und mit welchem Erfolg? – Ein Streifzug durch die internationale Forschung". In *Pickel, Küsse und Kulissen*. Hrsg. v. Claudia Cippitelli; Axel Schwanebeck (München: Verlag Reinhard Fischer, 2001), 190.

[315]Nikola Weiß, *Daily Soaps – Das Geheimnis deutscher Seifenopern* (Düsseldorf: Verlag Dr. Müller, 2004), 106–107.

[316]Vgl. ebd.

[317]Vgl. ebd., 107.

das Genre interessieren, weil sie mit ihrem eigenen Selbstbild und ihrem eigenen Leben eher unzufrieden sind und in den Soaps geeignete Vorbilder suchen. Eine Untersuchung aus dem Jahr 1981 mit amerikanischen Studenten zeigte zunächst einen Zusammenhang zwischen einem negativen Selbstkonzept, einer pessimistischen eigenen Lebenseinstellung und einem erhöhten Soap-Konsum auf.

> In particular, self-concept appears to be inversely related to soap opera viewing, as predicted, with intelligence and poise being most highly correlated. In addition, the life satisfaction index is negatively associated with exposure (...).[318]

Nur ein Jahr später „fanden Greenberg et al. keinen Zusammenhang zwischen Soap-Rezeption und Lebens-Zufriedenheit, während eine 1993 veröffentlichte Studie aus Oxford sogar zu einem gegenteiligen Ergebnis kam (...)"[319]. So kann der Soap-Konsum durch die Anschlusskommunikation in der Peer-Group Zufriedenheit erzeugen und die übertrieben dramatische Welt der Seifenoper eher ein Glücksgefühl hinsichtlich des eigenen, weniger problembehafteten Lebens hervorrufen.[320] Simon fand in einer schriftlichen Befragung von 423 Jugendlichen im Jahr 2002 wiederum heraus, dass ein großes Involvement der Zuschauer in Bezug zu den Soaps entstand, je häufiger die Soaps konsumiert wurden und je negativer das Selbstwertgefühl war.[321] Die unterschiedlichen Ergebnisse zeigen, dass die Wirkung von Soap Operas auf Jugendliche nicht klar bestimmt werden kann, sondern vielmehr ein „äußerst komplexes Geflecht von Ursache-Wirkung-Zusammenhängen"[322] durchdrungen werden muss. Ebenso ist die Wirkung der Rollenbilder auf das Rollenverständnis der Jugendlichen von vielen Einflussfaktoren abhängig. Es können kaum allgemeingültige Aussagen getroffen werden, sondern es müssen bislang eher vorsichtige Annahmen formuliert werden, wie beispielsweise, dass „die Rezeption von Seifenopern eher zur Übernahme (...) von Stereotypen"[323] führen oder das Genre bei unreflektiertem Konsum Gefahren wie die des Eskapismus in sich bergen kann.

---

[318] Nancy L. Buerkel-Rothfuss; Sandra Mayes, „Soap Opera Viewing: The cultivation effect". In *Journal of Communication*, Heft 31, 1981, 113.

[319] Nikola Weiß, *Daily Soaps – Das Geheimnis deutscher Seifenopern* (Düsseldorf: Verlag Dr. Müller, 2004), 108.

[320] Vgl. ebd.

[321] Vgl. Jeannine Simon, *Wirkungen von Daily Soaps auf Jugendliche* (München: Verlag Reinhard Fischer, 2004), 225.

[322] Ebd., 228.

[323] Nikola Weiß, *Daily Soaps – Das Geheimnis deutscher Seifenopern* (Düsseldorf: Verlag Dr. Müller, 2004), 108–109.

6.4.2 Moralvorstellungen

Neben oft stereotypen Rollenbildern werden in Soap Operas durch das Handeln beliebter Charaktere auch Moralvorstellungen vermittelt bzw. unterstützt. Es stellt sich nun die Frage, ob sich in den Soaps zentrale, immer wiederkehrende Moralvorstellungen erkennen lassen. Wenn dies zutrifft, ist es darüber hinaus von Interesse, wie realistisch diese Moralvorstellungen in den Augen der Zuschauer sind, und ob sie wirklich die Einstellungen junger Soap-Fans beeinflussen oder sogar prägen.

Verschiedene Studien haben erstaunlicherweise ergeben, dass in Soaps ein „traditionelles(...) und konservatives(...) Wertesystem"[324] sowie „altmodische(...) Wertvorstellungen"[325] vermittelt werden. So stellten Sutherland und Siniawsky 1982 nach ihrer Untersuchung zweier amerikanischer Soaps 14 ‚moral standards' auf, die aber – so Kritiker – häufig in Soaps missachtet werden: „(1) premarital/ extramarital sex is wrong, (2) bigamy is wrong, (...) (4) abortion is wrong, (...) (10) alcohol abuse/ addiction is wrong (...), [etc.] (...)"[326]. Als Resultat konnte festgehalten werden, dass die Charaktere zwar häufig gegen diese Standards verstießen, jedoch meistens für ihre Vergehen bestraft wurden: „(...) the soaps tend to support the status quo by ostracizing and punishing violators of moral standards"[327]. Den Zuschauern wird also ein System von teils sehr konservativen Vorstellungen indirekt vermittelt, das vom treuen Zuschauerkreis – so lassen die konstanten Einschaltquoten vermuten – wenn auch nicht in jedem Fall befürwortet, zumindest als legitim oder sogar realistisch angesehen wird. Es scheint zunächst positiv, dass Werte wie Ehrlichkeit, Treue, Rechtschaffenheit letztendlich als die besseren dargestellt werden. Jede Missachtung (Untreue, Lügen, Verbrechen, etc.) führt meist zu Problemen, schwerwiegenden Zweifeln, Krisen oder teilweise auch zu rechtlichen Konsequenzen für die Charaktere der Soap Opera. Allerdings wird durch die unnatürliche Häufung von Vergehen und delinquentem Verhalten im Prinzip der Eindruck vermittelt, dass die Menschen im direkten Umfeld der Jugendlichen immer wieder gegen gesellschaftliche Normen und Regeln verstoßen. Intrigen werden banalisiert, es wird normal, dass stets Betrug, Lüge oder

---

[324] Nikola Weiß, *Daily Soaps – Das Geheimnis deutscher Seifenopern* (Düsseldorf: Verlag Dr. Müller, 2004), 109.

[325] Ebd.

[326] Sutherland und Siniawsky zitiert in: Muriel G. Cantor; Suzanne Pingree, *The Soap Opera* (Beverly Hills, London, New Delhi: Sage Publications, 1983.), 78–79.

[327] Muriel G. Cantor; Suzanne Pingree, *The Soap Opera* (Beverly Hills, London, New Delhi: Sage Publications, 1983.), 79.

Verbrechen den Alltag begleiten. Der naive Zuschauer kann abstumpfen gegenüber moralischen Vergehen, eine menschenfeindliche Haltung einnehmen oder den Eindruck gewinnen, dass er sogar selber fast automatisch zum Täter werden muss, und sei es nur zum eigenen Schutz. Dies ist natürlich eine überzeichnete Darstellung, aber auf subtilen Wegen könnte ein unreflektierter Soap-Konsum dazu führen, dass der Zuschauer sich aus der sozialen Verantwortung herauszieht und der Blick immer mehr auf sich selbst gerichtet wird.

Dies wird auch durch die von der ARD und ZDF seit 1997 entwickelte Mediennutzertypologie untermauert, die hervorbrachte, dass vor allem bei Jugendlichen die Nutzertypen ‚Junger Wilder' und ‚Erlebnisorientierter' mit insgesamt 74% dominieren. Sie möchten ein aufregendes Leben, intensive Reize, ‚fun & action' und interessieren sich nicht für Politik, Gesellschaft, soziale Verantwortung oder Pflichten im Berufsleben.[328] Diese Sichtweise auf einen Teil der Jugendlichen ist vor allem für die Fernsehbranche interessant. Sie will keinen demokratischen, mündigen Bürger, sondern rückt das Bedürfnis nach seichter Unterhaltung mit dem Ziel hoher Einschaltquoten in den Mittelpunkt.[329] Daher sind die vermittelten Werte und Moralvorstellungen wie sie in Soap Operas präsentiert werden als sehr einseitig und kritisch zu bewerten.

Die Problematik, dass Jugendliche in der Tat Moralvorstellungen und Werte aus der Welt der Soaps übernehmen könnten, lässt sich auch aus der Einstellung der Jugendlichen gegenüber Medien generell ableiten. So stellt beispielsweise Schell in seinem Aufsatz „Jugend und Medien – Ein ambivalentes Verhältnis"[330] dar, wie die Jugend mit den Inhalten und Werten von Multimedia umgeht. Er kommt zu dem Ergebnis, dass die Jugend Werte aus den Medien übernimmt, und zwar „nicht eins zu eins, sondern im Sinne einer Verstärkung und Fortschreibung dessen, was sie bereits kennt, schätzt und nutzt"[331]. Dabei ginge es vor allem um ein Leben, dass von Konsum geprägt ist und sich schnell und aufregend in stetiger Bewegung befindet.[332]

---

[328] Vgl. Fred Schell, „Jugend und Medien – Ein ambivalentes Verhältnis". In *Pickel, Küsse und Kulissen*. Hrsg. v. Claudia Cippitelli; Axel Schwanebeck (München: Verlag Reinhard Fischer, 2001), 52.

[329] Niklas Luhmann, *Die Realität der Massenmedien* (Wiesbaden: VS Verlag für Sozialwissenschaften/ GWV Fachverlage GmbH, 4. Auflage, 2009), 67ff.

[330] Fred Schell, „Jugend und Medien – Ein ambivalentes Verhältnis". In *Pickel, Küsse und Kulissen*. Hrsg. v. Claudia Cippitelli; Axel Schwanebeck (München: Verlag Reinhard Fischer, 2001), 49–71.

[331] Ebd., 51.

[332] Vgl. ebd.

Schell sieht vor allem darin die Gefahr, dass Jugendliche mit einer Unbefangenheit Medien konsumieren, die sie nur allzu schnell zum Objekt der
Medien macht. Das naive Schauen einer Soap Opera könnte somit soweit
führen, dass Wünsche und Vorstellungen aus den überzeichneten Geschichten übernommen werden, Rollenbilder sich einprägen und „Reflexion durch
Konsumvorgaben"[333] ersetzt werde.

Auch Landbeck kommt 2002 zu dem Schluss, dass Jugendliche die
Soap auch hinsichtlich der dargebotenen Werte und Moralvorstellungen
intensiv verfolgen. Sie formuliert es folgendermaßen:

> Vor allem wegen der Gratwanderung am Tabutal haben die Soaps so
> großen und nachhaltigen Erfolg – auch und gerade bei Jugendlichen,
> die ausloten wollen, wo sich die moralischen Grenzen der Gesellschaft
> befinden. Einige geben auch an, in ihrer gleichgeschlechtlichen Orien-
> tierung durch die Soaps Anregung, Bestätigung und Unterstützung
> zu finden.[334]

Es scheint, als haben die Soap Operas einen gewissen Einfluss auf die Einstellungen der Jugendlichen. Gerade in Hinblick auf vermittelte Moralvorstellungen muss dem Genre eine große Vorsicht entgegengebracht werden.
Dennoch bleibt abschließend zu sagen, dass eine zu ängstliche Sichtweise
hinsichtlich der Gefahren der Soap relativiert werden muss. Zum einen wird
noch einmal deutlich, welch wichtige Rolle Erziehung, Schule und vor allem
Medienerziehung während des Heranwachsens von Jugendlichen spielen.
Ein medienkritischer Zuschauer, dem Ziel, Aufbau und Wirkung von Soaps
und anderen Fernsehformaten bekannt sind, kann sie trotzdem genussvoll
aber bewusster konsumieren, oder kommt für sich selbst zu einem Urteil,
welche TV-Sendungen er schaut und welche nicht. Zum anderen ist die
Soap Opera zwar Bestandteil der Freizeitgestaltung einiger Jugendlicher,
aber dennoch nicht der einzige. Freunde treffen und Sport treiben zählen
laut JIM-Studie 2010 zu den vorrangigen Freizeitaktivitäten von Jugendlichen.[335] Zudem zeigt sich vor allem in den Chats auf Soap-Fanwebsites
und in Pausengesprächen über die Soap, dass die meisten Jugendlichen sich
über den fiktionalen Charakter der in den Soaps dargestellten Welt bewusst

---

[333] Fred Schell, „Jugend und Medien – Ein ambivalentes Verhältnis". In *Pickel, Küsse und Kulissen*. Hrsg. v. Claudia Cippitelli; Axel Schwanebeck (München: Verlag Reinhard Fischer, 2001), 51.

[334] Hanne Landbeck, *Generation Soap – Mit deutschen Seifenopern auf dem Weg zum Glück* (Berlin: Aufbau Taschenbuch Verlag, 2002), 111.

[335] *JIM-Studie 2010 – Jugend, Information, (Multi-)Media* (Stuttgart: Medienpädagogischer Forschungsverbund Südwest, 2010)(Forschungsberichte), 9–10.

sind. Das heißt allerdings nicht, dass das Genre nicht trotzdem unbewusst Einfluss auf die jungen Zuschauer ausüben kann. Daher ist es sinnvoll, die Soap sowie ähnliche Fernsehformate im Unterricht zu besprechen und unter medienkritischen Gesichtspunkten zu analysieren.

6.4.3 Zwischenfazit

Die Betrachtung der Rollenbilder und vermittelten Moralvorstellungen zeigt, dass die Soap Opera bei dem Anteil der Jugendlichen, die Soaps im Fernsehen sehen, durchaus einen hohen Einfluss haben kann. Kritisch ist daher zu bewerten, dass zwar viele verschiedene Rollenbilder präsentiert werden, diese aber häufig als Stereotype daherkommen. Gleichzeitig sind allerdings oft sehr moderne Geschlechterrollen vertreten, die meist deutlicher als in der Realität eine Gleichstellung der beiden Geschlechter vermitteln. Die dargestellten Milieus entsprechen dagegen bei Weitem nicht einem realistischen Bild der Gesellschaft. Während der gehobene Mittelstand überrepräsentiert ist, spielen bildungsfernere Gesellschaftsschichten kaum eine Rolle. Der Fokus auf Beziehungsprobleme und romantische Liebe kann zudem die Sicht auf das eigene Leben verzerren. Ein weiteres Problem kann auftreten, wenn das Hineinträumen in die Soap-Welt zum tagtäglichen Eskapismus wird.

In Hinblick auf die vermittelten Moralvorstellungen wird deutlich, dass trotz vieler Verstöße gegen moralische Verhaltensweisen den Soaps eher konservative, altmodische Wertevorstellungen zugrunde liegen. Die Häufigkeit von auftretendem Fehlverhalten – trotz anschließender Bestrafung – vermittelt allerdings ebenfalls ein verzerrtes Bild der Wirklichkeit. Problematisch ist zudem, dass die Soap Opera mehr einen erlebnisorientierten, spaßbesessenen Zuschauer impliziert als einen mündigen Bürger, der neben Beziehungskrisen und Familienstress auch politische und kulturelle Interessen zeigt. Das Angebot an Problemen, die über intime Verwicklungen hinausgehen, ist eher spärlich. Dementsprechend werden auch nur in dem Bereich der Gefühlswelt Problemlösungsansätze vermittelt. Gerade für jugendliche Zuschauer, die oft noch einen recht naiven Umgang mit Medien pflegen, bedeutet diese Kanalisierung eine Beschneidung anderer möglicher Lebensvorstellungen, Ideale und Werte. Es besteht eine nicht auszuschließende Gefahr, dass die Handlungsmuster des Lieblingsschauspielers oder der Lieblingsfigur unreflektiert übernommen werden.

Für einen Einsatz der Soap Opera im Unterricht bedeuten diese Erkenntnisse zunächst, dass dem Lehrer die der Soap innewohnenden Strukturen, das Rollenverständnis sowie die vermittelten Moralvorstellungen und

Werte bekannt sein müssen. Dadurch hat er eine Grundlage, um das Genre medienkritisch in seinem Unterricht zu analysieren. Er kann versuchen darauf Einfluss zu nehmen, wie das Dargestellte von den Jugendlichen bewertet wird. Die Soap Opera muss also in jedem Fall zum Objekt der kritischen Medienbetrachtung werden, um eine klare Grenze zwischen Realität und Fiktion ziehen zu können. Auch wenn viele Jugendliche sich der Fiktionalität bewusst sind, heißt dies nicht, dass nicht doch unbewusst Ideen aus den Geschichten übernommen werden. Soll die Soap darüber hinaus im Unterricht als Erzählform eingesetzt werden um Inhalte zu vermitteln, muss sie in einigen Punkten modifiziert werden. So sollte das Themenspektrum beispielsweise über Beziehungsprobleme hinausreichen und auch politische oder kulturelle Aspekte mit einbeziehen. Gerade in Hinblick auf die Rollenbilder sollte eine für den Unterricht gestaltete Soap nur begrenz mit Stereotypen arbeiten. Außerdem ist es wichtig, dass nicht nur schöne, erfolgreiche und hippe Menschen dargestellt werden. Gerade Schüler in der Pubertät, die sich noch im Prozess der Selbstfindung befinden, sollten sich nicht auf vermeintliche Ideale aus der Medienwelt reduzieren lassen. Trotz einiger Änderungen, die für einen Einsatz im Unterricht sinnvoll erscheinen, darf der grundlegende emotionale Kern der Soap und ihr Reiz bei einer Nutzung für unterrichtliche Zwecke nicht verloren gehen. Worin dieser Reiz besteht, soll im nächsten Abschnitt untersucht werden.

6.5 Der Reiz der Soap

Wie in den vorangegangenen Kapiteln gezeigt worden ist, präsentieren sich in der Soap Opera vor allem stereotype Charaktere in immer gleichen Handlungsräumen, die oft banale Probleme mit immer gleichen Strategien zu lösen versuchen. Trotzdem gibt es eine große, treue Fangemeinde von Soaps. Es stellt sich also die Frage, worin der Reiz einer Seifenoper besteht. Dies soll im Folgenden herausgearbeitet werden.

Zunächst kann festgehalten werden, dass – wie bereits im Vorangegangenen erläutert – vermehrt Mädchen und Frauen dem Reiz der Soap erliegen. Aber auch Jungen gehören mehr und mehr zu den Zuschauern, vor allem bei der sehr jugendorientierten Soap Opera *GZSZ*.[336] In erster Linie schauen sowohl Jugendliche als auch Erwachsene die Soap, um ihre Bedürfnisse zu befriedigen: Sensationsgier, Verlangen nach aufregenden Erlebnisse, Verdrängung von Einsamkeit, vermeintliche soziale Integrati-

---

[336]Vgl. Jeannine Simon, *Wirkungen von Daily Soaps auf Jugendliche* (München: Verlag Reinhard Fischer, 2004), 173.

on, etc. Simon unterscheidet fünf Arten von Bedürfnissen, die eine Daily Soap befriedigen kann. Sie werden in den folgenden Ausführungen zum Teil zugrunde gelegt:

- kognitive Bedürfnisse
- emotionale Bedürfnisse
- Bedürfnisse nach Linderung sozialer Spannungen und Probleme
- sozial-interaktive Bedürfnisse
- Bedürfnisse nach Strukturierung des Tagesablaufs.[337]

Die Soap-Realität bietet einen Zufluchtsort an, eine sichere Welt zum Träumen. „Es gehört wohl zur psychischen Grundausstattung des Menschen, sich immer mal wieder in eine andere Wirklichkeit hineinzuträumen."[338] Dies kann besonders gut in der konstruierten, schillernden Welt der Soap Opera gelingen: Schöne Menschen, stylische Schauplätze und die „Exotik des Alltags"[339] sorgen für ein leicht bekömmliches Umfeld. Beruf und Schule treten in den Hintergrund und aufregende Reisen, Model-Jobs oder spannender Tratsch und Klatsch treten in den Vordergrund. Es wird die Sensationsgier des Zuschauers befriedigt, das Bedürfnis nach Entspannung, Berieselung, Ablenkung und leichter Unterhaltung. Immer wieder sorgen Skandale, Affären und die große Liebe für den angenehmen Schauer, der den Zuschauern allabendlich über den Rücken fährt. Mit einer geschickten Dramaturgie, stilistischen Mitteln wie dem Cliffhanger und dem Spiel mit Gefühlen, Wünschen und Sehnsüchten der Zuschauer binden die Produzenten und Autoren das Publikum an die Sendung. Schon nach wenigen Minuten des Zuschauens lässt sich eine Figur finden, die Interesse weckt oder sogar Identifikationspotential erkennen lässt, so dass es leicht ist, in die Geschichte hineinzuschlüpfen und ein treuer Zuschauer zu werden.

Darüber hinaus kann die Soap Opera die „Bedürfnisse nach Strukturierung des Tagesablaufs"[340] bedienen. Das Einschalten der Lieblingssoap wird zum allabendlichen Ritual, es stellt eine Orientierung im Alltag dar, es gibt Sicherheit und Verlässlichkeit. Gerade in unserer pluralistischen Gesellschaft, die geprägt ist von Individualismus, Vereinzelung und Kurzlebigkeit kann das regelmäßige Schauen einer Serie einen festen Punkt im

---

[337] Jeannine Simon, *Wirkungen von Daily Soaps auf Jugendliche* (München: Verlag Reinhard Fischer, 2004), 174.

[338] Hanne Landbeck, *Generation Soap – Mit deutschen Seifenopern auf dem Weg zum Glück* (Berlin: Aufbau Taschenbuch Verlag, 2002), 195.

[339] Ebd., 196.

[340] Vgl. Jeannine Simon, *Wirkungen von Daily Soaps auf Jugendliche* (München: Verlag Reinhard Fischer, 2004), 174.

Alltag darstellen. Die liebgewonnenen Charaktere, die auf Knopfdruck ganz zuverlässig erscheinen, vermitteln Geborgenheit und geben Halt.

Ein weitere Reiz besteht darin, die Soap Operas als Rat- und Ideengeber für die Lösung eigener Probleme heranzuziehen. Da sie einen Fokus auf Themen wie Beziehungsprobleme, Berufsprobleme oder familiäre Schwierigkeiten legen, werden natürlich auch hauptsächlich in diesen Bereichen Problemlösungsansätze für das eigene Leben bereitgestellt. Die Soap Opera ist dabei ein sehr dialoggeprägtes Fernsehgenre: es wird permanent kommuniziert. Daher werden auch Probleme in Gesprächen gelöst, genauer: „Die zentrale Problemlösungsstrategie (...) ist das problemorientierte und personenzentrierte Gespräch (Brown 1994)"[341]. Während das Gespräch historisch gesehen das Revier der Frau ist und Klatsch und Tratsch oftmals dem weiblichen Geschlecht zugeordnet werden, ist in der Soap Opera auch der Gesprächsanteil von Männern sehr hoch. Männliche Charaktere sind oft in Situationen zu sehen, in denen sie Ratschläge geben, aus eigener Erfahrung berichten oder mit Warnungen das Gegenüber zu überzeugen versuchen. Diese Darstellung gesprächsbereiter Männerfiguren inszeniert „ein potenzielles Wunschbild sensibler und beziehungsorientierter Männer"[342]. Parallel zu Luhmann 2009 wird somit auf der einen Seite von den Autoren der Soap Operas ein Männerbild erschaffen, das vielleicht auf der einen Seite von Frauen gewünscht wird oder das Autoren von Soap Operas als gewünscht annehmen, auf der anderen Seite kann die Darstellung von solchen Charaktereigenschaften Erwartungen in den Zuschauern an ihr eigenes soziales Umfeld oder den Partner erzeugen.[343] Generell ist das Bild des Mannes in Soaps ein sehr modernes. Er ist kein wortkarges, kompromissloses und weises Familienoberhaupt, sondern gerät selber in Schwierigkeiten, ist emotional, stark, aber auch mitfühlend, er sucht Rat bei seiner Frau und seinen Kindern. Aus „Vaterschaft" wird allzu oft eine „Männerfreundschaft"[344], denn Freundschaft bedeutet gegenseitige Rücksichtnahme, gemeinsame Verantwortung und kein anstrengendes Hierarchiegefälle, in dem die Eltern in erster Linie Verantwortung für ihre Kinder zeigen müssen. Es wird eine einfache, lockere Welt suggeriert, in

---

[341] Maya Götz, „Wer sieht Soaps, warum und mit welchem Erfolg? – Ein Streifzug durch die internationale Forschung". In *Pickel, Küsse und Kulissen.* Hrsg. v. Claudia Cippitelli; Axel Schwanebeck (München: Verlag Reinhard Fischer, 2001), 192.

[342] Ebd.

[343] Niklas Luhmann, *Die Realität der Massenmedien* (Wiesbaden: VS Verlag für Sozialwissenschaften/ GWV Fachverlage GmbH, 4. Auflage, 2009).

[344] Hanne Landbeck, *Generation Soap – Mit deutschen Seifenopern auf dem Weg zum Glück* (Berlin: Aufbau Taschenbuch Verlag, 2002), 188.

der Probleme gemeinsam besprochen und gelöst werden, in der es immer jemanden gibt, der zu einem hält und wo in den meisten Fällen nach begangenen Fehlern eine Läuterung folgt, nach der sich wieder alle Chancen und Möglichkeiten eröffnen.

Die Soap Opera will kein Abbild der Wirklichkeit sein. Gerade diese konstruierte, künstliche Welt erlaubt es den Zuschauern, der Realität zu entfliehen. Es kommt sogar darauf an, „daß die Serie eine Konstruktion ist, die man als solches erkennt und dekonstruieren kann"[345], um die Grenze zwischen Fiktionalität und Realität zu erkennen und Schlüsse für das eigene Leben zu ziehen.[346]

Während kognitive Bedürfnisse wie das Suchen nach Ratschlägen, das Hineinschauen in andere Lebensumstände oder das Bescheidwissen über aktuelle Trends eher selten zu den Hauptbedürfnissen der Zuschauer zählen, die Soap Operas befriedigen können, spielen vor allem emotionale Bedürfnisse eine dominierende Rolle. Neugier, Spannung, Unterhaltung und das Durchleben von Gefühlen wurden in der Studie von Simon als wichtigste Bedürfnisse genannt, die das Soap-Sehen befriedigt.[347]

6.6 Chancen und Grenzen für den methodisch-didaktischen Einsatz

Die Soap Opera bietet wie weiter oben dargestellt neben bedenklichen Aspekten einen nicht abzustreitenden Reiz für vor allem junge Zuschauer, die oft noch einen unbefangenen Umgang mit Medien und den dargebotenen Inhalten haben. Sie tauchen in die trendige, lockere Welt der Soaps ab, um verschiedenste Bedürfnisse zu erfüllen. Es bleibt allerdings festzustellen, dass die tatsächliche Zuschauerzahl im Schulalter weniger hoch ist als meist subjektiv angenommen und erwartet. Dennoch bietet das Genre eine moderne und lebensnahe Grundlage für einen Teil der Schüler, mit Hilfe derer unter anderem eigene Probleme reflektiert, Beziehungen hinterfragt und Meinungen gebildet werden. Die emotionalen Geschichten motivieren die Schüler, sich mit den Inhalten der Soap Opera auseinanderzusetzen, und bieten gleichsam viel Raum für Identifikation und Diskussion.

Mit dieser Dissertation soll herausgearbeitet werden, inwiefern das

---

[345]Hanne Landbeck, *Generation Soap – Mit deutschen Seifenopern auf dem Weg zum Glück* (Berlin: Aufbau Taschenbuch Verlag, 2002), 196.

[346]Vgl. ebd., 111.

[347]Vgl. Jeannine Simon, *Wirkungen von Daily Soaps auf Jugendliche* (München: Verlag Reinhard Fischer, 2004), 195.

Interesse der Schüler an Soaps und deren Wirkung zum einen kritisch reflektiert werden muss und zum anderen, welche Chancen sich für eine Vermittlung von Inhalten ergeben können. Genauer soll bezogen auf den Englischunterricht hinterfragt werden, ob sich der Einsatz einer Soap Opera in Textform lohnen könnte, um beispielsweise Grammatik oder andere Fachinhalte zu vermitteln. Gerade durch die Begeisterung der Schüler für das Genre stellt sich die Frage, wie diese Motivation für den Unterricht genutzt werden kann. Die bisher behandelten Aspekte machen aber zunächst deutlich, dass es für die Soap Opera in ihrer ursprünglichen Form vor allem Grenzen für den Einsatz in der Schule gibt.

Die Soap Opera ist ein Genre, das zu Recht kritisiert wird. Wie der Name schon andeutet, steht die Soap für Gewäsch, etwas Unwichtiges, wie einst die als nieder angesehene Hausarbeit der Frau, die aufgelockert werden sollte. Die Seifenoper kommt immer noch als Geschichte daher, die den emotionalen Dialog fokussiert, dabei aber oft Klischees bedient und einen tieferen Sinn vermissen lässt. Ebenso sind die Charaktere Stereotype, die gefangen sind in ihrer Rolle und vor allem jugendlichen Zuschauern ein falsches Bild vermitteln. Zudem verdeutlicht die Soap Opera den Trend zu immer mehr Intimität in unserer Gesellschaft und befriedigt die Sensationsgier von Zuschauern, die lieber das fiktive Leben anderer verfolgen als ihre eigenen Probleme in den Griff zu bekommen.[348] Die Soap Opera kann dort den Ersatz für ein reges Familienleben und einen aufregenden Freundeskreis liefern, wo es im realen Leben an Gemeinschaft und Familienidylle mangelt. Über ihre Möglichkeiten hinaus besteht die Gefahr, dass sie – wenn auch nur hinter vorgehaltener Hand – zum Ratgeber für Heim, Erziehung und Beruf wird. Für Jugendliche kann sie Beziehungsratgeber, Ideengeber oder moralisches Vorbild sein. Mag es auch noch so abwegig erscheinen: ein Zuschauer, der vollends in der konstruierten Welt der Seifenoper aufgeht und zu dessen täglichem Leben die Serien dazugehören, kann in gewisser Weise Einstellungen und Werte übernehmen.

Gerade bei Jugendlichen ist es wahrscheinlicher aber nicht klar erforscht, dass sie – wenn auch nicht immer bewusst – Rollenbilder oder Moralvorstellungen aus den Seifenopern übernehmen. Dies ist in Hinblick auf die stereotypen Charakter, konservativen Moralvorstellungen und das Bild einer Spaßgesellschaft als sehr kritisch zu erachten, sofern keine Reflexion des Gesehenen stattfindet. Gerade die Unbefangenheit, mit der Jugendli-

---

[348]Zur Intimitätsproblematik siehe: Richard Sennett, *Verfall und Ende des öffentlichen Lebens. Die Tyrannei der Intimität* (Frankfurt am Main: Fischer Taschenbuchverlag, 2002).

che Medien konsumieren, kann, wie bereits dargestellt, zu einem Problem bei dem Schauen von Soaps werden. Gerade deshalb ist zunächst eine medienkritische Auseinandersetzung mit dem Genre in der Schule notwendig. Sollen darüber hinaus Inhalte anhand einer Seifenoper vermittelt werden, muss diese unbedingt für den Unterricht modifiziert und didaktisiert werden.

Dennoch kann der Einfluss, der eine emotionale, mitreißende Soap auf den jungen Zuschauer hat, in gewisser Weise auch positiv genutzt werden. Da Soaps sich meist auf Themen aus der Lebenswelt der Jugendlichen beziehen und sehr aktuell und trendig gestaltet sind, wecken Sie eine hohe Aufmerksamkeit beim Schüler. Die altersgerechte, spannende und aufregende Gestaltung der Inhalte sowie die stilistischen Mittel können adaptiert werden, um in ähnlicher Form z.B. Inhalte wie Grammatik oder Vokabular einer Fremdsprache zu vermitteln. Dabei sollen nicht bloß die Vorlieben der Schüler bedient werden, sondern vielmehr ein positives emotionales Engagement für sinnvolle Inhalte genutzt werden. Dafür muss natürlich eine Soap Opera für den Unterricht konzipiert werden, die neben den für die Soap charakteristischen Themen wie Liebe, Freunde und Familie durch sozial- und gesellschaftskritische, kulturelle, politische und eben fachinhaltliche Aspekte ergänzt wird.

Des Weiteren darf eine Soap Opera für den Unterricht selbstverständlich keine Werbezwecke verfolgen oder Trends aufgreifen, die einer positiven Entwicklung der Jugendlichen schaden könnten. Vor allem die Darstellung von Trendberufen, wie sie weiter oben geschildert worden sind, sollte vermieden werden. Vielmehr muss eine realistischere Darstellung der Charaktere und ihrer Milieus zu einem Bild führen, das nah an die reale Gesellschaft herankommt. Trotzdem kann ein Fokus auf das Liebesleben und Beziehungen stattfinden, da dieses Themenfeld das wohl interessanteste für viele Schüler darstellt. Wichtig ist dabei, dass die Soap Opera für den Unterricht eine Balance zwischen emotionalen Beziehungsthemen, Familie und Freundschaft auf der einen Seite und der Bedeutung gesellschaftlicher, sozialer Themen auf der anderen Seite herstellt. Auch wenn die Liebe und das Liebesleben in der Pubertät einen übergeordneten Stellenwert in der Welt der Jugendlichen haben, sollte sich keiner nur über seine Beziehungen definieren. Daher ist es immer wieder wichtig, den Schülern mehrere Perspektiven für ihr Leben zu eröffnen, ihnen verschiedene Lebensstile zu präsentieren und ihnen die Chance zu geben, sich in die Gesellschaft mit einzubringen.

Eine Soap Opera für den Unterricht muss in ihrer Form und in ihren Inhalten an die Bedürfnisse und Ziele des Unterrichts angepasst werden. Werden allerdings charakteristische Merkmale, Themen und stilistische Mittel übernommen, kann anhand der Seifenoper eine kritische aber auch emotionale Auseinandersetzung mit Lerninhalten gelingen. Eine Soap Opera in den Unterricht mit einzubinden heißt nicht, alles Kritische des Genres hinauszustreichen, sondern erfordert lediglich eine selbstbewusste, kritische und vielschichtige Diskussion der dargebotenen Inhalte und zugrunde liegenden Strukturen und Methoden.

7 Die Soap Opera als Thema und Methode für den Englischunterricht

In Hinblick auf die Umbruchsituation des Englischunterrichts durch den Frühbeginn, eine verkürzte Lernzeit auf dem Gymnasium, das Verschwinden der Hauptschulen sowie den verstärkten Bedarf an sprachkompetenten Arbeitnehmern müssen neue Wege gesucht werden, das Englischlernen und vor allem die Lehr- und Lernmittel an der weiterführenden Schule anzupassen.[349] Eine wichtige Rolle spielen dabei die verstärkte Forderung nach einem hohen Lebensweltbezug der Materialien sowie eine bessere Motivation der Lerner mit dem Ziel, das Englischlernen effektiver und anschlussfähiger zu gestalten. Eine Möglichkeit, diese Forderungen zu erfüllen, stellt der Einsatz der Soap Opera als Thema und auch Methode dar. Dabei darf es allerdings nicht – und dies sei an dieser Stelle ausdrücklich hervorgehoben – darum gehen, lediglich die Vorlieben der Schüler zu bedienen:

> Aus pädagogischen und motivationspsychologischen Gründen wird zu Recht empfohlen, [z.B.] die englischsprachige Pop- und Jugendkultur, mit der die Schülerinnen und Schüler sich in der Freizeit beschäftigen, auch im Englischunterricht nicht auszublenden. Da es im Unterricht jedoch nicht um einen schlichten Nachvollzug des Freizeitverhaltens gehen kann, müssen sowohl sprachliche als auch inhaltliche Gesichtspunkte (Setzer 2003) in Betracht gezogen werden.[350]

Auf Basis der theoretischen Beleuchtung der Anforderungen an einen modernen Englischunterricht sowie die Untersuchungen des Genres Soap Opera werden an dieser Stelle Schlüsse für den Englischunterricht gezogen. Es

---

[349]Vgl. Friederike Klippel; Sabine Doff, *Englischdidaktik* (Berlin: Cornelsen Scriptor, 2007), 40.

[350]Ebd., 159.

soll gezeigt werden, inwiefern das auf den ersten Blick eher trivial erscheinende Fernsehformat Chancen bietet, Unterrichtsaspekte des Faches Englisch auf schülernahe, anschauliche und gleichzeitig wirksame Art und Weise zu vermitteln. Daher soll eine Bestandsaufnahme zu Beginn aufzeigen, inwieweit die Soap Opera bereits Einzug in traditionelle Englischlehrwerke gefunden hat. Des Weiteren werden Möglichkeiten für den Einsatz hinsichtlich ausgewählter Lernziele untersucht sowie Thesen zu den Einflüssen des Genres auf ein nachhaltigeres Englischlernen formuliert. Ergänzend wird gezeigt, inwiefern die Soap Opera als Gegenstand der kritischen Medienpädagogik herangezogen werden kann, um Schüler im Bereich der Medienkompetenz – vor allem hinsichtlich der Medienkritik – weiterzubilden. Abschließend soll der Einsatz der Soap Opera im Rahmen von Medienprojekten skizziert werden, da diese sowohl ein intensives Englischlernen ermöglichen als auch beispielhaft einen kritischen Medienumgang vermitteln können.

7.1 Die Soap Opera und ihr Vorkommen in aktuellen Englischlehrwerken

Englischlehrwerke haben sich in den letzten Jahrzehnten stark gewandelt. In den aktuellen Ausgaben von beispielsweise *Green Line New*[351] und *Password Green*[352] von Klett oder dem *English G 21*[353] von Cornelsen finden sich mittlerweile neben den klassischen Grammatikteilen und Vokabellisten Aufgaben und Texte, die sich oft an der Lebenswelt der heutigen Schüler orientieren. Thematisiert werden zwar ebenso traditionelle Inhalte wie das Schulleben in England, die Geschichte von Amerika oder Australien und das Leben von Teenagern. Zudem beinhalten die Lehrwerke nun aber zusätzlich sehr praxisbezogene und moderne Themen wie beispielsweise die Problematik der Berufswahl, neue Medien oder die Vielfältigkeit der Jugendkultur. Der Lerner wird mit Blogs und Chats konfrontiert, muss E-Mails schreiben oder Softwareprobleme der Großmutter lösen. Die „Black Angels" in Unit 3 des Lehrwerkes *English G 21* repräsentieren als dunkel gekleidete Mädchengang den Gothic-Stil und stehen für das neue Selbstbewusstsein von junger Frauen.

---

[351] Paul Aston [u.a.], *Learning English – Green Line NEW – Unterrichtswerk für Gymnasien* (Stuttgart: Ernst Klett Verlag GmbH).

[352] Dieter Firmenich [u.a.], *Learning English – Password Green 6* (Stuttgart: Ernst Klett Verlag GmbH, 2000).

[353] Hellmut Schwarz (Hrsg.), *English G21 – Band A1* (Berlin: Cornelsen Verlag, 2007).

Abbildung 1: Die Black Angels aus der Unit 3, *English G21* Band A2

Vor allem der Bereich Film, Fernsehen und Popmusik wird meist im großen Umfang behandelt. Kinohits wie ‚Titanic' oder Welthits von Whitney Houston sollen den Schüler motivieren, Texte zu interpretieren, Geschichten zu schreiben oder in den Diskurs zu treten. Es zeigt sich, dass die aktuellen Lehrwerke nicht nur auf der Höhe der Zeit sind, sondern sich darüber hinaus bemühen, den Lerner durch ansprechende Themen zu motivieren und aktiv in den Englischunterricht mit einzubeziehen. Dennoch werden viele Themen sehr konservativ und entschärft behandelt. So haben die Mädchen der „Black Angels" nie Probleme mit Hänseleien gehabt und helfen lieber kleinen Mitschülern, die gemobbt werden als z.B. den Schülern Einblick in ihre Ansichten, ihre Geschichte oder ihr Verlangen nach Individualismus in einer pluralistischen Welt zu geben. Die Chance, an ihrem Beispiel tiefergreifende gesellschaftspolitische Fragen zu behandeln, bleibt ungenutzt.

Das Thema Soap Opera wird jedoch bestenfalls marginal angesprochen. Es finden sich eher verwandte Elemente in den Schulmaterialien wieder, die ähnliche stilistische Mittel verwenden und die Interessen der Jugendlichen ansprechen sollen. Fotogeschichten oder Texte in jugendsprachlicher Dialogform finden sich beispielsweise häufiger in den gängigen Lehrwerken als die konkrete Behandlung des Soap-Themas. So präsentiert z.B. Band A1 des *English G21*[354] im ersten Kapitel eine Fotogeschichte zum Thema ‚How's the new school?'. Der Inhalt (ein Mädchen wird von ihrer Familie und Bekannten ausgefragt, wie der erste Schultag an der neuen Schule war) könnte jedoch aussagekräftiger sein und die äußere Form der

---

[354]Hellmut Schwarz (Hrsg.), *English G21 – Band A1* (Berlin: Cornelsen Verlag, 2007), 32–34.

Fotogeschichte täuscht hier nur über den recht eintönigen Dialog hinweg. Im *Password Green 6*[355] von Klett wird ein ganzes Kapitel den Beziehungen zwischen Jugendlichen gewidmet: Mädchen und Jungen, Peers und Außenseitertum. Zwei Seiten befassen sich dabei explizit mit dem Genre der Soap Opera, genauer mit einer „real-life teenage romance"[356], die in Form eines Sondermagazins herausgebracht wird. Dabei werden bekannte englischsprachige Soaps wie *Home and away*, *Coronation Street* oder *Eastenders* aufgeführt, jedoch ohne einen konkreteren Arbeitsauftrag oder etwa medienkritische Anregungen. Die Lerner sollen lediglich eine eigene Geschichte schreiben.

Die Langenscheidt ELT GmbH hat mit der Reihe *Viewfinder*[357] eine Lehrwerkreihe herausgebracht, die unter den ergänzenden Unterrichtsmaterialien *Viewfinder Topics* das Heft ‚Film, Soap and Photo' zur Verfügung stellt. Dieses Unterrichtsmaterial für die gymnasiale Oberstufe widmet sich ausschließlich den Medien, insbesondere den visuellen Medien. Es werden die Themen ‚News photography', ‚Advertising', ‚Soap Opera' und ‚Film' behandelt und dabei der Einfluss und Effekt der Medien auf die alltägliche Wahrnehmung insbesondere junger Menschen untersucht. Gleichzeitig werden die Lerner mit den Redemitteln und Fähigkeiten ausgestattet die sie benötigen, um Medien kritisch zu hinterfragen. In der Sequence 2, dem zweiten Kapitel, wird das Thema Soap Opera zunächst mit der Vorstellung des britischen Magazins ‚Soaplife' eingeführt. Zudem werden die Soaps *Familiy Affairs* und *Coronation Street* vorgestellt, die als Aufhänger für Diskussionen rund um das Thema Soap, Text- und Bildanalysen sowie Einschätzungen zu den Gründen der Popularität dieses Genres dienen.[358] Anschließend werden anhand der Soap *EastEnders*, einer der beliebtesten britischen Soaps, Rollenbilder bzw. Stereotype analysiert. Die Schüler sollen Klischees und Rollenbilder herausfiltern und die Gefahren dieser Darstellung herausarbeiten.[359] Danach werden die Themen des Genres und deren Präsentation analysiert.[360] Abschließend wird ein Blick auf die Sonderform der Doku-Soaps geworfen mit Fokus auf *Paddington Green*, ein britisches Doku-Drama aus den neunziger Jahren. Die Lerner sollen unter anderem

[355] Dieter Firmenich u.a., *Learning English – Password Green 6* (Stuttgart: Ernst Klett Verlag GmbH, 2000.), 44–50.

[356] Ebd., 48–49.

[357] Peter Freese (Hrsg.), *Viewfinder Topics – Film, Soap and Photo, Reality – or illusion?* (München: Langenscheidt GmbH, 2003).

[358] Ebd., 32–33.

[359] Ebd., 34–35.

[360] Ebd., 36–37.

herausarbeiten, in welchem sozialen Milieu die Soap spielt und warum Millionen Menschen das Alltägliche fasziniert.[361] Das Kapitel endet mit einem Arbeitsauftrag der die Lerner dazu auffordert, eine eigene Episode einer Soap Opera zu produzieren. Zusammenfassend hat Langenscheidt mit diesem Kapitel das Thema Soaps sehr gut erfasst und mit sinnvollen, medienkritischen Arbeitsaufträgen kombiniert. Durch die Beschäftigung der Lerner mit dem Thema werden wichtige sprachliche Mittel sowie Fähigkeiten in den Bereich Meinungsäußerung, Medienkritik, Text- bzw. Szenenanalyse und Charakterbeschreibung erworben. Einziger Kritikpunkt könnte sein, dass eines der klassischen Soap-Themen, Liebe und Liebeskummer, kaum bis gar nicht berücksichtigt wird. Dadurch wird die Chance verschenkt, einen mitreißenden Bereich des Genres für den Unterricht und die Schülermotivation zu nutzen. Vermutlich spielt in diesem Kontext die Zielgruppe der Oberstufenschüler eine Rolle, die vielleicht nach Ansicht der Autoren des Lehrwerkes im schulischen Kontext mit anspruchsvolleren Themen als Liebeskummer und Herzschmerz konfrontiert werden sollte. Zudem wird das Genre nur auf der Metaebene analysiert und durch die sachliche Darstellung nicht direkt affektiv von den Schülern erfahren, wodurch kaum Motivation und Emotionen für lebhafte Diskussionen hervorgerufen werden.

Auf der Didacta 2010 in Köln stellte der Cornelsen Verlag den Vorabdruck der neuen erweiterten Ausgabe *English G21 – Erweiterte Ausgabe D6* für differenzierende Schulformen vor. Dieses Lehrwerk, das zum Schuljahr 2011/2012 erscheinen soll, spricht die Schüler am Ende der Sekundarstufe I an. Mit diesem Vordruck wagt sich der Verlag erstmals explizit an das Thema Soaps und ‚Real-life relationships' heran. Die ganze erste Unit des neuen *English G21* befasst sich mit Liebe, Problemen Jugendlicher, Filmen und eben den ‚Teenage drama series'. Auf den ersten beiden Seiten des ersten Kapitels wird die Soap *West Street* vorgestellt, deren Episoden als Audiodatei zukünftig mitgeliefert werden. Fünf junge Leute – Toby, Minty, Ed, Bex und Peanut – führen den Lerner als Hauptcharaktere durch einige Episoden mit für die Schüler interessanten Themen wie erste Dates, Flirten, heimliche Liebe und Freundschaft.

---

[361]Peter Freese (Hrsg.), *Viewfinder Topics – Film, Soap and Photo, Reality – or illusion?* (München: Langenscheidt GmbH, 2003), 38–39.

Abbildung 2: *West Street*, Unit 1 Vorabdruck *English G21 Band D6*

Da es sich bei dem Vorabdruck nur um das erste Kapitel handelt, ist nicht ersichtlich, ob die Soap weiter verfolgt wird, oder ob die Thematik mit den ersten paar Seiten endet. Dennoch ist es bezeichnend, dass ein großer Schulbuchverlag wie Cornelsen gerade mit diesem Thema Werbung auf der größten Bildungsmesse Europas macht.

Der Cornelsen Verlag spricht des Weiteren in seinem kostenlosen Zusatzmaterial im Internet das Thema Soaps an. In den Lehrerfassungen des Lehrwerkes *English G21* werden an einigen Stellen sogenannte Web-Codes angegeben, unter denen der Lehrer im Internet ergänzende Unterrichtseinheiten findet. Diese sind dazu gedacht, das Buchthema zu erweitern.[362] So findet sich in der B-Version des Lehrwerkes *English G21* unter den Web-Units zum Band 4 die Unterrichtseinheit ‚Unit 2: Soap operas (Web-Unit)‘. Inhaltlich sollen die Schüler in dieser Einheit mit Hilfe des Computers eine eigene Szene aus einer Soap Opera produzieren. Zunächst muss hierfür ein Drehbuch geschrieben werden, das dann mittels animierter Figuren auf einer Website umgesetzt werden kann. Dazu wird der Xtranormal Movie Maker verwendet, der es den Schülern erlaubt, in kurzer Zeit einfache kleine Filme zu erstellen.[363] Diese Zusatzaufgabe ist für ein bis zwei Stunden an-

---

[362] Vgl. https://www.cornelsen.de/eg08_1_21/1.c.1619349.de [Stand: 05.01.11/15:06].
[363] http://www.xtranormal.com/index [Stand: 05.01.11/16:13].

gelegt und es wird ein Computer mit Internetzugang sowie ein Browser mit Flash-Plugin benötigt.[364] Der Lehrer erhält zu Beginn einige didaktische Hinweise zu den einzelnen Tasks für die Schüler, so dass er sich schnell einen Überblick über die Web-Unit machen kann. Die Schülerseite der Web-Unit ist ähnlich wie eine WebQuest aufgebaut. Zunächst wird das Vorhaben eingeführt und wichtige Vokabeln vorab erläutert. Die folgenden sechs Tasks werden nacheinander von den Schülern bearbeitet.

Die Web-Unit ist vom Ansatz her sehr gut gedacht, enthält aber einige demotivierende Faktoren. So fehlt der ganzen Einheit ein substanzieller, für die Schüler nachvollziehbarer Hintergrund, denn die Aufgabe ist schlichtweg eine andere Form der Textarbeit, geschmückt mit dem Einsatz neuer Medien und einem zunächst interessanten thematischen Aufhänger. Mit Beginn der Unit wird dem Schüler wichtiges Vokabular mit einer deutschen Übersetzung präsentiert. Die Möglichkeit, dass die Schüler sich das Vokabular durch ihre Arbeit an dem Thema selbst erschließen könnten, wird ihnen vorweggenommen. Es folgen sechs trocken aufgezogene Tasks, die die Schüler dazu auffordern, ein Skript zu schreiben, sich mit dem Movie Maker vertraut zu machen, sich unter den angebotenen Figuren passende für ihren Film herauszusuchen, den Text in die Filmproduktion zu übertragen und das Setting mit neuen Kameraeinstellungen oder Toneffekten aufzupeppen. Abschließend kann der fertige Film auf der Website von Xtranormal veröffentlicht werden. Die Idee der aktiven Text- und Filmproduktion bietet viele Möglichkeiten, die in der Web-Unit allerdings kaum ausgeschöpft werden. Der kreative Prozess der Schüler wird beim Schreiben des Skriptes stark eingeschränkt, da die Unit diverse Beispielthemen vorgibt. Natürlich müssen sich die Schüler daran nicht orientieren, aber wenn derart viel vorweggenommen wird, ist es wahrscheinlich, dass die Schüler sich für eines dieser Themen entscheiden. Zudem ist die Web-Unit inhaltlich nicht in die Unit des Lehrwerkes eingebunden. Wünschenswert wäre, dass der Arbeitsauftrag für die Gestaltung der Soapszene mit der behandelten Zeit zusammenhängen muss (hier also: active – passive), oder zumindest in das Thema ‚California, the golden state?‘ aus dem entsprechenden Kapitel des Lehrwerkes passt. Positiv ist allerdings, dass die Aufgaben gut in kleinen Gruppen bearbeitet werden können, wodurch die Kommunikation und Kooperation untereinander angeregt wird. Auch das Entdecken neuer Möglichkeiten im Bereich der Mediengestaltung hat sicherlich einen positiven Effekt auf die Medienkompetenz und die Motivation der Schüler.

---

[364]https://www.cornelsen.de/eg08_1_21/1.c.1738227.de [Stand: 05.01.11/16:20].

Zusammenfassend kann festgehalten werden, dass das Genre Soap Opera und ähnliche Formate hin und wieder in Englischlehrwerken zu finden sind. Allerdings wird das für die Schüler eigentlich so spannende Genre meist nur analysiert oder unter medienkritischen Gesichtspunkten beschrieben. Die Chance, anhand einer Soap wirkliche Inhalte der englischen Sprache zu vermitteln, bleibt meist ungenutzt. Keines der Lehrwerke schafft es wirklich bzw. hat zum Ziel, einen Bogen zu schlagen von einer packenden Geschichte zur Grammatikvermittlung oder zum Diskurs, um aus der englischen Sprache mehr zu machen als ein Unterrichtsfach.

7.2 Die Soap Opera als schülerorientierter Weg zu den Lehr- und Lernzielen des Englischunterrichts

Diese Dissertation befasst sich vorrangig mit der Frage, inwiefern die Methode der Soap Opera in einem modernen Englischunterricht für ein effektiveres, kommunikatives Englischlernen eingesetzt werden kann. Es bleibt zunächst festzustellen, dass jede Unterrichtsmethode, so ganzheitlich sie auch sein kann, einer Ergänzung anderer Methoden bedarf und nicht die alleinig glückselig machende sein kann. Ebenso kann der Einsatz des Genres Soap im Englischunterricht nur ein Mittel unter verschiedenen sein, die englische Sprache lebensnah und motivierend zu vermitteln. Die Soap Opera an sich zählt zur Fülle der „authentischen Texte und Medien"[365], die zunächst in urspünglicher Form weitgehend frei von didaktischen Absichten im Englischunterricht eingesetzt werden können. Allerdings wurde in den Kapiteln 5.3 und 5.4 erläutert, welche Gefahren der Soap-Konsum mit sich bringt. Der Einsatz einer unverfälschten Soap ist zwar somit nicht undenkbar, müsste aber mit einem sehr medien- und gesellschaftskritischen Unterricht einhergehen, der vielleicht den Rahmen der wenigen zur Verfügung stehenden Englischstunden sprengen würde. Daher ist es sinnvoll, eine Seifenoper zu verwenden, die zwar den Reiz des Genres aufrechterhält, aber dennoch bestimmten Lernzielen und Themen untergeordnet ist, eine Soap also, die für den Englischunterricht entwickelt worden ist.

Wählt ein Lehrer die Seifenoper nicht nur als Unterrichtsstoff, sondern sogar als Methode, um Inhalte zu vermitteln, verleitet dies Kritiker schnell zu der Annahme, es gehe in erster Linie darum, die Vorlieben der Schüler zu bedienen, ihr Verlangen nach Edutainment im Unterricht zu befriedigen

---

[365]Friederike Klippel; Sabine Doff, *Englischdidaktik* (Berlin: Cornelsen Scriptor, 2007), 143.

und die Lerninhalte im Rahmen der wachsenden Spaßgesellschaft in abgeflachter Form darzubieten. Diese Kritik ist durchaus angebracht, wenn die Methode Soap nicht zielgerichtet eingesetzt, medienkritisch betrachtet und inhaltlich mit Lernzielen des jeweiligen Faches verknüpft wird. Die Seifenoper als Medium um Inhalte zu vermitteln kann nur dann einen positiven Effekt auf die Motivation und ebenso auf den Lernerfolg der Schüler haben, wenn sie als Instrument sinnvoll eingesetzt wird. Für sie trifft ebenso das zu, was gerade auch für den Computereinsatz relevant ist, nämlich „dass ein Hilfsmittel eben immer nur so gut oder schlecht sein kann wie das, was man mit ihm anstellt"[366]. In erster Linie gilt also, dass der Einsatz dieses Genres und der entsprechenden neuen und neueren Medien in diesem Zusammenhang genau so geschieht, wie es in allen Bereichen des Medien- und Methodeneinsatzes wünschenswert ist: zielgerichtet. So verstanden kann diese sehr schülerzentrierte Methode der Präsentation und Erarbeitung von Lerninhalten dazu dienen, eher trockene, oft mit Unlust der Schüler belegte Unterrichtsthemen methodisch und inhaltlich interessanter aufzubereiten. Ein begleitender Medieneinsatz mit beispielsweise Computern, Filmausrüstung oder Lernprogrammen kann unterstützend wirken und dort sinnvoll sein, wo die neuen Medien einen Mehrwert darstellen.

> Idealerweise wird bei diesem Ansatz des ‚Medienmixes' (Roche 2002: 171) deutlich, dass neue Medien nicht ziellos, sondern nur dort, wo sie alte Medien ergänzen oder ihnen überlegen sind, einzusetzen sind.[367]

Doch wie genau kann eine Soap Opera für den Englischunterricht aussehen? Der einfachste und effektivste Weg ist es, eine Geschichte mit festen Charakteren und verschiedenen Handlungssträngen so zu konzipieren, dass sie den Schülern als Text vorliegend die englische Sprache näherbringt, Vokabular vermittelt, Satzstrukturen verdeutlicht und Grammatik einübt. Eine Soap für den Englischunterricht muss also eine gute Balance halten zwischen einer mitreißenden, alltagsnahen Geschichte und zielgerichteten Lerninhalten. Wichtig ist dabei, dass die Thematik die Schüler überzeugt, einbindet und emotional anspricht. Zugleich müssen neben einem guten Text sinnvolle Aufgaben und grammatikalische Einheiten zum Text entwickelt werden oder bereitstehen, die die spannenden Inhalte der Soap nicht verpuffen las-

---

[366] Friedrich Schönweiss, „Schulen ans Netz – und dann?". In *Psychologie Heute*, Heft 7, 2001, 64.

[367] Gabriele Blell; Rita Kupetz, *Fremdsprachenlernen zwischen Medienverwahrlosung und Medienkompetenz – Beiträge zu einer kritisch-reflektierenden Mediendidaktik* (Frankfurt am Main: Lang, 2005), 58.

sen, sondern sie für Sprach- oder Grammatikübungen, Wortschatzarbeit, kommunikativ ausgerichtete Übungen, etc. aufgreifen und nutzen.

Infolgedessen eignet sich die Soap Opera besonders in didaktisierter Form, um beispielsweise den meist als zäh empfundenen Bereich der Grammatikübung und -festigung interessanter und nachhaltiger zu gestalten. Des Weiteren hat sich in Pilotprojekten wie z.b. am Oberstufenkolleg der Universität Bielefeld gezeigt, dass neben einem spannenderen Zeitenlernen auch die Herausbildung kommunikativer Kompetenzen durch den Einsatz einer für die Schule modifizierten Soap Opera gefördert werden kann. Die Chancen für die Bereiche Grammatik und Wortschatz durch Einsatz des Genres Soap Opera werden im Folgenden näher erläutert, da diese die „Kernstücke des Englischunterrichts"[368] darstellen.

7.2.1 Grammatik

„Eltern, Schüler und Sprachlehrer assoziieren bis heute Fremdsprachenlernen vor allem mit Vokabel- und Grammatiklernen."[369]

Dieses Zitat von Wilfried Brusch gilt vor allem für das Fremdsprachenlernen in der weiterführenden Schule, denn nach dem kindgerechten, teils recht spielerischen Einstieg in das Englischlernen ab Klasse 1 beginnt mit der Sekundarstufe I die eigentliche Arbeit bezogen auf Schrift und Grammatik. Der Kernlehrplan[370] für das Fach Englisch in NRW stellt für die Sekundarstufe I (Ende Jahrgangsstufe 8) folgende Kompetenzerwartungen für den Bereich Grammatik auf:

> Die Schülerinnen und Schüler können ein erweitertes grammatisches Inventar in vertrauten Situationen in der Regel korrekt verwenden. Zwar kommen noch elementare Fehler vor, aber es wird deutlich, was ausgedrückt werden soll.

Konkret heißt dies bezogen auf die Inhalte, dass die Schüler nach 4 Jahren fortgeführtem Englischunterricht schon erweiterte, relativ fundierte Kenntnisse beispielsweise in den „simple/ progressive tenses"[371] sowie im *past tense* und *past perfect* vorweisen können müssen. Hinzu kommen erweiterte

---

[368] Peter Doyé, *Systematische Wortschatzvermittlung im Englischunterricht* (Hannover; Dortmund: Schroedel; Lambert, Lensing, 1971), 9.

[369] Wilfried Brusch, *Didaktik des Englischen – Ein Kerncurriculum in zwölf Vorlesungen* (Braunschweig: Schroedel [u.a.], 2009), 82.

[370] *Kernlehrplan für den verkürzten Bildungsgang des Gymnasiums – Sekundarstufe I (G8) in Nordrhein-Westfalen/ Englisch* (Frechen: Ritterbach Verlag GmbH, 2007)(Ministerium für Schule und Weiterbildung), 33 und 40–41.

[371] Ebd., 33.

Kenntnisse im Bereich der aktiven und passiven sprachlichen Darstellung von Situationen, der Relativsätze oder *auxiliaries*.[372] Am Ende der Jahrgangsstufe 9 werden die Kompetenzerwartungen für den Bereich Grammatik wie folgt formuliert:

> Die Schülerinnen und Schüler können ein gefestigtes Repertoire häufig verwendeter grammatischer Strukturen einsetzen und haben ein Strukturbewusstsein für die englische Sprache entwickelt. Zwar kommen Fehler vor, aber es bleibt klar, was ausgedrückt werden soll.

Dass Grammatik eine wichtige Rolle im Englischunterricht spielt, ist unumstritten, dennoch wird ihr Stellenwert im wissenschaftlichen Diskurs unterschiedlich aufgefasst.[373] Fest steht allerdings, dass nur, wer die Grammatik einer Sprache sehr gut beherrscht, eine Sprache in ihrem gesamten Konstrukt zielgerichtet erfassen und benutzen kann. Grammatik „erklärt, wie Wörter gebildet (Morphologie) und wie sie kombiniert werden (Syntax)."[374] Eine fundierte Grammatikbeherrschung erleichtert es dem Sprecher, verstanden zu werden, seine Wünsche und Meinungen präzise zu äußern und sich eloquent mit Muttersprachlern zu unterhalten.

Grammatik kann nach Kahl aus verschiedenen Perspektiven betrachtet werden:

> Die *inhärente Grammatik* ist die der jeweiligen Sprache innewohnende, ihr zugrunde liegende Struktur. Die *wissenschaftliche Grammatik* ist der Versuch, diese Struktur systematisch zu erfassen und mit Hilfe eines metalinguistischen Begriffsapparates zu beschreiben. Die *pädagogische*, besser gesagt *didaktische Grammatik*, stellt eine für Unterrichtszwecke aufbereitete Auswahl der wichtigsten morphologischen und syntaktischen Erscheinungen einer Sprache dar. Was der Lernende an Strukturgesetzlichkeiten der jeweiligen Sprache erfasst und internalisiert hat, nennen wir *Lernergrammatik*.[375]

Für den Fremdsprachenunterricht ist vor allem von Interesse, die Ausprägung der Lernergrammatik des Lernenden festzustellen und vor allem

---

[372] Vgl. *Kernlehrplan für den verkürzten Bildungsgang des Gymnasiums – Sekundarstufe I (G8) in Nordrhein-Westfalen/ Englisch* (Frechen: Ritterbach Verlag GmbH, 2007)(Ministerium für Schule und Weiterbildung), 33.

[373] Vgl. Friederike Klippel; Sabine Doff, *Englischdidaktik* (Berlin: Cornelsen Scriptor, 2007), 57–58.

[374] Ebd., 58.

[375] Peter Kahl 1990 zitiert in: Wilfried Brusch, *Didaktik des Englischen – Ein Kerncurriculum in zwölf Vorlesungen* (Braunschweig: Schroedel [u.a.], 2009), 83.

weiterzuentwickeln und zu festigen.[376] Traditionellerweise geschieht dies heute in drei Phasen: „1. Einführungsphase, 2. Übungsphase, 3. Kommunikationsphase"[377]. Dieses Vorgehen führt leider häufig dazu, dass im Fremdsprachenunterricht immer wieder Grammatikübungen eingesetzt werden, die so „öde und inhaltsleer [sind], dass sie die Schülerinnen und Schüler gar nicht erreichen"[378]. Die Konsequenz daraus ist, dass die Lernenden „praktisch unbeteiligt"[379] bleiben und nur zu einem „geringen Lernerfolg"[380] kommen. Darüber hinaus mangelt es oft an einer sinnvollen „Verknüpfung der strukturiert im Unterricht gewonnenen Erkenntnisse zu morphosyntaktischen Regularitäten der Fremdsprache mit ihrer aktiven Verwendung in selbst gestalteten Interaktionen"[381]. Dennoch erweisen sich bislang solch traditionelle, losgelöste Grammatikübungen und weniger situationsbezogene Unterrichtsverfahren im Fremdsprachenunterricht als sehr langlebig.[382]

Die Methode der Soap Opera bietet neue Chancen, das oft von den Schülern als zäh und langweilig empfundene Grammatiklernen ansprechender und damit auch nachhaltiger zu gestalten. Zunächst ist es wichtig, die Grammatik, wie z.B. die englischen Zeiten, in einem passenden Rahmen zu präsentieren, das heißt, sie muss innerhalb des Textes so präsentiert werden, dass ihre Verwendung sinnvoll erscheint und besonders deutlich wird. Darüber hinaus ist es zu empfehlen, explizite Regeln und Erläuterungen textnah einzubinden, damit die Schüler Verbindungen zu konkreten Situationen herstellen können. In den gängigen Lehrwerken wird mittlerweile der Fokus auf kommunikative Aufgaben gelegt und auch die Texte werden so entworfen, dass ein grammatikalisches Phänomen deutlich wird. Dennoch gibt es auch Kritikpunkte, wie z.B., dass für die Präsentation einer grammatikalischen Struktur häufig Texte konstruiert werden, die die Schüler

---

[376] Vgl. Wilfried Brusch, *Didaktik des Englischen – Ein Kerncurriculum in zwölf Vorlesungen* (Braunschweig: Schroedel [u.a.], 2009), 84.

[377] Klaus Hinz 1976 zitiert in: Wilfried Brusch, *Didaktik des Englischen – Ein Kerncurriculum in zwölf Vorlesungen* (Braunschweig: Schroedel [u.a.], 2009), 84.

[378] Wolfgang Froese, „Grammatik lernen mit allen Sinnen im Englischunterricht. Eine Unterrichtseinheit für die Jahrgangsstufe 7." In *Praxis des neusprachlichen Unterrichts*, Heft 47, 143.

[379] Ebd.

[380] Ebd.

[381] Lisa Blötz, „Grammatikerwerb im kommunikativ-handlungsorientierten Englischunterricht". In *Fremdsprachenlehren und -lernen. Prozesse und Reformen*. Hrsg. v. Gabriele Blell; Rita Kupetz (Frankfurt am Main [u.a.]: Lang, 2008), 167.

[382] Vgl. Wolfgang Froese, „Grammatik lernen mit allen Sinnen im Englischunterricht. Eine Unterrichtseinheit für die Jahrgangsstufe 7." In *Praxis des neusprachlichen Unterrichts*, Heft 47, 137.

thematisch kaum ansprechen. Bis auf die Wiederverwendung bekannter Charaktere werden sie relativ losgelöst von einem Gesamtzusammenhang präsentiert. Es werden meist Episoden aus dem Leben einiger Jugendlicher mit ihren Familien dargestellt, die zwar alltägliche Situationen erleben, aber kaum den Leser emotional mitreißen können. Darüber hinaus ist es bedenklich, dass die eigentlichen Regeln häufig am Ende der Lehrwerke zusammengefasst präsentiert werden. Dies hat zwar den Vorteil, dass die Schüler schnell etwas nachschlagen können, doch gleichzeitig wird die Grammatik aus dem Kontext herausgelöst betrachtet und von den Schülern gerne verdrängt. Sinnvoller ist es daher, neben einem prägnanten Überblick über die behandelte Grammatik Erläuterungen und Regeln direkt in die einzelnen Units mit aufzunehmen, und dies nicht nur als Randnotiz.

Gerade der für die Schüler schwierige Teil der Grammatik sollte in Fleisch und Blut übergehen. Dies kann mit einer Geschichte, die die Gefühle der Schüler anspricht, sie bewegt, mitnimmt und zu eigenen Gedankengängen anregt, viel leichter erreicht werden als durch episodenhafte Texte mit offensichtlichem Lerncharakter.

> Durch die Anwendung einer neuen grammatischen Struktur im situativen Zusammenhang und ihrer Verknüpfung mit sinnlichen Eindrücken wird der Behaltenseffekt bei den Lernenden gesteigert.[383]

In dieser Hinsicht kann die Soap Opera als lockere Vorlage dienen, um in einer fortgeführten, lebensnahen Geschichte, die die Schüler affektiv mit einbezieht, grammatikalische Aspekte zu vermitteln. Vor allem die verschiedenen, aufeinander aufbauenden Handlungsstränge einer Soap Opera sowie die schillernden Charaktere begünstigen, dass die Schüler sich in die Geschichte hineinfinden können. Sie können sich mit den Charakteren identifizieren und sie nicht nur als leere Schulbuchfiguren wahrnehmen, sondern als vertraute Figuren, die ähnliche Probleme und auch Freuden durchleben wie sie selbst. Die teils stark überzeichneten Themen bieten sich weiterhin an, in den Diskurs zu treten und sich mit den Mitschülern und der Lehrkraft auszutauschen. Geschieht dies in einer angstfreien, vertrauensvollen und motivierten Atmosphäre, ist ein Grundstein für einen kommunikativ-handlungsorientierten Englischunterricht gelegt.[384]

---

[383]Lisa Blötz, „Grammatikerwerb im kommunikativ-handlungsorientierten Englischunterricht". In *Fremdsprachenlehren und -lernen. Prozesse und Reformen.* Hrsg. v. Gabriele Blell; Rita Kupetz (Frankfurt am Main [u.a.]: Lang, 2008), 168.

[384]Vgl. ebd.

7.2.2 Wortschatz

Ein weiterer bedeutender Teil des Englischunterrichts besteht aus der Wortschatzarbeit. Ein fundierter Wortschatz ist erforderlich, um die vier Fertigkeiten Hören, Sprechen, Lesen und Schreiben in der Fremdsprache zu erwerben.[385] Der Kernlehrplan[386] für die Sekundarstufe I stellt für das Gymnasium folgende Richtlinien für das Ende der Jahrgangsstufe 8[387] auf:

> Die Schülerinnen und Schüler können einen funktionalen und thematisch erweiterten Grundwortschatz im Allgemeinen so angemessen und routiniert anwenden, dass sie sich zu vertrauten Themen und in vertrauten Situationen verständigen können.

Am Ende der Jahrgangsstufe 9 werden die Kompetenzerwartungen für den Bereich Wortschatz wie folgt formuliert:

> Die Schülerinnen und Schüler verfügen über einen ausreichend großen Wortschatz, um sich zu ihrer persönlichen Lebensgestaltung, zu Themenfeldern ihres Interesse- und Erfahrungsbereichs sowie zu Themenfeldern von gesellschaftlicher Bedeutung auch differenzierter äußern zu können.
> Sie können produktiv und rezeptiv einen funktionalen und thematisch erweiterten Grundwortschatz im Allgemeinen angemessen und routiniert anwenden, bei der Beschäftigung mit weniger vertrauten Themen und Situationen kommen jedoch gelegentlich noch Fehler vor.

Die Kompetenzerwartungen des Kernlehrplans machen deutlich, dass es im Englischunterricht der weiterführenden Schule darum geht, einen für die Schüler persönlich relevanten Wortschatz aufzubauen, der eine Kommunikation vor allem in vertrauten Situationen ermöglicht. Unter solchen vertrauten Situationen werden unter anderem folgende Themenbereiche verstanden:

- Persönliche Lebensgestaltung (Freunde, Familie, Tagesabläufe, Freizeit, Partnerschaft, Beziehungen zwischen den Geschlechtern, Freundschaft, etc.)

---

[385]Vgl. Peter Doyé, *Systematische Wortschatzvermittlung im Englischunterricht* (Hannover; Dortmund: Schroedel; Lambert, Lensing, 1971), 15.

[386]*Kernlehrplan für den verkürzten Bildungsgang des Gymnasiums – Sekundarstufe I (G8) in Nordrhein-Westfalen/ Englisch* (Frechen: Ritterbach Verlag GmbH, 2007)(Ministerium für Schule und Weiterbildung), 33 und 40.

[387]Die hier exemplarisch dargestellten Kompetenzerwartungen wurden in Hinblick auf die spätere Darstellung der Praxisbeispiele ausgewählt. Die Lehrpläne für Gesamt-, Haupt- und Realschulen stellen ähnliche Vorgaben auf.

- Ausbildung und Schule (Schule und Schulalltag in Großbritannien, Irland und den USA sowie in anderen englischsprachigen Ländern, etc.)
- Teilhabe am gesellschaftlichen Leben (Feste und Traditionen, Reisen, kulturelle Ereignisse, nationale und regionale Identität am Beispiel einer Region in den USA, Migration, Einblicke in das politische System der USA, etc.)
- Berufsorientierung (Bedeutung von Arbeit im Leben der eigenen Familie und der von Freunden, Kinderarbeit, berufliche Interessensprofile, etc.)[388]

Wie der genaue Wortschatz der Themenbereiche vermittelt werden soll, bleibt weitestgehend der Lehrkraft überlassen, sofern sie sich an die Prinzipien der Unterrichtsgestaltung der Sekundarstufe I hält. Darunter fallen beispielsweise der Themen- und Situationsbezug, Authentizität sowie unter anderem ein entdeckender und experimentierender Umgang mit Sprache.[389] Die Wahl der Methoden spielt allerdings eine bedeutende Rolle hinsichtlich des Behaltenseffektes auf Seiten der Schüler. Häufig werden Vokabeln in der Klasse erarbeitet oder nachgeschlagen, auswendig gelernt, klassifiziert, zugeordnet, spezifiziert oder kreativ angwandt.[390] Dabei gelingt das „Verankern im Langzeitgedächtnis umso besser, je sprachaktiver die Lernenden mit ihren lexikalischen Lernstoffen umgehen"[391]. Ebenso wichtig sind die Häufigkeit und Vielfältigkeit, mit der Lerner aktiv mit dem Wortschatz umgehen.[392] Dies kann besonders gut im Unterricht umgesetzt werden, wenn Lerner neue Vokabeln stets kontextgebunden lernen, und „nicht als isolierte Einheit[en]"[393].

Theoretisch sind diese Anforderungen an eine sinnvolle Wortschatzarbeit einleuchtend und auch in der Praxis – vor allem im frühen Fremdsprachenunterricht der Grundschule – wird oft mit vernetzten Wortfeldern oder Assoziogrammen im Rahmen von Bildergeschichten oder kleinen Texten gearbeitet.[394] Dennoch finden sich noch häufig Vokabellisten in Englischlehrwerken der höheren Lernstufen, in denen Wörter übersetzt und losgelöst

---

[388] *Kernlehrplan für den verkürzten Bildungsgang des Gymnasiums – Sekundarstufe I (G8) in Nordrhein-Westfalen/ Englisch* (Frechen: Ritterbach Verlag GmbH, 2007)(Ministerium für Schule und Weiterbildung), 22.

[389] Vgl. ebd., 19.

[390] Vgl. Wolfgang Gehring, *Englische Fachdidaktik – Theorien, Praxis, Forschendes Lernen* (Berlin: Erich Schmidt Verlag, 2010), 130.

[391] Ebd.

[392] Vgl. ebd.

[393] Ebd., 124.

[394] Vgl. ebd.

gegenübergestellt werden. Lerner greifen auf diese Listen zurück, um für den nächsten Vokabeltest oder die nächste Klassenarbeit zu lernen. Dieses „Paarassoziationslernen"[395] ist kurzfristig sehr effektiv und kann für eine „vorläufige Semantisierung"[396] durchaus von Bedeutung sein. Dann allerdings, wenn Vokabeln verinnerlicht werden, schnell abrufbar sein und im Langzeitgedächtnis verankert werden sollen, wie es beim Fremdsprachenlernen als letztendliches Ziel wünschenswert ist, ist das kurzfristige Auswendiglernen wenig sinnvoll.

Für eine nachhaltige Wortschatzarbeit sollte demnach ein Kontext geschaffen werden, der die Schüler motiviert, affektiv involviert und ein vernetztes Lernen von Sprachmaterial ermöglicht. Die verkürzte Auflistung der Themenbereiche weiter oben legt offen, warum sich beispielsweise eine für den Englischunterricht entworfene Soap Opera für die Vermittlung von Wortschatz anbietet: Alltagssituationen, familiäre und freundschaftliche Beziehungen, Berufsalltag, Schule oder Jugendkultur und die dialogische Textstruktur stellen immer wieder inhaltlich Lerngelegenheiten dar, die sich mit den in den Lehrplänen geforderten Themenbereichen decken. Auf Seiten der Inhaltsebene kann das Genre Soap Opera also als Textsorte angesehen werden, die konzeptionell sehr viele Themen aufgreifen kann, die im Fremdsprachenunterricht behandelt werden müssen.

Darüber hinaus stellen die verschiedenen Schauplätze und Handlungsstränge einer Seifenoper gleichzeitig klar voneinander getrennte Wortfelder dar, die den Schülern meist in emotional-assoziativer Weise präsentiert werden. Wörter werden in einer bestimmten Situation präsentiert, in der die Schüler nicht nur die Vokabel kennenlernen können, sondern gleichzeitig „die typische Kollokation eines Wortes"[397] in einer typischen und häufig vertrauten Situation unbewusst mit erwerben. Gerade die Kenntnisse über mögliche Kombinationen von Wörtern in der Zielsprache machen letztendlich den Unterschied aus zwischen einem Lerner, der sich nur verständigen kann, und einem Lerner, der mehr und mehr wie ein Muttersprachler klingt. Das Wissen um Kollokationen macht den Lerner „kommunikativ erfolgreicher"[398]. Dieses Ziel versuchen natürlich auch andere Lehrwerktexte zu erreichen, dennoch kann eine eventuell erhöhte Aufmerksamkeit der Schüler

---

[395] Wolfgang Gehring, *Englische Fachdidaktik – Theorien, Praxis, Forschendes Lernen* (Berlin: Erich Schmidt Verlag, 2010), 125.
[396] Ebd., 125–126.
[397] Wilfried Brusch, *Didaktik des Englischen – Ein Kerncurriculum in zwölf Vorlesungen* (Braunschweig: Schroedel [u.a.], 2009), 101.
[398] Ebd., 106.

beim Lesen oder Hören einer für sie interessanten Soap Opera eine weitaus intensivere Wortschatzaneignung mit sich bringen.

> So lange dem jugendlichen Lerner die authentische Spracherfahrung im Zielsprachenland nicht möglich ist, ist Spracherfahrung durch Lesen von interessanten Texten dazu die zweitbeste Möglichkeit. Denn bei einer faszinierenden Lektüre, so zeigt die Erfahrung, kann das Vokabular für den Leser ebenfalls eine hohe Resonanz und Prägekraft gewinnen.[399]

Für viele Jugendliche kann die Soap Opera eine solch „faszinierende Lektüre" sein, wie es Brusch ausdrückt.

Schließlich ist der Spracherwerbsprozess nach Krashen ein unbewusster.[400] Eine packende, für Jugendliche relevante Geschichte kann – mehr als kurze, isolierte Texte – dazu führen, dass Inhalte und Vokabeln praktisch automatisch behalten werden. Voraussetzung dafür ist allerdings, dass der Kontext eine emotionale Wirkung entfalten kann und der Input, Krashens *Input Hypothesis* folgend, ein ‚comprehensible input'[401] ist. Eine Soap Opera kann durch ihre vielen, zusammenhängenden Alltagsgeschichten ein engagiertes Erfassen der Sprache in Situationszusammenhängen und somit die Anreicherung des passiven Wortschatz fördern.[402] Sie erhöht allerdings durch ihren sprachaktivierenden Charakter auch die Chance, dass eine intensive Begegnung mit Vokabeln aus der Soap Opera in handlungsorientierten und sinnvollen Situationen den aktiven bzw. produktiven Wortschatz erweitert.[403]

---

[399] Wilfried Brusch, *Didaktik des Englischen – Ein Kerncurriculum in zwölf Vorlesungen* (Braunschweig: Schroedel [u.a.], 2009), 109.

[400] Stephen D. Krashen, *The Input Hypothesis: Issues and Implications* (London, New York: Longman, 1985), 1.

[401] Vgl. ebd., 17.

[402] Vgl. Peter Doyé, *Systematische Wortschatzvermittlung im Englischunterricht* (Hannover; Dortmund: Schroedel; Lambert, Lensing, 1971), 18–20.

[403] Wilfried Brusch, *Didaktik des Englischen – Ein Kerncurriculum in zwölf Vorlesungen* (Braunschweig: Schroedel [u.a.], 2009), 102–103.
Doyé trennt klar zwischen passivem und aktivem Wortschatz. Ersterer kann nach seiner These nur ungesteuert erworben werden, Letzterer nur durch bewusstes Lernen und Üben. Dem widersprechen beispielsweise Krashen oder Bleyhl, die die These vertreten, dass alle Wörter zunächst passiv aufgenommen werden und anschließend bei intensivem Gebrauch in sinnvollen Kontexten in den aktiven Wortschatz wechseln und somit vom Sprecher produktiv gebraucht werden. (Ebd.)

7.3 Kommunikativer Englischunterricht mit Hilfe der Soap Opera

An dieser Stelle soll nun geprüft werden, inwiefern sich die ausgewählten methodischen Ansätze, die im 4. Kapitel des zweiten Teils dieser Dissertation vorgestellt worden sind, durch den Einsatz der Methode Soap Opera umsetzen lassen. Ein Fokus wird dabei auf einen möglichst kommunikativen Unterricht gelegt. Es stellen sich also folgende Fragen: Wie kann ein kommunikativer Englischunterricht mit Hilfe der Soap gelingen, der die Lerner individuell fördert, sie selbständig lernen lässt und mittels anregender Geschichten die Motivation so hochhält, dass die Schüler in einen angeregten Diskurs miteinander treten? Wie kann durch die Soap Opera die englische Sprache zu mehr werden als eine reine Unterrichtssprache?

Die Soap Opera kann als Abwechselung zu den Geschichten in den Standardlehrwerken dazu dienen, das *Storytelling* in der Sekundarstufe weiterzuverfolgen. Dabei kann das Erzählen und das Zuhören von Erzählungen dazu dienen, die englische Sprache zu verinnerlichen, das Hörverständnis zu verbessern, sprachliche Strukturen zu begreifen und lebendige Texte in der Fremdsprache zu produzieren. Wie im Unterkapitel 4.2 erörtert wurde, bietet das *Storytelling* viele Chancen, das Englische intensiv zu begreifen und anzuwenden. Das Thema und Genre Soap Opera schlägt dabei eine Brücke zur Lebenswelt der Jugendlichen und bietet viel Potential zur Aktivierung der Lerner. Im Gegensatz zu den Texten der Lehrwerke, die weniger Rücksicht auf eigene Meinungen, Ideen und Entdeckungen von Schülern legen, sondern häufig Regeln, Redemittel und Grammatik in den Vordergrund rücken, kann eine Soap Opera genau dieses Manko beheben. Die oft übersteigerten Themen, die aber gerade Jugendliche ansprechen, motivieren, von eigenen Erlebnissen zu berichten, eigene Gedanken beizusteuern und in den Diskurs zu treten. Eine solche Ausgangslage ist natürlich ideal für eine mit persönlichen Empfindungen und Anliegen untermauerte und damit vermehrt reale Kommunikation unter den Fremdsprachenlernern. Die Soap Opera in geschriebener Form ist eine sehr dialoggeprägte Geschichte, die bestenfalls Emotionen im Leser auslöst, ihn berührt und involviert. Werden die von Muttersprachlern gesprochenen Texte zudem beispielsweise auf CD angehört, kann durch ein interessiertes Zuhören das Hörverständnis der Schüler verbessert werden. Insbesondere, wenn der Lehrer die Texte zunächst – ähnlich wie bei den frühen Radio-Soaps – nur vorspielt, kann das Zuhören durch die spannenden Themen sehr effektiv sein. Im Vergleich zum klassischen *Storytelling* der Grundschule kann in der weiterführenden

Schule auf den Schritt ‚Setting the stage' verzichtet werden. Dies ist sogar ratsam, um nichts vorwegzunehmen und die Soap Opera mit ihren stilistischen Mitteln und ihrem Spannungsbogen wirken zu lassen. Durch die anschließenden Übungen im Rahmen des Themas können Inhalte, Strukturen, Vokabeln oder Redemittel vertiefend geübt werden.

Darüber hinaus stellt der Einsatz einer für den Unterricht gestalteten Soap Opera eine Möglichkeit dar, die Schüler in besonderer Weise zu motivieren und in Teilen die Künstlichkeit der englischen Sprache im Unterricht zu überwinden. Lebensnahe, emotionale und provozierende Themen können dazu beitragen, die Schüler aus der Reserve zu locken, sie zum Sprechen zu bringen und sie letztendlich für die Sprache zu begeistern:

> The need for meaningfulness in language learning has been accepted for some years. If the students are amused, angered, intrigued or surprised, the content is clearly meaningful to them. Thus the meaning of the language they listen to, read, speak and write will be more vividly experienced and, therefore, better remembered.[404]

Die Argumentation, die Jacob hier im Rahmen des Einsatzes von Spielen im Englischunterricht anführt, kann zu großen Teilen ebenso für den Einsatz einer didaktisch aufbereiteten Soap Opera gelten. Durch Themen wie Beziehungskrisen, Liebe, aber auch politische Ansichten oder gesellschaftlich relevante Aspekte kann ein motivierter Lehrer durch eine Geschichte im Soapformat das Engagement der Schüler im Unterricht verstärken, sie emotional involvieren und somit die Sprache nachhaltiger in den Köpfen der Lerner verankern. Wichtig ist dabei, dass die anhand der Soap diskutierten Inhalte einsprachig besprochen werden und durch Dokumentationen wie Portfolios oder auch Filmaufnahmen der Gespräche deutlich wird, inwiefern sich die kommunikativen Kompetenzen der Schüler im Laufe der Zeit verbessert haben. Zudem sollte die Motivation der Schüler genutzt werden, um eine einsprachige Kommunikation auch untereinander zu forcieren. Durch regelmäßige Klassengespräche oder auch Partnergespräche wird das Englisch zur Gewohnheit und wirkt weniger fremd.

Die Schüler kennen sich mit den in den Soap Operas behandelten Themen bestens aus. Sie stecken vermutlich selber gerade in Umbruchsituationen, brauchen Rat, verspüren Unsicherheiten oder suchen Vorlagen für ihr eigenes Leben. Da sie aber meistens nicht den Mut haben, über eigene Ideen zu sprechen, bietet sich die Soap mit den für sie relevanten Themen

---

[404]Sylvie Jacob, „Have fun with Games while Learning and Teaching a Modern Foreign Language". In *Lehrerkompetenzen und Lernerfolge im frühen Fremdsprachenunterricht*. Hrsg. v. Heidemarie Sarter (Aachen: Shaker Verlag, 2008), 129.

an, um Gedanken und Gefühle zu äußern oder sich Meinungen zu bilden. Durch ein hohes Involvement fällt es vielen Schülern leichter, sich zu Wortbeiträgen durchzuringen und mit der Fremdsprache zu experimentieren. Zu einer lernfreundlichen, kommunikativ ausgerichteten Atmosphäre gehören allerdings ein gutes Vertrauensverhältnis zur Lehrkraft sowie eine funktionierende Klassengemeinschaft dazu. Ohne diese Grundvoraussetzungen kann kein kommunikativer Englischunterricht gelingen. Vor allem der Lehrer kann die Soap Opera als interessantes Genre benutzen, um zum einen eine Brücke zu den Lernern zu schlagen und zum anderen neben Lerninhalten auch etwas über die Probleme und Ideen seiner Schüler zu erfahren. Hervorzuheben ist dabei, dass die Soap Opera nicht als ‚billiger Trick‘ dazu genutzt werden darf, die Schüler für die Unterrichtsinhalte zu gewinnen. Die Lehrkraft muss den Schülern die Wirkungsweise des Genres verdeutlichen und nicht nur Inhalte durch dieses Format vermitteln, sondern die Lerner gleichzeitig zu medienkritischen Erkenntnissen führen.

Als weiterer aktueller Anspruch an den Unterricht ist die individuelle Förderung angesprochen worden. Notwendig ist zunächst eine vorangehende Testung der Englischkompetenzen der Schüler, um sich als Lehrer auf die noch zu verbessernden Bereiche einstellen zu können. Eine überaus heterogene Schülerschaft erfordert differenzierte Methoden, Materialien und auch Themen. Der Einsatz der Soap Opera ist in dieser Hinsicht ein recht sicherer Weg, weil die meisten Schüler etwas mit den alltagsnahen Themen anfangen können. Dennoch besteht natürlich die Gefahr, dass vor allem die männlichen Mitschüler sich eher über die Liebes- und Beziehungsthemen lustig machen oder einfach (noch) kein Interesse zeigen. Daher muss eine für den Unterricht entwickelte Seifenoper ein sehr viel breiteres Spektrum an Inhalten abdecken, als das TV-Format. Dies ist nicht nur notwendig, um auch die Jungen für die Soap zu interessieren, sondern auch, wie in den Kapitel 5.4 und 5.6 dargestellt, um keine falschen oder einseitigen Rollenbilder, Werte oder Meinungen zu vermitteln. Die unterschiedlichen Lernervoraussetzungen erfordern zudem, dass sich an die Geschichten der Soap Opera sehr differenzierte, vielfältige und vor allem offene Übungen mit verschiedenen Zugangsmöglichkeiten und Schwierigkeitsstufen anschließen, um eine individuelle Förderung zu ermöglichen. Gerade die Öffnung des Unterrichts ist mittels der Methode Soap Opera gut umzusetzen. Durch die teils sehr intensiven Diskussionen über die für die Schüler meist sehr relevanten Themen entsteht eine persönliche Öffnung zwischen Lehrer und Schüler, die eine gute Grundlage für ein erfolgreiches Lernen darstellen kann. Auch politisch-pädagogisch kann eine Öffnung erreicht werden, indem der Lehrer den Schülern ein hohes Mitspracherecht hinsichtlich der Themenschwerpunkte zuspricht, sie als Persönlichkeiten mit eigenen Ideen ernst nimmt und sich durch die behandelten Themen ihrer Lebenswelt öffnet. Schließlich bietet das Thema Soap Opera ebenso hinsichtlich einer methodisch-organisatorischen oder inhaltlichen Öffnung des Unterrichts viele Chancen. Verschiedenste Arbeitsformen, Projekte oder Freiarbeitsphasen können natürlich auch während des Unterrichts mit einer Soap Opera entstehen und angeboten werden.[405]

Darüber hinaus kann ein kommunikativ ausgerichteter Fremdsprachenunterricht nur gelingen, wenn der Schüler das Gefühl hat, dass die Lerninhalte ihn betreffen und er selbst mit verantwortlich ist für seinen Lernerfolg. Er muss motiviert sein, die Sprache zu erlernen und den Sinn seines eigenen Engagements im Unterricht erkennen. Das heißt, dass interessante Unterrichtsthemen zunächst für den Schüler einen ersten Schritt darstellen, sich den Inhalten zu öffnen. Nur durch eine ausreichende intrinsische Motivation kann ein Lernen gelingen, das nicht nur vom Lehrer forciert, sondern auch vom Schüler mit gesteuert und getragen wird. Ein solches Interesse kann beispielsweise über ein bei Jugendlichen angesagtes Genre wie das der Soap Opera geweckt werden. Wenn eine didaktisierte Soap darüber hinaus nicht ausschließlich auf Beziehungsgeschichten basiert, sondern auch Anregungen in anderen Bereichen wie Kultur, Politik oder Gesellschaft gibt, kann ein Großteil der Schüler zur Teilnahme motiviert werden. Ziel muss es sein, über ein erfolgreiches, offenes und mitreißendes Englischlernen den Lerner für ein lebenslanges Sprachenlernen zu begeistern oder ihn zumindest mit soliden Kenntnissen in der englischen Sprache auszustatten.

Neben einem nachhaltigen Erwerb von Grammatik, Wortschatz und kommunikativer Kompetenz sowie der Überwindung der Künstlichkeit der englischen Sprache an deutschen Schulen muss es im Englischunterricht der Sekundarstufe I aber ebenso um die Heranbildung von selbstbewussten, (medien-)kritischen und auch politischen Schülern gehen.

> Schule und Bildung muss Orientierungswissen vermitteln, kritische Wachsamkeit gegenüber *hidden persuaders* und *psychological warfare propagandists*, der medialen Pseudoepik und dem Kaugummi für die Augen im Internet und im Fernsehen erzeugen und – wenigstens für dazu Befähigte – die Teilhabe am literarischen, philosophischen und politischen Diskurs ermöglichen und verstärken.[406]

---

[405]Vgl. Petra Hanke, *Anfangsunterricht* (Weinheim, Basel: Beltz Verlag, 2007), 111–112.

[406]Hans-Eberhard Piepho; Christoph Edelhoff, *Narrative Dimensionen im Fremdspra-*

Daher eignet sich die Soap Opera als häufiger Bestandteil der Freizeitgestaltung von Jugendlichen sehr gut, um an ihr Fragen der Politik, Wertefindung, Medien- und Gesellschaftskritik zu diskutieren. Denn die in ihr behandelten Themen, Probleme und Lösungsansätze sollten nicht unbedacht konsumiert, sondern hinterfragt, analysiert und neu eingeordnet werden. Durch die Bereitstellung von vielen Reizthemen animiert sie die Schüler, sich in der Fremdsprache mit einzubringen, Erfahrungen mitzuteilen und Schlüsse zu ziehen. Neben einer immer besseren Sprachbeherrschung durch die vermehrte Sprachproduktion soll aber ebenso eine Sensibilisierung für die englische Sprache erzeugt werden, denn wie jede Sprache hat auch das Englische seine ganz eigene Ausdrucksweise, die nicht nur reine Inhalte vermittelt, sondern auch manipuliert, lenkt, verharmlost oder Deutungsmuster prägt.[407]

Schließlich eignet sich die Soap Opera im Englischunterricht dazu, an ihr überfachliche Inhalte in der englischen Sprache zu behandeln. Bezüge zum Deutschunterricht, zur Religion, Moralerziehung, Philosophie, Sozial- und Erdkunde lassen sich leicht herstellen, vor allem, wenn die Soap in einem anderen Land spielt.[408] Des Weiteren kann besonders der Bereich der Medienkompetenz als Bestandteil jeden Unterrichts anhand dieses Genres nachhaltig und motivierend angesprochen werden, wie das folgende Kapitel aufzeigen soll.

7.4 Die Soap Opera als Objekt kritischer Medienbetrachtung

Der Bildungs- und Erziehungsauftrag der Schule (Paragraph 2 des Schulgesetzes) umfasst laut dem Schulgesetz für NRW unter anderem, dass die Schüler „insbesondere" lernen sollen, „mit Medien verantwortungsbewusst und sicher umzugehen".[409] Im Schulgesetz für Berlin heißt es, dass die Schüler lernen müssen, „mit Medien sachgerecht, kritisch und produktiv umzugehen"[410]. Darüber hinaus bezeichnet das hamburgische Schulgesetz die Medienerziehung als eine „besondere Bildungs- und Erziehungsaufgabe"[411] von Schule. Das Thüringer Schulgesetz sieht es des Weiteren als ge-

---

chenunterricht (Braunschweig: Schroedel [u.a.], 2007), 53.

[407] Vgl. Hans-Eberhard Piepho; Christoph Edelhoff, *Narrative Dimensionen im Fremdsprachenunterricht* (Braunschweig: Schroedel [u.a.], 2007), 53.

[408] Vgl. Praxisbeispiel *LTwC* in Kapitel 9.3.2.

[409] *Schulgesetz für das Land Nordrhein-Westfalen*, § 2, 5.8.

[410] *Schulgesetz für das Land Berlin*, § 3, 2.4.

[411] *Hamburgisches Schulgesetz (HmbSG)*, § 5.3.

meinsamen Auftrag der Thüringer Schulen, die Schüler zu einem „bewuss-
ten, selbstbestimmten und kritischen Umgang mit Medien"[412] zu befähigen.
Diese beispielhaften Auszüge aus den Schulgesetzen unserer Bundesländer machen deutlich, dass die Medienerziehung nicht nur als wichtiger Aspekt des Unterrichts betrachtet, sondern mehr und mehr auch in
den Gesetzen und Richtlinien verankert wird. Doch was ist genau unter
Medienerziehung und vor allem Medienkompetenz zu verstehen? Was soll
dieser „Zauberbegriff"[413], wie Schönweiss kritisch formuliert, letztendlich
für die Bildung der Schüler bringen? Im Sinne der Medienpädagogik lässt
sich nach Tulodziecki ein allgemeines Ziel formulieren:

> Kinder und Jugendliche sollen Kenntnisse und Einsichten, Fähig-
> keiten und Fertigkeiten erwerben, die ihnen ein sachgerechtes und
> selbstbestimmtes, kreatives und sozialverantwortliches Handeln in
> einer von Medien durchdrungene Welt ermöglichen.[414]

Konkreter bezogen auf den Begriff der Medienkompetenz definiert Tulodziecki weiterhin, dass dieser die Fähigkeit beschreibt,

- Medienangebote sinnvoll auszuwählen und zu nutzen,
- eigene Medien zu gestalten und zu verbreiten,
- Mediengestaltung zu verstehen und zu bewerten,
- Medieneinflüsse zu erkennen und aufzuarbeiten,
- Bedingungen der Medienproduktion und -verbreitung zu durch-
  schauen und zu beurteilen.[415]

Aus diesen Merkmalen können Aufgabenbereiche für Schule und Unterricht abgeleitet werden mit dem Ziel, Schüler zu medienkompetenten und
vor allem mündigen Mediennutzern zu machen. So muss Unterricht beispielsweise auch dafür genutzt werden, Schülern die Medieneinflüsse auf
ihre eigene Person zu verdeutlichen und sie gleichzeitig befähigen, die Einflüsse nicht nur zu erkennen, sondern sie zu beschreiben, einzuordnen und
aufzuarbeiten.[416]

---

[412] *Thüringer Schulgesetz*, §2.1.
[413] Friedrich Schönweiss, *Bildung in Zeiten des Internet. Über aktuelle Mythen, Hoffnungen und Perspektiven* (Münster: Westfälische Wilhelms-Universität Münster, Abt.
Neue Technologien im Bildungs- und Sozialwesen/Medienpädagogik, 2000), 48.
[414] Gerhard Tulodziecki,„Medienkompetenz als Aufgabe von Unterricht und Schule". In
Fachtagung ,Medienkompetenz'. Hrsg. v. Jan Hense [u.a.] (Grünwald: Arbeitspapiere, Materialien und Ergebnisse der Arbeits-/ Diskussionsgruppen der SEMIK-
Fachtagung, 2001), 13.
[415] Ebd., 14.
[416] Vgl. ebd., 15.

Bestandteil einer modernen Allgemeinbildung wird es werden, mit den vielen Informationsangeboten sinnvoll umgehen zu lernen; sie zu seinen Anliegen in einen konstruktiven Bezug bringen zu können; sie als Hilfsmittel für selbständig-autonom zu findende Problemlösestrategien zu nutzen und sich auf diese Weise in einen kooperativen Lern- und Forschungszusammenhang zu anderen zu bringen – ob virtuell oder face-to-face spielt dabei die geringste Rolle.[417]

Eine weitere, gängige Definition der Medienkompetenz liefert Baacke, indem er sie in vier Dimensionen einteilt: Medienkritik, Medienkunde, Mediennutzung und -gestaltung.[418] Diese vier Dimensionen der ‚Medienkompetenz‘ zeigte er bereits in den 1990er Jahren auf, um die Vielschichtigkeit des oft sehr weit gefassten Begriffs deutlich zu machen. Die Fähigkeit zur Medienkritik umfasst beispielsweise seiner Definition zufolge sowohl analytische, reflexive als auch ethische Dimensionen, d.h., dass „problematische gesellschaftliche Prozesse (...) angemessen erfaßt werden können", dass das „analytische Wissen auf sich selbst und sein Handeln" angewandt werden kann und schließlich das " analytische(...) Denken und [der] reflexive(...) Rückbezug als sozialverantwortet ab[ge]stimmt und definiert" wird.[419] In ähnlicher Art und Weise differenziert er die anderen drei Dimensionen der Medienkompetenz aus, um über die Vielschichtigkeit hinaus auch die „pädagogische Unspezifität" herauszustellen.[420]

Beiden Definitionen ist jedoch gemein, dass Medienerziehung nicht nur vor den Gefahren eines unreflektierten Mediengebrauchs schützen, sondern insbesondere die Chancen und Möglichkeiten der Medien aufdecken soll. Zudem ist es vor allem notwendig, die Vermittlung von Medienkompetenz mit Inhalten zu füttern, denn sie darf nicht bloß als Selbstzweck herhalten, sondern muss zudem mit konkreten Lernzielen und -inhalten verknüpft werden.[421] Als konkretes Beispiel soll an dieser Stelle bezogen auf den thematischen Rahmen dieser Dissertation auf die Soap Opera als Objekt der kritischen Medienbetrachtung eingegangen werden. Zu den vielfältigen an-

---

[417] Friedrich Schönweiss, *Bildung in Zeiten des Internet. Über aktuelle Mythen, Hoffnungen und Perspektiven* (Münster: Westfälische Wilhelms-Universität Münster, Abt. Neue Technologien im Bildungs- und Sozialwesen/Medienpädagogik, 2000), 32.

[418] Dieter Baacke, *Medienpädagogik* (Tübingen: Niemeyer Verlag, 1997), 98-99.

[419] Ebd., 98.

[420] Ebd., 99.

[421] Vgl. Friedrich Schönweiss, *Bildung in Zeiten des Internet. Über aktuelle Mythen, Hoffnungen und Perspektiven* (Münster: Westfälische Wilhelms-Universität Münster, Abt. Neue Technologien im Bildungs- und Sozialwesen/Medienpädagogik, 2000), 17–23.

deren Möglichkeiten, das Thema Medienkompetenz in den Fremdsprachenunterricht zu integrieren, sei an dieser Stelle z.b. auf die Beiträge von Blell 2005 und Bosenius/Donnerstag 2004 verwiesen.

Das Genre Soap Opera sowie das damit einhergehende Medium Fernsehen eignet sich offensichtlich für viele Bereiche der Medienerziehung. An ihr können Schüler die Einflüsse des Mediums Fernsehen analysieren bzw. die Wirkung auf das eigene Handeln untersuchen. Das Format kann als Vorlage zur eigenen Mediengestaltung dienen und es können beispielsweise eigene Szenen erstellt und verfilmt werden. Die filmischen und konzeptionellen Mittel, die eine Soap Opera so reizvoll werden lassen, können aufgedeckt und beurteilt werden. Neben diesen Teilbereichen eignet sich die Seifenoper aber vor allem dazu, Medienkritik auszuüben. Spontan wird das Genre belächelt und als Schund abgetan. Soaps gehören zum Trivialen, sie behandeln Hausfrauenthemen oder lassen den Zuschauer in einer vor Gefühl und Drama triefenden künstlichen Welt versinken. Dennoch übt das Genre eine Faszination auf viele Zuschauer aus, die durchaus einer Analyse und kritischen Hinterfragung bedarf.[422]

Die Soap Opera kann als sehr gute Vorlage dienen, um Schüler auf die Wirkung und den Einfluss der Medien auf den Konsumenten aufmerksam zu machen. Wie die Beispiele aus den Lehrwerken gezeigt haben, kann das Genre beispielsweise herangezogen werden, um den Effekt der Medien auf die Wahrnehmung junger Menschen hin zu untersuchen. Wie realistisch ist die in den Soaps gezeigte Welt? Wie werden Probleme gelöst? Welche Rollenbilder und vor allem -klischees werden vermittelt? Welchen Einfluss kann das Gezeigte direkt und indirekt auf das eigene Verhalten haben? Die diversen möglichen Fragestellungen regen zu Diskussionen an, insbesondere, weil das Genre Soap meist viele Jugendliche begeistert oder zumindest interessiert. Dies ist zudem ein Grund dafür, warum sich die Behandlung des Themas Soap Opera gerade für den Fremdsprachenunterricht anbietet. Insbesondere im Englisch- oder Französischunterricht, wo es auf Kommunikationsfähigkeit, Meinungsäußerung und Redemittel ankommt, bieten sich derart interessante Diskussionen an. Bei entsprechend konsequenter Verfolgung des Themas können angeregte Gespräche zustande kommen, in denen die Lerner sich durch die Nähe zu ihrer eigenen Lebenswelt und den darin dominanten Themen gut mit einbringen können.

---

[422]Siehe Kapitel 5.5 Der Reiz der Soap.

7.5 Medienprojekte im Kontext der Soap Opera im Englischunterricht

„Medienprojekte haben Konjunktur."[423]

Vor allem hinsichtlich der allgegenwärtigen Forderung nach der Entwicklung eines kritischen Medienbewusstseins von Jugendlichen insbesondere im Rahmen von Schule und Bildung werden immer häufiger Medienprojekte an Schulen durchgeführt. Bildungsserver, Stiftungen und Schulministerien präsentieren auf ihren Websites immer wieder neue Formen der Medienproduktion mit Schülern, geben Anregungen für den Unterricht oder präsentieren Konzepte für Unterrichtsreihen. Unter einem Medienprojekt kann jegliche Form der längerfristigen Medienarbeit z.b. mit Kindern und Jugendlichen verstanden werden, mit dem Ziel, in einer kooperativen, problemorientierten Unterrichtsform ein Medienprodukt zu erstellen.[424] Gerade im Rahmen von aktuellen Diskussionen zur Unterrichtsqualität, Schülerorientierung und zum selbst bestimmten Lernen scheinen Medienprojekte neue Chancen für einen guten, offen gestalteten Unterricht zu eröffnen. Problematisch ist jedoch, dass die „Zahl der an Schulen durchgeführten Medienprojekte (...) unüberschaubar groß [ist] und [sie] in vielen Fällen (...) nicht systematisch evaluiert [werden]."[425] Demnach sollen bei den folgenden Überlegungen zu Medienprojekten im Kontext der Soap Opera vor allem Qualitätskriterien mit eingebunden werden, die ein gutes Medienprojekt kennzeichnen können.

Gerade im Fremdsprachenunterricht bietet es sich an, den Schülern handlungsorientierte Aufgaben zu stellen, bei denen sie ein bewertbares, messbares, anschauliches Produkt erschaffen können. Produkte lassen sich auf vielfältige Art und Weise herstellen: Texte, Bilder, Collagen, aber auch Blogs, Internetseiten, Filme, Softwares oder Datenbanken. Da sprachliche Fortschritte für die Schüler selber nur begrenzt erkennbar sind, ist es hilfreich, etwas ‚Handfestes‘ zur Veranschaulichung ihrer Fähigkeiten entstehen zu lassen. Ein Ansatz, der vor allem im Grundschulbereich und

---

[423] Christian Fritsche, „Qualitätskriterien für Medienprojekte". In *Medien + Erziehung. Zeitschrift für Medienpädagogik*, Heft 2, 2005, 23.

[424] Vgl. Sigrid Blömeke, „Was ist ein gutes Medienprojekt? Annäherungen aus lehr-lerntheoretischer und empirischer Sicht". In *Tipps und Tricks für Medienprojekte im Unterricht. Erfahrungen aus dem Netzwerk Medienschulen.* Hrsg. v. Oliver Vorndran (Gütersloh: Verlag Bertelsmann Stiftung, 2002), 10.

[425] Christian Fritsche, „Qualitätskriterien für Medienprojekte". In *Medien + Erziehung. Zeitschrift für Medienpädagogik*, Heft 2, 2005, 23.

im Übergang zur weiterführenden Schule genutzt wird, um sprachliche Fähigkeiten deutlich zu machen und zu dokumentieren, ist das Portfolio-Konzept. In Ordnern oder Sammelmappen können die eigene Sprachbiografie, Beobachtungen zum eigenen Lernverhalten, Textprodukte, Dossiers und ähnliches festgehalten werden, um den Lernfortschritt sichtbar zu machen. Dennoch können auch frei von bestimmten Konzeptideen immer wieder Schülerprodukte hergestellt werden, die über die reine Sprachproduktion oder das Texteschreiben hinausgehen.

Die Soap Opera als Unterrichtsgegenstand bietet viele Anlässe, kreative Schülerarbeiten im Rahmen des regulären Unterrichts entstehen zu lassen. An erster Stelle muss die Lehrkraft sich überlegen, ob und zu welchem Thema ein Medienprojekt wirklich sinnvoll ist und vor allem, welche zentrale Zielstellung mit dem Projekt einhergeht. So müssen beispielsweise allgemeine Lernziele, Ziele aus dem Bereich der Medienerziehung sowie fachspezifische Kompetenzen vor Beginn des Projektes formuliert werden.[426] Neben Texten und Collagen können gerade in Hinblick auf die Ausbildung der Medienkompetenz der Schüler interessante Medienprojekte zum Thema Seifenoper initiiert werden. Wenn die Soap in den Fokus gerückt wird, liegen Projekte wie das Entwerfen und Filmen einer eigenen TV-Szene oder das Aufnehmen eines Hörspiels nahe. Hierbei kennzeichnet ein gutes Medienprojekt, dass es „von authentischen Problemen [ausgeht] sowie selbstgesteuertes und kooperatives Lernen fördert"[427]. Für die genannten Beispiele würde dies bedeuten, dass die Themen für das Hörspiel oder den Film die Schüler persönlich betreffen, aus ihrer Lebenswelt stammen und vielleicht sogar aus einem Konflikt oder einem Erlebnis in der Klasse heraus entwickelt werden. Darüber hinaus muss die Lehrkraft den Schülern viel Freiraum bei der Konzeption und Erstellung des Medienproduktes lassen und funktionierende Teams bilden, die effektiv und ergänzend miteinander arbeiten können. Ein hohes Maß an Selbständigkeit setzt voraus, dass die Schüler bereits Erfahrungen mit eigenverantwortlichem Arbeiten gemacht haben und grundlegende Regeln und Fertigkeiten für ein solches Arbeiten beherrschen.

Ebenso lassen sich Themen wie ‚Gender', ‚Rollenbilder' oder ‚Werbung' im Kontext der Soap Opera umsetzen. Bei diesen Themen ist der Einsatz bestimmter Medien nicht so vorbestimmt und offensichtlich wie bei der Erstellung einer Filmszene oder eines Hörspiels. Ein gutes Medien-

---

[426] Oliver Vorndran (Hrsg.), *Tipps und Tricks für Medienprojekte im Unterricht* (Gütersloh: Verlag Bertelsmann Stiftung, 2002).

[427] Ebd., 10.

projekt muss also vor allem auch hinsichtlich des Medieneinsatzes geplant werden. Blömeke stellt daher als ein Kriterium für gute Medienprojekte das Kriterium der „Angemessenheit von Medienart und Medienfunktion" auf. Konkret muss also berücksichtigt werden, ob ein Medium z.b. als Werkzeug zur „Präsentation, als Informationsquelle, zur Kommunikation, Berechnung, Gestaltung, Produktion, zum Programmieren [oder] (...) zur Dokumentation dienen [soll]."[428]

An dieser Stelle sollen nun zwei Beispiele der Medienproduktion vorgestellt werden, die mit verhältnismäßig wenig Aufwand leicht in den Unterricht integriert werden können: die Erstellung einer Lernsoftware mit Hilfe von Autorensoftware sowie die Erstellung einer Internetseite. Zur Veranschaulichung wird hier auf das Thema Soap Opera im Englischunterricht Bezug genommen, die Medienprojekte lassen sich aber auch mit anderen Themen und in anderen Fächern verwirklichen.

7.5.1 Erstellung einer Lernsoftware mit Hilfe von Autorensoftware

Lernsoftwares bieten für den Englischunterricht wie weiter oben beschrieben interessante Möglichkeiten, das Englischlernen aufzulockern, individuelle Lernwege zuzulassen, Muttersprache in den Klassenraum zu holen, etc. Doch warum sollten in diesem Kontext ausschließlich fremd bestimmte und gestaltete Lerninhalte thematisiert werden? Gerade in Hinblick auf die mehr und mehr geforderte Ausbildung der Medienkompetenz ist es sinnvoll, Lernsoftware nicht nur zu benutzen oder zu bewerten, sondern sie auch selber herzustellen.

> Hierüber erhält eine intelligent-flexible, auf die Lern- und Bildungsbedürfnisse des einzelnen ständig abstimmbare und von ihm gestaltbare Software ihren spannenden Sinn – ein Angebot, das sich nicht in irgendwelchen Entwicklungslabors ertüfteln lässt, sondern das nur im lebendigen Austausch aller Beteiligten entstehen und wachsen kann.[429]

Selbst gestaltete Lernsoftware bietet zum einen Vorteile für den Lehrer, der durch eine eigene Medienproduktion passgenaues Lernmaterial für sei-

---

[428]Sigrid Blömeke, „Was ist ein gutes Medienprojekt? Annäherung aus lehrlerntheoretischer und empirischer Sicht". In *Tipps und Tricks für Medienprojekte im Unterricht. Erfahrungen aus dem Netzwerk Medienschulen.* Hrsg. v. Oliver Vorndran (Gütersloh: Verlag Bertelsmann Stiftung, 2002), 16.

[429]Friedrich Schönweiss, *Bildung in Zeiten des Internet. Über aktuelle Mythen, Hoffnungen und Perspektiven* (Münster: Westfälische Wilhelms-Universität Münster, Abt. Neue Technologien im Bildungs- und Sozialwesen/Medienpädagogik, 2000), 39.

ne Klasse herstellen kann, zum anderen kann eine Softwareentwicklung auch auf Seiten der Schüler Fähigkeiten und Kompetenzen fördern. Sie können beispielsweise lernen, ihre Interessen in den Unterricht mit einzubringen, ihren Fremdspracherwerb mitzugestalten, ihr Sprachniveau einzuschätzen, im Team kooperativ zu arbeiten, Medien aktiv mitzugestalten, sich auf der Metaebene über den Spracherwerb, Grammatik oder Vokabular auszutauschen und vieles mehr.

In der Regel entsteht eine anspruchsvolle Lernsoftware mit Hilfe fähiger Programmierer, die die Ideen der Verlage und Didaktiker umsetzen. Mittels Autorensoftware können einfachere Programme aber auch selber hergestellt werden, ohne dass dazu Programmierkenntnisse nötig sind. So beschreiben Fünfstück, Liskowsky und Meißner aus Sicht der Informatik Autorensysteme wie folgt:

> Autorensysteme ermöglichen die Entwicklung multimedialer Anwendungen in einer grafisch-interaktiven Form unter weitgehendem Verzicht auf die Programmierung, verwenden hierzu visuelle ‚interface development tools' sowie Werkzeuge zur Erstellung und Bearbeitung von Medien. (...) Die Vorgehensweisen sind weniger an herkömmlichen Programmiertechniken ausgerichtet, sondern beruhen auf einprägsamen Metaphern und einem leichten Zugang der an Gestaltung und Inhalten orientierten Entwickler (MM-Autoren, Designer).[430]

Kostenlose oder erschwingliche Autorenprogramme sind z.B. *Hot Potatoes*[431] von Half-baked Software oder der *iSpring Presenter*[432] von iSpring Solutions, Inc.

Auf den ersten Blick stellt sich die Frage, warum es sinnvoll sein könnte, Lernsoftware mit den Schülern selber zu gestalten. Worin liegt der Lernzuwachs und was bringt es den Schülern? Zunächst dient ein Lernsoftware-Projekt im Englischunterricht dazu, dass die Schüler sich intensiv mit dem behandelten Thema und der Fremdsprache auseinandersetzen. Im Prinzip kann jedes Unterrichtsthema dazu herangezogen werden. Die Soap Opera eignet sich besonders als inhaltlicher Anlass und Rahmen, da sie viele Handlungsstränge präsentiert und somit thematisch gut unter den Schülern zu verteilen ist, reichlich digitales Material im Internet vorhanden ist für die Gestaltung von Bildern, Layouts, Audiodateien oder Filmsequenzen für

---

[430]Falk Fünfstück; Rüdiger Liskowsky; Klaus Meißner, „Softwarewerkzeuge zur Entwicklung multimedialer Anwendungen". In *Informatik Spektrum*, Heft 02/2000, 16.

[431]http://www.hotpotatoes.de/ [Stand: 19.05.11/09:58].

[432]http://www.ispringsolutions.com/products/ispring_presenter.html [Stand: 19.05.11/09:58].

die Software und schließlich das Genre der Soap einen gewissen Reiz auf die Schüler ausüben kann und sie zum Mitarbeiten motiviert.

Als Grundlage für die Softwareproduktion können entweder didaktisierte Soaps herangezogen werden, wie sie im dritten Teil dieser Dissertation vorgestellt werden, oder auch solche, die im Fernsehen von den Schülern geschaut werden. Der Lehrer muss sich zunächst mit der Autorensoftware vertraut machen, um sie später den Schülern zeigen zu können. Natürlich sollten sich die Schüler die meist intuitiv gestalteten Programme auch durch das alt bewährte Prinzip ,Learning by doing' erschließen, dennoch muss die Lehrkraft sich vorher mit den Möglichkeiten und Tücken der Software vertraut machen. Die Einarbeitung in simplere Programme wie *Hot Potatoes* dauert nicht allzu lange, anspruchsvollere Autorensoftware wie der *iSpring Presenter* benötigen mehr Vorbereitung. Doch je anspruchsvoller das Programm gestaltet ist, desto schöner werden die erstellten Softwares und desto mehr Funktionen können genutzt werden. Beide Autorenprogramme sind für Schüler ca. ab der 8./ 9. Klasse geeignet, je nachdem wie komplex die Lehrkraft die Aufgabenstellung gestaltet. Der *iSpring Presenter* erstellt die Software zudem auf der Basis von *Microsoft PowerPoint*, wodurch zugleich die Arbeit mit diesem gängigen Präsentationsprogramm geübt werden kann.

Nachdem der Lehrer den Schülern genug Zeit gelassen hat, sich mit der Autorensoftware vertraut zu machen, kann die Erstellung verschiedener Lernsoftwares durch die Schüler beginnen. So könnte beispielsweise eine Gruppe von Schülern ein englischsprachiges Soap-Quiz erstellen, eine andere Gruppe Matching-Aufgaben zu den Lieblingscharakteren entwickeln oder eine weitere Gruppe sich eine englische Grammatikaufgabe ausdenken. Besonders Lernsoftwares, die einen bestimmten Grammatikaspekt behandeln, sind auch über den direkten Lerneffekt hinaus interessant. Die Aufgaben können z.B. auch für andere Schüler – sei es in Parallelklassen oder nachfolgenden Generationen – zum Lernen und Üben bereitgestellt werden.

Die entwickelten Aufgaben können anschließend ganz einfach mit Bildern, Audiodateien oder Filmausschnitten von den entsprechenden Internetseiten der Soaps ausgeschmückt werden, wodurch die Schüler auch dahingehend lernen, Dateien zu speichern, zu bearbeiten und für eigene Zwecke zu verwenden. Wichtig ist bei diesem Teil der Arbeit, dass eventuelle Copyright-Fragen geklärt sind. Die Lehrkraft sollte den Schülern auch den Bereich des Medienrechts näherbringen und ebenso für die eigenen Produkte mit den Schülern in Erfahrung bringen, welche Dateien in welchem Rahmen verwendet werden dürfen. Dadurch werden die Schüler sensibilisiert für das Urheberrecht. Diskussionen rund um das Thema Kopieren, Speichern und Wiederverwenden von fremdem (digitalen) Eigentum können nachhaltig das Bewusstsein der Schüler auch für ihren eigenen Umgang mit den neuen Medien fördern.[433]

7.5.2 Schüler gestalten eine Internetseite

Eine weitere, ähnliche Möglichkeit, das Thema Soap Opera sowie die fachlichen Inhalte mit der Gestaltung von Medienprodukten im Englischunterricht zu unterstützen, stellt das Entwerfen einer eigenen Internetseite dar. Voraussetzung dafür ist in erster Linie ein Computerraum mit ausreichenden Arbeitsplätzen, an denen Kleingruppen arbeiten können. Zunächst bietet sich das Thema Internet insbesondere im Englischunterricht an, da viele Begrifflichkeiten in der englischen Sprache in den deutschen Wortschatz übernommen worden sind und somit wenig Verständnisschwierigkeiten auftreten dürften. Anhand der Erstellung einer eigenen Internetseite – ganz gleich ob als eigenständige Website oder als Unterseite der Schulhomepage – können sowohl viele fachliche als auch überfachliche Themen behandelt werden. Zum einen kann die Website dazu dienen, verschiedenste Medienprodukte der Schüler rund um das Thema Soap Opera zu veröffentlichen. Videos, Bildergeschichten, Texte und ähnliches können auf einer gemeinsamen Internetseite schön präsentiert werden. Dies lässt sich natürlich ebenso mit anderen Themen abseits der Soap Opera realisieren. Zum anderen lernen die Schüler, wie eine Homepage entsteht, wie sie aufgebaut ist, wie ein Quelltext aussieht oder welche rechtlichen Fragen geklärt werden müssen (Copyright, Impressum, etc.). Insbesondere wenn nicht nur eigenes Bild- und Videomaterial sonder auch fremde Inhalte veröffentlicht werden sollen, muss das Thema Medienrecht eine Rolle spielen.

Das Erstellen einer Internetseite bietet weiterhin die Gelegenheit, mit den Schülern Kriterien für die Bewertung von Medien und Medieninhalten aufzustellen. Da die Schüler für den Unterricht und auch privat immer häufiger im Netz unterwegs sind und dabei auf verschiedenste Websites gelangen ist es nötig, sie für das Erkennen von guten, seiösen und ebenso unseriösen Seiten zu sensibilisieren. Genauso muss die Lehrkraft vor allem bei der Erstellung von Medienprodukten darauf achten, dass die Schüler

---

[433]Eine übersichtliche Zusammenstellung wichtiger rechtlicher Fragen und Antworten zum Thema Medien in der Schule bietet Wolf von Bernuth in seinem Buch *Urheber- und Medienrecht in der Schule – Praxisleitfaden mit Beispielen und Lösungshinweisen* an (Köln u.a.: LinkLuchterhand, 2009).

auf keine für ihr Alter ungeeigneten Inhalte stoßen. Es bieten sich beispielsweise zum Thema Soap Opera die vielen Fansites und Internetseiten der Fernsehsender an, um an ihnen Aspekte wie Werbung, Konsum oder Popkultur zu behandeln und gleichzeitig dem Genre Soap auf den Zahn zu fühlen.

Auf einer Homepage können darüber hinaus ebenso Lernprogramme zur Verfügung gestellt werden, die die Schüler vorher mit einer Autorensoftware selbständig erstellt haben. Folgende Klassen könnten das Angebot ergänzen, so dass nach und nach eine umfangreiche Materialsammlung entsteht, die den Schülern beim Englischlernen helfen kann. Falls das Veröffentlichen von Materialien und Medienprodukten im Internet zu viele Probleme mit sich bringt, kann die Website beispielsweise nur schulintern im Intranet angezeigt werden. Ähnlich wie bei der Erstellung von Lernsoftware sind Medienprojekte auch hier besonders fruchtbar, wenn die „Projektidee in der Lerngruppe entwickelt"[434] worden ist, das „Thema des Projektes (...) schüler- und lebensweltorientiert"[435] ist und die Schüler nicht überfordert werden. Zudem müssen die Inhalte sich selbstverständlich an den Lehrplänen orientieren und idealerweise Möglichkeiten zum fächerübergreifenden Unterricht anbieten.[436]

Schlussendlich müssen die erstellten Internetseiten oder die entwickelte Lernsoftware im Rahmen von Schule und Lernen präsentiert und bewertet werden. Dies kann sowohl durch die Schüler selbst als auch durch den Lehrer geschehen, entweder klassenintern oder aber ebenso auf Schulfesten, Elternabenden, etc. Nach der Präsentation der Ergebnisse in der Klasse sollte es ein Schülerfeedback geben und die Schüler können sich beispielsweise über den Projektverlauf und die durch die Projektarbeit erworbenen Kompetenzen austauschen.[437] Diese „Auswertungsgespräche"[438] dienen dazu, dass die Schüler ein Bewusstsein über ihre Lernfortschritte im Verlaufe des Projektes erlangen, Probleme aufgedeckt und Verbesserungsvorschläge gesammelt werden. Gleichzeitig muss eine Leistungsbeurteilung durch den Lehrer erfolgen. Gerade bei der Erstellung von Medienprojekten ist es ratsam, sich nicht allzu stark auf im Prinzip schwer zu ermittelnde In-

---

[434] Dörte Sonnabend; AG Medienprojekte, „So kann es ein gutes Medienprojekt werden...". In *Tipps und Tricks für Medienprojekte im Unterricht*. Hrsg. v. Oliver Vorndran (Gütersloh: Verlag Bertelsmann Stiftung, 2002), 24.

[435] Ebd.

[436] Vgl. ebd., 24–25.

[437] Vgl. Martin Kohn, *Leitfaden moderne Medien. PC-Einsatz im Englischunterricht.* (Hannover: Schroedel Verlag, 2003), 112.

[438] Ebd.

dividualleistungen zu beziehen, sondern vor allem die Gruppe als Ganzes zu beurteilen. Neben dem konkreten Gruppenergebnis, also dem Medienprodukt, müssen unter anderem Aspekte wie die Entwicklung eigener Ideen, Kreativität, Teamfähigkeit, die „Materialbeschaffung, -auswertung und -aufbereitung"[439], wie auch im Kontext des Fremdsprachenunterrichts die sprachlichen Leistungen in das Urteil mit einbezogen werden.[440]

8 Zwischenfazit

An dieser Stelle soll zur Methode und zum Thema der Soap Opera im Englischunterricht ein Zwischenfazit gezogen werden. Nach den theoretischen Überlegungen zum Thema Soap Opera, der Definition und Analyse des Genres sowie der Verknüpfung der Erkenntnisse mit den Anwendungsmöglichkeiten im Englischunterricht sollen nun Merkmale und Charakteristika herausgestellt werden, die eine *ELT-Soap* kennzeichnen. Anschließend werden in einer Übersicht die positiven Effekte der Methode auf das Fremdsprachenlernen zusammengefasst. Dieses Zwischenfazit soll dazu dienen, eine ‚Checkliste' bereitzustellen, die das Instrument der *ELT-Soap* umfassend aber dennoch prägnant charakterisiert.

8.1 Merkmale und Charakteristika einer *ELT-Soap*

Im Folgenden werden unterteilt in die Bereiche ‚Form und Struktur', ‚Inhalte und Themen', ‚Charaktere' und ‚Fachdidaktik und -methodik' die wichtigsten Kriterien einer *ELT-Soap* aufgestellt.

---

[439]Martin Kohn, *Leitfaden moderne Medien. PC-Einsatz im Englischunterricht.* (Hannover: Schroedel Verlag, 2003), 113.
[440]Vgl. ebd.

Merkmal	Beschreibung	Kommentar
Form und Struktur	Gestaltung in Textform	
	Ergänzt um Begleitmaterial	Übungen, Arbeitsblätter, Audio-CD, etc.
	Bereitstellung zusammenhängender Geschichten	
	Verwendung stilistischer Mittel der klassischen Soap	Cliffhanger, Dialogform, Dramatisierung, etc.

Merkmal	Beschreibung	Kommentar
Inhalte und Themen	Bezug zur Lebenswirklichkeit der Jugendlichen	
	Behandlung von Alltagsthemen	Liebe, Familie, Freunde, Schule, etc.
	Darüber hinaus Berücksichtigung politischer, kultureller, gesellschaftsrelevanter Themen	Schüler anregen zur Diskussion
	Verkörperung differenziertere Moralvorstellungen und Werte	
	Vermittlung von Fachinhalten	
	Inhaltliche Berücksichtigung von Lernziele und Unterrichtsbedürfnissen	
	Keine Verwendung von Werbung	
	Kein Aufgreifen zweifelhafter Trends	
	In Teilen Fokus auf Liebesthemen und Beziehungen	Balance zu anderen Themen
	Aufrechterhaltung des Reizes einer klassischen Soap Opera	
	Thematisierung auf der Metaebene begünstigen	z.B. Medienkritik

Merkmal	Beschreibung	Kommentar
Charaktere	Keine oder nur vereinzelte Darstellung von Stereotypen	
	Bewahrung einer kulturellen und sozialen Vielschichtigkeit der Charaktere	verschiedenen Kulturen, Milieus
	Einbindung von Repräsentanten verschiedener Lebensstile	
	Anbieten von Identifikationsmöglichkeiten	
	Figuren können als Projektionsfläche dienen	Gefühle, Probleme, Wünsche

Merkmal	Beschreibung	Kommentar
Fachdidaktik/ -methodik	Emotionale Einbindung der Schüler für Lerninhalte nutzen	
	Medien- und Methodenmix gewährleisten	
	Medienprojekte anregen	
	Strukturen für vernetztes, kontextgebundenes Lernen nutzen	Handlungs- stränge
	Fokus auf kommunikative Kompetenz	
	Plattform zum Austausch der Schüler untereinander schaffen	Unterricht, aber auch Foren/ Diskussions- gruppen

Tabelle 7: Merkmale einer *ELT-Soap*.

Der Lehrkraft müssen die Wirkungsweisen von Soap Operas auf Jugendliche bewusst sein, um eine *ELT-Soap* zu entwerfen oder eine gute *ELT-Soap* zu erkennen und richtig einsetzen zu können. Generell muss es dieses Instrument für den Fremdsprachenunterricht bewältigen, eine Balance zwischen den der Soap immanenten Erfolgsfaktoren und den im schulischen Kontext nötigen Anforderungen an ein Lehrmaterial herzustellen.

8.2 Chancen einer *ELT-Soap* für den Englischunterricht

Erfüllt eine *ELT-Soap* möglichst viele der oben aufgeführten Merkmale, kann sie bei richtigem Einsatz positiv das Fremdsprachenlernen positiv beeinflussen. Zunächst wurde festgestellt, dass das Genre der Soap Opera zwar hin und wieder in aktuellen Englischlehrwerken aufgegriffen wird, der Reiz und die Chancen dieser besonderen Methode allerdings bislang nicht hinreichend ausgeschöpft werden. Dabei kann die Seifenoper in einer didaktisch aufbereiteten Form – z.b. als niedergeschriebene Geschichte mit entsprechendem Begleitmaterial – für die Vermittlung elementarer Lerninhalte des Englischunterrichts herangezogen werden. Als Beispielbereiche wurden die Grammatikvermittlung und die Wortschatzarbeit näher aufgegriffen. Insbesondere auf die Möglichkeiten und Chancen der Soap Opera bezogen auf eine lebhafte, souveräne und für die Schüler plausible Kommunikation mit einem nachhaltigen Effekt auf das Sprachenlernen wurde in Kapitel 6.3 näher eingegangen. Schlussendlich wurde in zwei weiteren Unterkapiteln aufgezeigt, in welcher Art und Weise das Genre Soap mit der Medienpädagogik und damit der Vermittlung von Medienkompetenz im Unterricht verknüpft werden kann.

Fasst man nun die verschiedenen Aspekte des Genres Soap Opera im unterrichtlichen Kontext zusammen, können, angelehnt an die vorgeschlagenen Teilbereiche von Jacob, folgende positive Eigenschaften der didaktisierten Seifenoper für den Einsatz im Englischunterricht festgehalten werden:[441]

Bereich	Eigenschaft
Affektiv	Motiviert
	Regt zu kreativen, spontanen Gesprächen an
	Bindet die Schüler emotional an das Unterrichtsthema
	Fördert kommunikative Kompetenz
	Fördert Spaß am Lernen bei richtigem Einsatz

Bereich	Eigenschaft
Adaption	Leicht an die Bedürfnisse und das Sprachniveau der Klasse anpassbar
	Bezieht als Gesamtkonzept alle Sprachfertigkeiten mit ein

---

[441] Vgl. Sylvie Jacob, „Have fun with Games while Learning and Teaching a Modern Foreign Language". In *Lehrerkompetenzen und Lernerfolge im frühen Fremdsprachenunterricht.* Hrsg. v. Heidemarie Sarter (Aachen: Shaker Verlag, 2008), 130–131.

Bereich	Eigenschaft
Kognitiv	Ermöglicht ein leichteres Behalten von Lerninhalten
	Festigt bereits Gelerntes
	Fördert ein kommunikatives, in Kontexte eingebundenes Grammatiklernen
	Setzt echte Kommunikation an die Stelle von sinnlosem Wiederholen von Standardsätzen
	Fördert ein intensiveres und nachhaltigeres Sprachenlernen

Bereich	Eigenschaft
Klassen-spezifische Komponenten	Ermöglicht einen schülerorientierten, offenen Unterricht
	Fördert einen besseren Klassenzusammenhalt
	Aktiviert in verschiedenen Arbeitsphasen eine große Schülerzahl
	Bietet Anlässe zu selbständigem, fächerübergreifenden und kooperativen Lernen sowohl im regulären Unterricht als auch im Rahmen von Medienprojekten

Tabelle 8: Positive Eigenschaften der *ELT-Soap* für den Englischunterricht.

Wie bereits in den verschiedenen Kapiteln zuvor ausgeführt, können diese positiven Eigenschaften nur zu Tage treten, wenn die Soap Opera als ganzheitliche Methode eingesetzt wird. Die Lehrkraft muss sich klare Lernziele stecken und sich des gewünschten „linguistic outcome"[442] bewusst sein. Darüber hinaus kann die Methode Soap Opera nur gelingen, wenn die Lehrkraft selber motiviert, engagiert und in der Lage ist, die Themen mit den Schülern auf emotional mitreißende Weise zu erarbeiten. Es bedarf zudem eines abgerundeten Aufgaben- und Materialpaketes, das die Texte der Seifenoper hinsichtlich der fachlichen Lernziele gezielt ergänzt. Wie eine Umsetzung des hier theoretisch Dargestellten in der Praxis aussehen kann, soll im nächsten Teil dieser Dissertation gezeigt werden.

---

[442]Sylvie Jacob, „Have fun with Games while Learning and Teaching a Modern Foreign Language". In *Lehrerkompetenzen und Lernerfolge im frühen Fremdsprachenunterricht*. Hrsg. v. Heidemarie Sarter (Aachen: Shaker Verlag, 2008), 132.

IV Die Soap Opera im Englischunterricht – Praxisbeispiele

Im abschließenden Teil dieser Dissertation sollen zwei aktuelle Praxisbeispiele aufzeigen, in welcher Form die didaktisierte Soap Opera konkret als Lehrmaterial im Englischunterricht und auch zu Hause eingesetzt werden kann. Dazu werden im Folgenden ein internetgestütztes Projekt der BBC sowie ein lehrbuchgestütztes Projekt der medienpädagogischen Abteilung der Westfälischen Wilhelms-Universität in Münster vorgestellt. Beide Beispiele bedienen sich konsequent der Soap Opera als Methode und Mittel, um die englische Sprache in einer für den Lerner besonders motivierenden und lebensnahen Art und Weise zu üben und zu festigen. Daher können diese beiden Soaps auch als *ELT-Soaps* bezeichnet werden, als Seifenopern, die zum Zweck des ‚English Language Teaching‘ eingesetzt werden.

9 *The Flatmates* – Eine Soap Opera im Internet

Die Lernplattform *BBC Learning English*[443] vom British Broadcasting Council stellt Lehrern und Lernern des Englischen ein weites Spektrum an Übungsmaterialien kostenlos zur Verfügung. Das vielfältige, einsprachige Angebot richtet sich an alle Englischlerner, die sich bereits auf einem mittleren bis fortgeschrittenen Niveau der englischen Sprache befinden, und ihre Kenntnisse vertiefen und festigen wollen. So werden neben Übungen zu den Bereichen Grammatik, Vokabeln und Aussprache auch Übungseinheiten zum Thema *Academic Listening, Business English* oder *Jobsearch* angeboten. Darüber hinaus gibt es speziell für Lehrer Vorschläge für Unterrichtseinheiten, Arbeitsblätter zum Download sowie Anregungen zu aktuellen Diskussionen rund um das Thema Englischlehren und -lernen. Als Internetplattform bietet die Website neben den in Klassenzimmern üblichen Ar-

---

[443] http://www.bbc.co.uk/worldservice/learningenglish/[Stand: 14.09.09/11:27].

beitsblättern und Kurzgeschichten auch Podcasts, Videos und mp3-Datein zum kostenlosen Download an. Dadurch stehen dem Lernenden abwechslungsreiche Materialien zur Verfügung, die neben dem Schreiben besonders das Hörvermögen trainieren. Da die Audiodateien meist von englischen Muttersprachlern vertont werden, bietet die Lernplattform eine einfache Möglichkeit, zwar sorgfältig ausgewähltes, aber ebenso in großen Teilen natürlich klingendes Englisch kennenzulernen. Zu einzelnen Themen kann der Lernende sich zudem kurze Clips auf *Youtube*[444] anschauen. Als eines der vielfältigen Angebote zum Üben und Festigen des Englischen soll an dieser Stelle die BBC-Soap-Opera *The Flatmates*[445] vorgestellt werden.

9.1 Das Projekt

The Flatmates als Teil des Lernportals *BBC Learning English* richtet sich an Englischlerner, die Grammatik wiederholen, Vokabeln dazulernen und alltägliche Gesprächssituationen üben möchten.

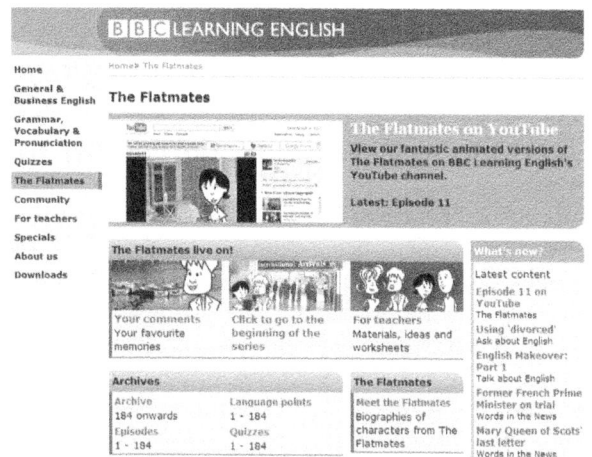

Abbildung 3: *The Flatmates* auf *BBC Learning English*

---

[444]http://www.youtube.com[Stand: 15.09.09/17:07].

[445]http://www.bbc.co.uk/worldservice/learningenglish/flatmates/[Stand: 14.09.09/12:52].

Am 1. August 2005 wurde Episode 1 der ersten Online-Soap-Opera im Internet veröffentlicht und es folgten wöchentlich weitere Episoden.[446] Geschrieben und produziert wurde die Soap von Nuala O'Sullivan, einer ELT (English Language Teaching)-Autorin von *BBC Learning English*.[447] Heute ist das Projekt mit 204 Episoden abgeschlossen. Die Inhalte stehen Interessierten jedoch weiterhin auf der Lernplattform zur Verfügung. *The Flatmates* wurden nicht nur von vielen Lernern als positives Lernangebot aufgefasst. Die eSoap gewann 2008 im Rahmen der britischen Auszeichnungen für besonders innovative Englischangebote den British Council ELTons Award.[448]

9.2 Ziele und Anliegen von *The Flatmates*

Eingebettet in einen Rahmen aus *Quizzes, Language Points, Talk, Background* und *Archive* kann der selbständige Englischlerner in den 204 Episoden der Soap Opera sein Englisch aufbessern und seine Fähigkeiten in den Bereichen Lesen, Schreiben, Hören und Sprechen festigen und erweitern. Dazu begleitet er Tim, Helen, Michal, Khalid und Alice durch ihr multikulturelles WG-Leben in London. In kurzen, ca. einminütigen Episoden werden Themen wie Alltag, Liebe, Sightseeing, Feiertage, Berufsleben, etc. angesprochen. Die Themen machen deutlich, dass neben grundlegenden Sprachkenntnissen auch eine bestimmte Altersgruppe (ca. ab dem 15./16. Lebensjahr) angesprochen wird. Eine Altersgrenze nach oben hin gibt es theoretisch nicht.

Die einzelnen Lerneinheiten der Soap Opera gliedern sich dabei in die bereits erwähnten Schritte *Episode, Language Point* und *Quiz*. Zusätzlich gibt es ein (nun geschlossenes) Diskussionsforum mit dem Titel *Talk* sowie ein Archiv, in dem alle Episoden in einer Übersicht aufgeführt sind. Schon bei den ersten Schritten fällt auf, dass der Lerner recht häufig aktiv in das Geschehen mit einbezogen wird. Er kann Wünsche äußern bzw. abstimmen, welche Grammatik besprochen oder wie die Geschichte weitergeschrieben werden soll. Auf diese Wahlmöglichkeiten wird weiter unten näher eingegangen.

---

[446] http://blogs.rnw.nl/medianetwork/bbc-launches-internet-soap-opera-for-english-learners[Stand: 21.09.09/12:41].

[447] http://www.bbc.co.uk/worldservice/learningenglish/aboutus/2009/02/090205_about_nuala.shtml [Stand: 21.09.09/12:51].

[448] http://www.bbc.co.uk/worldservice/learningenglish/aboutus/2011/03/110304_about_award_eltons2011.shtml [Stand: 06.04.11/09:24].

Zu Beginn ist es empfehlenswert, sich vor dem Einstieg in die Soap unter dem Reiter *Background* mit den einzelnen Charakteren vertraut zu machen (siehe weiter unten). Diese werden vorgestellt und es wird mit soaptypischen Fragen versucht, den Leser für die Geschichte der *Flatmates* zu gewinnen: „... – will their relationship survive?".[449] Mit dem entsprechenden Hintergrundwissen gelingt ein einfacher Einstieg in die nun folgenden Episoden und Lerneinheiten. Genauere Arbeitsanweisungen gibt es dabei für den Lerner nicht. Dennoch lassen sich die logisch aufeinander aufgebauten Lernschritte soweit erkennen, dass ein Nutzer intuitiv geleitet wird. Zudem schlägt das Fenster *What's next?* nach jeder Episode den *Language Point* vor und danach das Quiz. Generell ist der Lerner jedoch frei in seinem Handeln, und kann beliebig zwischen den im folgenden näher erläuterten Bestandteilen des Lernangebotes von *The Flatmates* hin und her springen.

Episoden

Die einzelnen Episoden werden so präsentiert, dass der Lerner sich zunächst auf der Internetseite der Flatmates die jeweilige Episode im ram-Format anhört. Je nach Betriebssystem und vorhandenen Playern auf dem PC muss eventuell für dieses Format eine spezielle Abspielsoftware installiert werden.[450] Als Hilfestellung kann der Text mitgelesen werden. Es ist auch möglich, den Text im nächsten Schritt auszublenden, um so den Schwierigkeitsgrad zu erhöhen. Die Audiodatei kann zudem als mp3-Datei heruntergeladen werden. Dadurch ist der Lerner nicht gezwungen, während der Übung online zu sein. Außerdem können Einheiten beliebig oft und überall wiederholt werden. Das Lerntempo kann somit individuell angepasst werden, denn der Lerner bestimmt selber, wann er sich die nächste Episode anhört.

Language Point

Im nächsten Schritt kann zu jeder Episode eine entsprechende Grammatikeinheit aufgerufen werden, der *Language point*. Neben grundlegenden Erläuterungen zu beispielsweise den einzelnen Satzgliedern, den Zeiten oder bestimmten Vokabelfeldern werden ebenso z.B. Idiome, Affixe oder Homophone behandelt. Die Themen der *Language Points* sollten inhaltlich an die Episoden angelehnt sein, bzw. einzelne Punkte weiter ausführen. Dies gelingt häufig, jedoch wirken einige Überleitungen zu einem grammatischen

---

[449] http://www.bbc.co.uk/worldservice/learningenglish/flatmates/2008/11/081125_flatmates_people_page.shtml[Stand: 21.09.09/13:53].

[450] Der gängige *Windows Media Player* kann z.B. ram-Formate nicht ohne Weiteres abspielen, daher muss die Datei in ein kompatibles Format umgewandelt, oder aber z.B. der *RealPlayer* der RealNetworks GmbH heruntergeladen werden.

Thema etwas gezwungen. Das mag damit zusammenhängen, dass auch hier die Lerner aktiv an den Inhalten beteiligt waren: sie konnten Wünsche angeben, welche grammatischen Themen besprochen werden sollten. Als positiv sind vor allem die Vokabelerläuterungen zu den Episoden zu bewerten, die am Ende des *Language Points* das im Text und in der Grammatik verwandte Vokabular in englischer Sprache genauer und in anderen Worten umschreiben. Es gibt keine direkte Übersetzung in die Muttersprache.

Quiz

Anschließend kann der Lerner ein Quiz durchführen, welches sich an den Erläuterungen des entsprechenden *Language Points* orientiert. In sechs Multiple-Choice-Fragen muss der Lerner die richtigen Satzteile oder Wörter anklicken, die in den präsentierten Lückentext passen. Er hat dabei so viele Versuche wie nötig, wobei bei jedem Klick ein direktes Feedback gegeben wird, ob die Antwort richtig oder falsch war. Da der Lerner seine falsche Antwort immer wieder korrigieren kann, kann er auch durch einfaches Ausprobieren am Ende das Quiz erfolgreich bestehen.

Talk

Die Rubrik *Talk* ist nach Fertigstellung der Episoden nicht mehr aktiv, trotzdem wird dieser interessante Aspekt kurz angesprochen. Während die einzelnen Themen der Episoden behandelt wurden, hatten die Lerner hier die Chance, von eigenen Erfahrungen und ähnlichen Erlebnissen zu berichten, wie sie die Charaktere erlebt haben. Durch den Anreiz, seine eigene Meinung den anderen Lernern mitzuteilen, beteiligten viele Nutzer sich an dieser Übung im freien Schreiben. Eine Korrektur der Beiträge fand jedoch nicht statt. Dennoch trifft diese Form der Auseinandersetzung mit den Themen den Nerv der Zeit, da Nutzer mittlerweile zu jedem Thema in unzähligen Foren und auf vielen Internetseiten wie z.B. *Twitter*[451], *Facebook*[452] oder *StudiVZ*[453] ungehemmt ihre Meinungen preisgeben können. Auch wenn diese Form der Mediennutzung kritisch zu hinterfragen ist, ist der Trend unbestreitbar. Gerade die Nutzung dieser Kommunikationsmöglichkeit für den Austausch im Rahmen des Englischlernens ist jedoch als positiv zu bewerten. In der Talk-Rubrik von *The Flatmates* können ausgewählte Antworten und Beiträge immer noch bei einzelnen Episoden nachgelesen werden. Da die Verfasser der Beiträge neben einem Namen auch ihr Heimatland nennen, wird deutlich, dass Lerner aus der ganzen Welt die Soap Opera nutzen, um ihr Englisch zu verbessern.

---

[451] http://www.twitter.com[Stand: 28.09.09/17:22].
[452] http://www.facebook.com [Stand 02.03.2011/10:26].
[453] http://www.studivz.net[Stand: 28.09.09/17:22].

Background

Der Reiter *Background* bzw. der Link „Meet the Flatmates"[454] führt den
Nutzer des Lernangebotes zu einer Seite, auf der in englischer Sprache die
einzelnen Charaktere der Soap Opera *The Flatmates* vorgestellt werden:
Tim, der ehemalige Schmuckverkäufer mit Ambitionen, sich selbständig zu
machen, Helen, die chinesische Studentin, die unglücklich in einen ehemali-
gen Mitbewohner verliebt ist, Khalid, der Englischstudent aus Bahrein, der
als neuer Mitbewohner einzieht, Alice, die Krankenschwester aus London,
die den Richtigen noch nicht gefunden hat und Michal, Tims Cousin, der
Student an einer EFL School war, bis er nach Polen zurückkehrte. Die kurzen Charakterisierungen zeigen, dass mit der Soap Opera *The Flatmates*
durchaus eine interessante Bandbreite an möglichen Englischlernern angesprochen wird. Durch eine möglichst hohe Identifikation der Lerner mit den
Charakteren und ihren Lebensumständen wird eine lebensnahe Story entwickelt, die den Lerner anspricht, ihn für die Inhalte motiviert und so über
das Interesse ein effektiveres Englischlernen ermöglicht. Die Charakterisierungen können als PDF-Datei heruntergeladen werden.

Archiv

Im *Archive* kann jede Episode, jedes Quiz, und jeder Grammatikteil in einer
Übersicht aufgerufen werden. Die einzelnen Episoden, Language Points,
etc. sind durchnummeriert und mit der Überschrift aufgeführt, so dass das
Wiederfinden eines bestimmten Lernangebotes erleichtert wird.

Die genauere Untersuchung der einzelnen Rubriken zeigt, dass das
Lernangebot *The Flatmates* – vor allem vor dem Hintergrund, dass es sich
um ein kostenloses Angebot handelt – diverse interessante Möglichkeiten
bietet, sich im Englischen weiterzubilden. Das Hörverständnis wird ge-
schult, die Grammatik wird wiederholt, der Austausch mit anderen Lernern
angeregt und gleichzeitig zum freien Schreiben in der englischen Sprache
motiviert. Dennoch lassen sich auch Schwächen erkennen, die die Qua-
lität von *The Flatmates* relativieren. Zunächst findet kaum ein Transfer
des Gelernten auf neue Themenbereiche statt; es fehlen Arbeitsblätter, Arbeitsaufträge oder weiterführende Lernhinweise. Die Grammatik, die wiederholt werden kann, wird nicht ausreichend überprüft. Es findet keine
Ergebnissicherung in Form von z.B. kontinuierlichen, zusammenfassenden
Übungen mit Lösungsblättern statt. Der Lerner kann sich zwar nach eige-
nem Bemessen intensiv oder weniger intensiv mit den Episoden auseinandersetzen, es ist aber nicht möglich, Erfolge zu überprüfen oder Schwächen

---

[454]http://www.bbc.co.uk/worldservice/learningenglish/flatmates/[Stand:
22.09.09/13:04].

aufzudecken. Die angebotenen kleinen Quizspiele sind eine nette Einstreuung, können aber nicht dem Anspruch gerecht werden, Wissen sinnvoll abzufragen. Zudem fehlen übergeordnete Strukturen, die das Wiederfinden von bestimmten inhaltlichen oder grammatikalischen Themen erleichtern würden. Es gibt kein ersichtliches Konzept und die methodisch-didaktische Vorgehensweise der Soap Opera wird dem Lerner nicht plausibel gemacht. Dennoch muss eingeräumt werden, dass *The Flatmates* ganz offensichtlich nicht den Anspruch hat, ein ganzheitliches Lernprogramm für Selbstlerner oder Schulklassen zu sein. Vielmehr wird der Besucher der Seite angeregt, sein Englisch in einer lebensnahen und witzigen Art und Weise aufzufrischen, ohne dabei durch trockene Units geführt zu werden. Er soll sich aktiv mit einbringen und Spaß am Englischlernen haben. Diese Aspekte stehen im Vordergrund und stoßen bei den Nutzern auf große Zustimmung, wie die rege Beteiligung deutlich macht. Das Interesse der Lerner zeigt sich besonders in ihrem Engagement, das sie in die Geschichte der *Flatmates* mit einbringen. Da die Soap in ihrer Entstehungszeit zeitnah geschrieben und episodenweise veröffentlicht wurde, konnten die Nutzer z.B. auf besonders interaktive Art und Weise mit abstimmen, wie die Geschichte sich weiterentwickeln sollte. In der folgenden Abbildung zu Episode 178 wurde beispielsweise danach gefragt, warum sich Khalid und Tim nach Silvester nicht bei Helen oder Alice gemeldet haben. Das Ergebnis der Abstimmung wurde dann bei der nächsten Episode berücksichtigt.

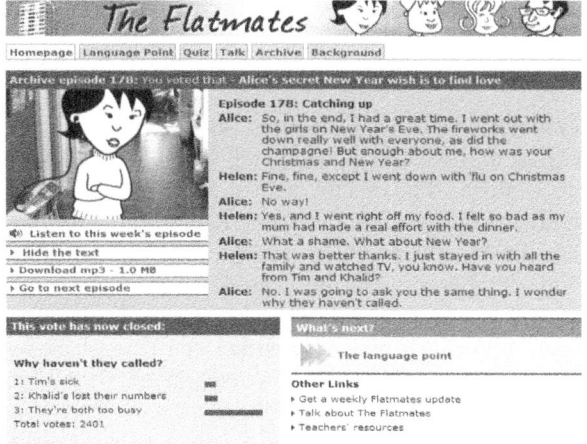

Abbildung 4: Episode 178 mit dem Wahlergebnis von 2401 Nutzern

Durch den Einfluss der Lerner auf das Geschehen wurde somit ein zusätzlicher Anreiz geschaffen, sich aktiv mit dem Lehrmaterial und auch den Nutzern des Lernportals auseinanderzusetzen. Die Beteiligung an diesem Angebot lag durchschnittlich bei 2000 bis 3500 Lernern, die bei der Wahl mit abgestimmt haben. Die Gesamtnutzerzahl der *Flatmates* wird vermutlich etwas höher liegen, wobei die genaue Anzahl der regelmäßig aktiven Lerner statistisch nicht erfasst wurde.

9.3 *The Flatmates* als Soap Opera – Gemeinsamkeiten und Unterschiede zur TV-Soap.

The Flatmates soll als spezielle Seifenoper Lernern helfen, die Ihre Englischkenntnisse verbessern möchten. Sie ist explizit für diesen Zweck entwickelt worden und so ist jede Folge in einen Rahmen aus Grammatikvermittlung (*Language Point*), Wiederholungsquiz, einem Diskussionsforum (*Talk*) etc. eingebettet. Zunächst handelt es sich bei dieser besonderen Form der Soap Opera um eine eSoap. Sie wird also nicht im Fernsehen ausgestrahlt, sondern der Zuschauer kann sich auf *Youtube* einzelne, im einfachen Comicstil gestaltete Episoden anschauen, oder sich auf der BBC Lernplattform Audiodateien anhören und dazu den Text mitlesen. Die gesamte Interaktion zwischen Lerner und Soap findet auf der Lernplattform *BBC Learning English* bzw. zeitweise auf der Website www.youtube.com statt. Ein weiterer entscheidender Unterschied zur klassischen Seifenoper liegt zudem darin, dass die Produktion mit 204 Folgen abgeschlossen ist. Hinzu kommt, dass die einzelnen Szenen meist nicht mit einem Cliffhanger enden, so dass per Definition eine klare Zuordnung zur Seifenoper zumindest in Frage gestellt werden muss.

Die einzelnen Folgen der Seifenoper sind extrem kurz gestaltet. Die meisten Episoden umfassen lediglich 12–20 Zeilen Text. Dabei handelt es sich um reine Dialoge, d.h. es gibt keinen Erzähler, kein beschreibendes oder berichtendes Erzählen, sondern nur eine szenische Darstellung der Geschichte mit direkter Rede. Darin gleicht die Soap dem gängigen Fernsehgenre. Wenn der Lerner sich die Episoden auf *Youtube* anschaut oder die mp3-Datei anhört, beginnen darüber hinaus die Dialoge jeweils mit einer Art kurzer Titelmelodie, wie es auch bei den Fernseh-Soaps üblich ist. Es gibt allerdings keinen ausgefeilten Vorspann mit der Vorstellung der Charaktere oder der Nennung der Sprecher.

Im Unterschied zu den meisten TV-Soaps wird das Format *The Flatmates* nicht genutzt, um eine konsumfreundliche Atmosphäre herzustellen und Produkte zu bewerben. Auf der Website der Flatmates findet sich keine Werbung, außer Verweise auf die Hauptseite der BBC. Auch die Kooperation mit *Youtube* wird nicht explizit beworben. Ebensowenig sind die Episoden an sich gespickt mit Popmusik, aktueller Mode oder hipper Technik. Die eSoap kommt eher neutral und zeitlos daher.

Inhaltlich sind die Geschichten von *The Flatmates* allerdings sehr nah an das Fernsehgenre angelehnt. Alltägliche Probleme, Liebesgeschichten oder Ausschnitte aus dem Berufsleben sind die Hauptthemen der *ELT-Soap*. Es gibt verschiedene Handlungsstränge und -orte, die nach und nach entfaltet werden. Dennoch gibt es auch inhaltlich signifikante Unterschiede zur gängigen Soap Opera. Gerade die Auslegung der Geschichten für das Englischlernen hat bei den Flatmates dazu geführt, dass kein wirklicher Spannungsbogen aufgebaut wird. Die Episoden können den Zuschauer bzw. Leser nicht emotional mitreißen, sondern ihnen haftet auch innerhalb der Story stark der Zweck des Englischlernens an. Auch wenn ein Diskussionsforum und Umfragen den Lerner an die Soap zu binden versuchen, kann der eigentliche Reiz einer Soap Opera kaum transportiert werden. Der Lerner kann sich z.B. nur schwer mit den Charakteren identifizieren. Obwohl diese sehr multikulturell aufgestellt sind (eine Chinesin, ein Pole, eine Engländerin, ein Bahreiner, etc.), sind drei der fünf Hauptcharaktere Studenten. Dies liegt vor allem daran, dass auch inhaltlich häufig das Englischlernen thematisiert werden soll. Allerdings erreicht die Soap dadurch natürlich fast ausschließlich jüngere Englischlerner. Für ältere Lerner sind das WG-Leben sowie die ausschließliche Betrachtung von Problemen junger Erwachsener eventuell nicht immer so interessant. Die Identifikation mit den Charakteren und das Hineinfühlen in die Geschichte um Vergleiche mit dem eigenen Leben herstellen zu können zählen jedoch zu den wichtigsten Bestandteilen, die die Zuschauer von einer echten Soap erwarten (siehe Kapitel 5.5 des zweiten Teils).

Merkmal	Beschreibung	Einschätzung
Form und Struktur	Gestaltung in Textform	+
	Ergänzt um Begleitmaterial	o
	Bereitstellung zusammenhängender Geschichten	+
	Verwendung stilistischer Mittel der klassischen Soap	o

Inhalte und Themen	Bezug zur Lebenswirklichkeit der Jugendlichen	+
	Behandlung von Alltagsthemen	++
	Darüber hinaus Berücksichtigung politischer, kultureller, gesellschaftsrelevanter Themen	++
	Verkörperung differenziertere Moralvorstellungen und Werte	o
	Vermittlung von Fachinhalten	+
	Inhaltliche Berücksichtigung von Lernziele und Unterrichtsbedürfnissen	-
	Keine Verwendung von Werbung	+++
	Kein Aufgreifen zweifelhafter Trends	+
	In Teilen Fokus auf Liebesthemen und Beziehungen	+
	Aufrechterhaltung des Reizes einer klassischen Soap Opera	o
	Thematisierung auf der Metaebene begünstigen	-
Charaktere	Keine oder nur vereinzelte Darstellung von Stereotypen	+
	Bewahrung einer kulturellen und sozialen Vielschichtigkeit der Charaktere	+
	Einbindung von Repräsentanten verschiedener Lebensstile	+
	Anbieten von Identifikationsmöglichkeiten	o
	Figuren können als Projektionsfläche dienen	o
Fachdidaktik/ -methodik	Emotionale Einbindung der Schüler für Lerninhalte nutzen	o
	Medien- und Methodenmix gewährleisten	-
	Medienprojekte anregen	-
	Strukturen für vernetztes, kontextgebundenes Lernen nutzen	o
	Fokus auf kommunikative Kompetenz	+
	Plattform zum Austausch der Schüler untereinander schaffen	++

Tabelle 9: Merkmale der *ELT-Soap* in *The Flatmates* mit beispielhafter Einschätzung auf Grundlage des Vorangegangenen.

(Das Kriterium wird absolut (+++), sehr gut (++), zufriedenstellend (+), nur teilweise (o) oder kaum bis gar nicht (-) erfüllt.)

9.4 Möglichkeiten des Einsatzes von *The Flatmates* im ESL-Unterricht

The Flatmates ist für Selbstlerner geeignet, die bereits solide Kenntnisse im Englischen vorweisen können. Lerner, die noch mehr Unterstützung bei ihrem Fremdsprachenerwerb benötigen, sind auf weiterführende Hinweise und Hilfestellungen angewiesen. Die Online-Soap-Opera kann mit ein wenig Vorbereitung auch im Fremdsprachenunterricht in der Schule eingesetzt werden. Hierzu gibt es auf der Startseite von *The Flatmates* bereits Vorschläge für Lehrkräfte, die die Soap in Ihrem Unterricht einsetzen möchten. Über den Link „For Teachers " [455] gelangt der Leser auf eine Website speziell für Lehrer. Dort gibt es Ideen für den Einsatz von *The Flatmates* im Unterricht, Unterrichtspläne für ausgewählte Episoden, Arbeitsblätter zum Download inklusive der Lösungen, Poster der einzelnen Charakter in bestimmten Situationen, Comic Strips für Bildergeschichten, sowie die Einladung an alle Lehrkräfte, von ihren Erfahrungen mit der Soap in Ihrem Unterricht zu berichten. Die Tipps und Vorlagen sind qualitativ anspruchsvoll. Leider gibt es nur sehr wenige Arbeitsblätter, so dass sie lediglich als Beispiel dienen können.

Dennoch wird es in Hinblick auf Lehrpläne und Lernziele eher schwierig, die *ELT-Soap* vernünftig in den Unterricht zu integrieren. Da es sich um ein Angebot aus Großbritannien handelt, gibt es keine Empfehlungen für den Unterricht an deutschen Schulen. Die wenigen *Lesson packs* geben zwar vereinzelt Hinweise auf die zu erreichenden Lernziele, es findet jedoch keine klare Zuordnung statt. So wäre es beispielsweise hilfreich zu wissen, wie das Sprachlevel ‚Intermediate and above'[456] bezogen auf den gemeinsamen europäischen Referenzrahmen einzuordnen ist. Zudem gibt es keine strukturierte Übersicht über die im Einzelnen in den Episoden vermittelte Grammatik. Daher würde es sehr viel Arbeit für den Lehrer bedeuten, die Episoden durchzusehen, einzuordnen und in den Unterricht mit einzubinden.

Insgesamt kann *The Flatmates* eher zum eigenständigen Üben der Schüler empfohlen bzw. in Vertretungsstunden und Freiarbeitsphasen verwendet werden. Auch wenn diese *ELT-Soap* durchaus nett gestaltet ist und gute Übungsideen beinhaltet, ist sie für eine deutsche Fremdsprachenklasse weniger geeignet. Dazu müsste das Konzept noch ausgearbeitet und die Begleitmaterialien erweitert werden. Für Selbstlerner, die schon ein wenig mehr Erfahrung mit der englischen Sprache haben, ist dies Soap allerdings sehr zu empfehlen.

---

[455] http://www.bbc.co.uk/worldservice/learningenglish/teachingenglish/flatmates/ [Stand:22.09.09/15:53].

[456] http://downloads.bbc.co.uk/worldservice/learningenglish/teachingenglish/flatmates/ te_fm_lessonplan68_070913.pdf [Stand: 06.04.2011/11:35].

10 *Learning Tenses with Cindy* – Eine Soap für den Englischunterricht

Im folgenden Kapitel wird das Projekt *Learning Tenses with Cindy* dargestellt. Ein besonderer Schwerpunkt liegt hierbei auf der Erläuterung der Ziele und Methoden des Lehrwerkes[457] sowie seine besonderen Eigenschaften als Soap Opera für den Englischunterricht. Es soll deutlich werden, inwiefern durch eine Kombination aus lebensnahen Themen und modernen Methoden im Rahmen des Faches Englisch das Lernen der Fremdsprache effektiver und spannender gestaltet werden kann.

Abbildung 5: Das Cover des Englischlehrwerkes *Learning Tenses with Cindy*.
Band 1 erschien 2008 im Buchhandel, Band 2 wird 2010 veröffentlicht.

10.1 Das Projekt, Ziele und Anliegen von *Learning Tenses with Cindy*

Learning Tenses with Cindy stellt zweierlei dar: Auf der einen Seite ist es ein Lehrwerk, das zwar die Grenzen und Traditionen von Standardlehrwerken durch seine Thematik und Konzeption zu überschreiten versucht, aber dennoch für den regulären Englischunterricht an Schulen gedacht ist. Es ist

---

[457]Beatrix Loghin, *Learning Tenses with Cindy* (Bielefeld: Friedrich Schönweiss, 2008).

eine Lernhilfe. Auf der anderen Seite ist das Lehrwerk darüber hinaus in einen konzeptionellen Rahmen eingegliedert, in dem durch eine intensive Zusammenarbeit von Universität und Schule neuartige Wege in der Entwicklung von Lehr- und Lernmitteln gegangen werden sollen. Diese zwei Seiten, das Universitätsprojekt und das Englischlehrwerk an sich, sollen nun herausgestellt werden.

10.1.1 *Learning Tenses with Cindy* als Universitätsprojekt

Das Projekt *Learning Tenses with Cindy* wird in Zusammenarbeit mit der Westfälischen Wilhelms-Universität Münster, der Autorin des Lehrwerkes Beatrix Loghin und der Autorin dieser Dissertation unter der Leitung von Prof. Dr. Friedrich Schönweiss durchgeführt. Ziel ist es, den Englischunterricht durch den Einsatz einer lebensnahen und emotional mitreißenden Soap zu bereichern und das Zeitenlernen bzw. das Üben und Festigen der englischen Zeitformen ab der 7./8. Klasse effektiver zu gestalten. Denn auch wenn die Zeiten bereits mit Beginn der 5. Klasse gelernt werden, ist der Wissensstand in der 8. Klasse meist nicht mehr ausreichend, um einen kommunikativen Einsatz der Sprache zu gewährleisten.

Wie im Folgenden dargestellt wird, soll das Lehrwerk *Learning Tenses with Cindy*[458] nicht nur diesem Kernziel gerecht werden, indem durch eine Festigung der Tenses eine selbstbewusste, fließende Kommunikation gefördert wird, sondern darüber hinaus ebenso essentielle Anforderungen an den Englischunterricht der 7./8. Klasse erfüllen. Wie in den folgenden Kapiteln deutlich wird, orientieren sich die Inhalte thematisch an den im Kernlehrplan aufgeführten Lebensbereichen für die 8. Jahrgangsstufe.[459] In den Bereichen ‚persönliche Lebensgestaltung‘ , ‚Ausbildung/Schule‘ und ‚Teilhabe am gesellschaftlichen Leben‘ werden Themen wie Freundschaft, Sport, Leben in der ‚peer group‘, Aspekte des schulischen Lernbetriebs in den USA und die nationale und regionale Identität am Beispiel einer Region in den USA angesprochen. Diese Themen werden in *LTwC* aufgegriffen. Einzig das Feld ‚Berufsorientierung‘ muss noch ausgearbeitet werden, denn bislang wird das Thema eher nebenbei behandelt, wie etwa bei der Schilderung von Jims Ambitionen, Medizin zu studieren.

---

[458] Im Folgenden abgekürzt als *LTwC*.
[459] *Kernlehrplan für den verkürzten Bildungsgang des Gymnasiums – Sekundarstufe I (G8) in Nordrhein-Westfalen/ Englisch* (Frechen: Ritterbach Verlag GmbH, 2007)(Ministerium für Schule und Weiterbildung), 22.

Durch die kontinuierliche Mithilfe von Studenten und wissenschaftlichen Mitarbeitern des Fachbereichs Erziehungswissenschaften und insbesondere der Abteilung ‚Neue Technologien im Bildungs- und Sozialwesen/ Medienpädagogik' unter Leitung von Prof. Dr. Friedrich Schönweiss wird vor allem die wissenschaftliche Forschung und Weiterentwicklung des reformpädagogischen Hintergrundes gewährleistet. Die konzeptionelle Weiterentwicklung des Projektes wird fortlaufend von der schulischen Praxis unterstützt und geprüft: Dadurch, dass die Autorin das Lehrwerk aus ihren Erfahrungen in ihrem Englischunterricht heraus entwickelt hat, kann *LTwC* genau auf die Bedürfnisse der Schüler eingehen, die ihre Englischkenntnisse wiederholen und festigen müssen. Gerade diese Herausforderung, die Schüler erneut zum Zeitenlernen zu motivieren, wurde in der Praxis erfolgreich erprobt.[460] Zudem steht das universitäre Projekt mit verschiedenen Institutionen, die *LTwC* nutzen, im ständigen Kontakt, um Kritik und Anregungen in die Weiterentwicklung mit einzubeziehen. Gerade diese enge Verzahnung von Schule und Universität ermöglicht eine praktische und auch umsetzbare Ausrichtung des Lehrwerkes sowie einen fundierten wissenschaftlichen Rahmen, der die neuesten Erkenntnisse im Bereich der Englischmethodik und -didaktik mit einbezieht.

Fortlaufend und als Open-End-Projekt gestaltet wird das bereits bestehende Lehrwerk kontinuierlich durch weiterführende Materialien ergänzt. In studentischen AGs unter der Leitung von Professor Schönweiss und seinen Mitarbeitern entwerfen die Studierenden weitere Lernmaterialien, Texte und arbeiten ebenso an multimedialen Produkten, die das Englischlernen mit *LTwC* bereichern und ergänzen. Unter Leitung der Autorin dieser Dissertation entstand unter anderem in den Semestern von 2007 bis 2009 die Internetseite www.learning-tenses.net. Diese Website soll in Zukunft Lehrern als Austauschplattform, Materialsammlung, Informationsseite und Adresse für Internetrecherchen der Schüler dienen. Ebenso bietet sie einen idealen Platz, um Austauschprogramme zu initiieren, Schülerprodukte zu veröffentlichen und auch kleine Übungsprogramme zur Vorbereitung auf Klassenarbeiten online zu stellen.

---

[460]Siehe Kapitel 9.4 zur Evaluation des Lehrwerkes *LTwC*.

Abbildung 6: Die lehrwerkbegleitende Website www.learning-tenses.net.

Darüber hinaus ist im Sommersemester 2010 ein Konzept sowie ein erster Prototyp einer lehrwerkbegleitenden Lernsoftware entstanden, die mit Hilfe eines Autorensystems programmiert wurde. Idee ist es, den Lehrern ein Beispiel an die Hand zu geben, wie sie selbständig passgenaue Lernsoftware für ihren Unterricht erstellen können, um die individuellen Lernschwierigkeiten ihrer Schüler aufzugreifen und zu verbessern.

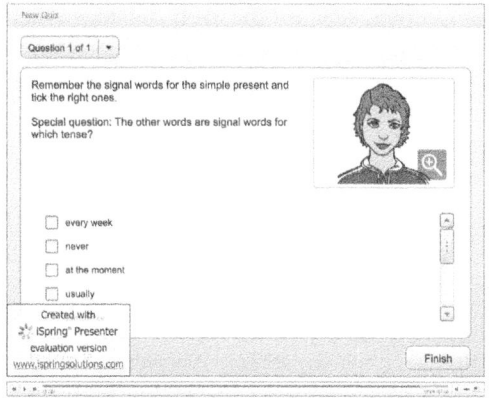

Abbildung 7: Die lehrwerkbegleitende Lernsoftware.[461]

---

[461] Erstellt mit der Autorensoftware iSpring Presenter von iSpring Solutions, Inc.

10.1.2 Das Lehrwerk *Learning Tenses with Cindy*

Das Lehrwerk *LTwC* wurde von der amerikanischen Muttersprachlerin Beatrix Loghin verfasst. Die Autorin ist Lehrerin am Oberstufenkolleg in Bielefeld und eng mit der Pädagogik Hartmut von Hentigs verbunden, der als ehemaliger Leiter der Laborschule Bielefeld, Erziehungswissenschaftler und bedeutender Reformpädagoge die Schirmherrschaft für das Projekt *Learning Tenses with Cindy* übernommen hat. Für das Lehrwerk bedeutet dies zwar nicht, dass es dogmatisch eine Umsetzung von von Hentigs Leitlinien anstrebt, dennoch lassen sich einige seiner Ideen in der Umsetzung des Lehrwerkes wiederfinden. So ist beispielsweise eine Überzeugung von Hentigs, dass es die Schule zunächst mit den Lebensproblemen der Schüler aufnehmen muss, bevor Lernprobleme gelöst werden können.[462]. Dies gelingt nur, wenn Schule als „Lebens- und Erfahrungsraum"[463] wahrgenommen wird, in der leben und lernen nicht getrennt voneinander stattfindet.[464] Ebenso zeigte er schon in den 1990er Jahren die Bedeutung von Unterschieden als Bereicherung der Gemeinschaft auf, aus denen ein individuell fördernder Unterricht resultieren muss.[465] Nicht zuletzt begreift er Schule als Gesellschaft im Kleinen, Schule als ein Lebensort, der Schülern beibringt eigenverantwortlich zu denken und sich politisch verantwortungsbewusst in die Gesellschaft mit einzubringen.[466] Im Zuge dessen geht es auch in *LTwC* immer wieder darum, seine eigene Meinung und seine eigenen Gefühle auszudrücken, Ideen mit einzubringen, kulturelle, moralische oder auch politische Unterschiede zu begreifen und zu reflektieren, und vor allem aus Sicht des Lehrers, sich auf die Welt der jugendlichen Lerner einzulassen, ihre Probleme zu verstehen, ernst zu nehmen und in den Diskurs zu treten.

Vor diesem Hintergrund entstand die Geschichte um die junge Frau Cindy Walker, deren Alltag die Lerner in *LTwC* begleiten. Eine kurze inhaltliche Zusammenfassung findet sich auf der Internetseite www.learningtenses.net, die im Rahmen der studentischen Projekt-AGs entstanden ist:

> Cindy Walker, 20, lives in Portsmouth, New Hampshire, and studies psychology at the university in Durham. Her life seems perfect: She loves her beautiful town, her studies and her friends. Especially the

---

[462]Vgl. Hartmut von Hentig, *Schule neu denken* (Weinheim, Basel, Berlin: Beltz Verlag, 2003), 190.

[463]Ebd.

[464]Vgl. ebd., 215–219.

[465]Vgl. ebd., 219–222.

[466]Vgl. ebd., 191.

weekends are joyful, because then she meets Jim, her boyfriend. Her long time relationship is all the more important as at home she did not discover an ideal world. Her parents are divorced and although she forgave her father, who left the family three years ago, there are still problems emerging with Susie, Cindy's little sister. She cannot forgive... As part one opens, Cindy's world is looking good. But soon Cindy meets her fate: Her car breaks down and nobody is able to help her. Nobody but Don, the native American guy, who has just moved into Cindy's neighborhood. [467]

Die kurze Inhaltsangabe macht deutlich, dass sich das Lehrwerk thematisch auf die typischen Soap-Themen wie Liebe, Freundschaft und Familie einlässt, wobei auch stilistisch mit typischen Genre-Merkmalen wie den Cliffhangern gearbeitet wird. Entlang verschiedener Themenbereich entwickelt sich über 25 Kapitel hinweg eine dramatisch-emotionale Geschichte, die zugleich zur Situation passend die englischen Zeiten wiederholt. In dem bislang erschienenen Band 1 des Lehrwerkes werden vor allem das *simple present* und das *present progressive* geübt:

Scene	Title	Tense/ Grammar
1	All about Cindy	Simple Present Tense
2	A Little Sister	Simple Present Tense
		Questions and Negatives
3	Our Family	Simple Present Tense *to be*
4	Cindy is Having a Terrible Day	Present Progressive
5	Meet Jim Bradshaw	Present Progressive
		Questions and Negatives
6	Disaster Strikes	Verbs Not Used with PP
7	Dustin Needs Help	Modals in Present Tense
8	A Mother's Advice	Revision of Texts 1–7

Tabelle 10: Kapitelinhalte und behandelte Zeitformen in *Learning Tenses with Cindy* (Band 1).

Der zweite und letzte Band, der in absehbarer Zeit veröffentlicht wird, enthält die restlichen Zeitformen sowie zusätzliche grammatische Themenfelder.

---

[467] http://www.learning-tenses.net [Stand:15.02.11/11:34].

Scene	Title	Tense/ Grammar
9	A Dramatic Moment	Simple Past Tense
10	A Worried Father	Simple Past Tense
		Questions and Negatives
11	Tensions	Simple Past Tense to be
12	A Lesson in Courage	Past Progressive Tense
13	Questions, but no Answers	Past Progressive Tense
		Questions and Negatives
14	Susie is Dejected	Revision of Texts 9–13
15	The End of the World	Present Perfect Simple Tense
16	Jenna's Tough Decision	Present Perfect Progressive Tense
17	A Father Speaks	Simple Past Tense
		Present Perfect Tense
18	Meet Don Robineau	Past Perfect Tense: Simple
		Progressive
19	A Conversation with Consequences	Revision of Texts 15–18
20	Shattered Dreams	Conditional I Tense
		Conditional II Tense
21	Friends	Future-Tenses
22	Living in the Present	If-Sentences
23	Coal and Diamonds	Reported Speech
24	Trouble – Big Time	Passive
25	Party Time	Revision of Texts 19–24

Tabelle 11: Kapitelinhalte und behandelte Zeitformen in *Learning Tenses with Cindy* (Band 2).

Das Lehrwerk ist hinsichtlich der Struktur der einzelnen Kapitel in gleicher Art und Weise aufgebaut. Angelehnt an die Ideen von Hentigs folgt der Aufbau dem Dreischritt ‚Erleben‘, ‚Einordnen und Systematisieren‘ und ‚Üben‘. Wichtig ist dabei jedoch, dass in diesem Lehrwerk keine Ersteinführung der Zeiten stattfindet, sondern eine Festigung und Übung in den Fokus gerückt wird. Die Schüler **erleben** zunächst eine Szene der Soap Opera. Dieser Einstieg ist plausibel, denn „bevor Lernende grammatikalische Phänomene selbst sicher verstehen und anwenden können, müssen sie diesen mehrmals rezeptiv begegnet sein (rezeptiver Puffer)"[468]. Der Inhalt der Einstiegsszene verdeutlicht, warum gerade eine bestimmte Zeitform von

---

[468] Friederike Klippel; Sabine Doff, *Englischdidaktik* (Berlin: Cornelsen Scriptor, 2007), 62.

den Akteuren benutzt wird: Cindy stellt sich vor – *simple present*, ein Charakter beschreibt aufgeregt, was gerade passiert – *present progressive*, etc. Somit wird den Schülern der Zusammenhang von Inhalt und Gebrauch einer bestimmten Zeit verdeutlicht. Diese Vorgehensweise ist nicht neu, jedoch hat die Autorin sich bemüht, trotz einer Kontextualisierung der Zeitformen ein „authentisches Englisch und ansprechende Textinhalte"[469] zu verwenden.[470] Zudem wird nicht der Versuch unternommen, möglichst viele Formen in einem Text unterzubringen, wie es manche Lehrwerke anstreben, sondern stattdessen eine Zeitform akzentuiert an besonders sinnvollen Textstellen verwendet. Textformatierungen heben zudem wichtige Elemente nochmals hervor. An den Text schließen sich im Teil *Focus on the text* Übungen und Diskussionsthemen an. Gerade motivierte Schüler mögen Diskussionen, insbesondere, wenn die Themen sie wirklich interessieren. Sie wollen sich austauschen, Feedback bekommen und auf ihrem Weg zum Erwachsenendasein lernen, ihren Standpunkt zu vertreten.[471] Eine Diskurskultur wird immer wieder durch entsprechende Anregungen im Lehrwerk gefördert.

Nach dieser Motivationsphase, die den Schüler auch emotional involvieren soll, folgt der zweite Teil, das **Einordnen und Systematisieren**. In diesem nächsten Schritt, der mit der Überschrift *Focus on language* eingeleitet wird, befassen sich die Schüler mit dem eigentlichen Thema: der Grammatik. In den immer gleich ablaufenden Schritten *Tense Review* bzw. *Grammar Review, Tense Study* bzw. *Grammar Study* und darauf folgende *Practices* wird der Schüler zunächst mit Unterstützung des Lehrers angeregt, sich die Regeln und Bildung der jeweiligen Zeit wieder ins Gedächtnis zu rufen. Diese konsequent verfolgte Vorgehensweise kann als induktiv bezeichnet werden, da nach der Betrachtung von Einzelphänomenen auf die Grammatikregel eingegangen wird. Anschließend wird die Zeitform kurz und prägnant wiederholt. Gelerntes soll reaktiviert und Wissenslücken gefüllt werden. In den abschließenden **Übungen** wird das Gelernte geübt und automatisiert. Die Schüler müssen Verben flektieren, Begründungen für die Verwendung einer Zeit formulieren und auf verschiedensten Wegen Zeitformen identifizieren und verwenden. In dieser Phase des vermehrt „mechanischen Übens"[472] sollten die zu lernenden Strukturen, Verben und

---

[469] Colin Black; Wolfgang Butzkamm, *Klassengespräche – Kommunikativer Englischunterricht: Beispiel und Anleitung* (Heidelberg: Quelle und Meyer, 1977), 116–117.

[470] Vgl. ebd., 116.

[471] Vgl. Seth Lindstromberg, *Language Activities for Teenagers* (Cambridge: Cambridge University Press, 2004), 191.

[472] Herbert Gudjons, *Neue Unterrichtskultur – veränderte Lehrerrolle* (Bad Heilbrunn:

Vokabeln in kurzem zeitlichen Abstand nach der Wiederholung der Zeiten verinnerlicht und angewandt werden.

Durch den wiederkehrenden Ablauf wissen die Schüler nach kurzer Zeit, was von ihnen verlangt wird, so dass keine wertvolle Arbeitszeit durch die ständige Erläuterung neuer Aufgaben verschwendet wird. Die klare Struktur kommt zudem lernschwächeren Schülern zugute, die sich an einem festen, vertrauten Vorgehen orientieren können. Dieses Fokussieren der Inhalte wird zudem durch eine klare Symbolik unterstützt. Kleine, wiederkehrende Aufgabensymbole signalisieren dem Schüler auf einen Blick, ob es sich z.B. um eine Gruppenarbeit, eine Internetrecherche oder eine Grammatikaufgabe handelt.

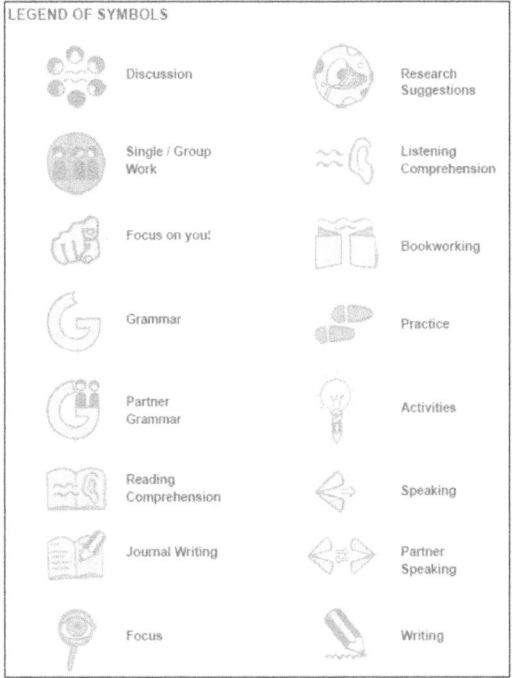

Abbildung 8: Symbole für Aufgabentypen in *Learning Tenses with Cindy*.

Als wichtigstes Anliegen dieses reformpädagogischen Lehrwerkes können allerdings die Bemühungen angesehen werden, den Schülern eine englische

---

Verlag Julius Klinkhardt, 2006), 131.

Sprache zu vermitteln, die mehr ist als eine reine Unterrichtssprache. Grammatik ist dabei ein integraler Bestandteil der Sprache und wird stets mit eingebunden. Durch das Genre Soap Opera soll ein kommunikativer Englischunterricht entfaltet werden, der eben auch Spaß machen kann.[473] Ganz im Sinne des *Communicative-functional Approach* werden die Lerner immer wieder dazu angeregt, ihre Persönlichkeit in der Verwendung der Sprache zu entfalten, sich intensiv mit Partnern oder für sich alleine mit für sie relevanten Themen auseinanderzusetzen. Dieses Konzept wird besonders im *Focus on you*-Teil des Lehrwerkes sichtbar, der sich an die Übungen als letzter Abschnitt eines jeden Kapitels anschließt. Hier finden sich Aufgaben, die den Lerner auffordern, sich über seine Formen der Stressbewältigung Gedanken zu machen, einen persönlichen Tagebucheintrag zu verfassen, seine Familie mit ihren Vorzügen und vielleicht auch Eigenheiten zu beschreiben oder über schwierige Entscheidungen im eigenen Leben zu berichten. Im Zuge dieser Aufgaben sollen die behandelten Zeitformen oder Redemittel verwendet werden, um sie zu festigen und „elaborierend"[474] zu üben. Dabei soll im Prinzip das bereits gelernte neu konstruiert, „neu vernetzt und mit Vorwissen verknüpft"[475] werden. Wichtig bei dieser sehr vertiefenden, selbstgesteuerten und lebendigen Auseinandersetzung mit der Sprache ist, dass die Texte der Schüler zu großen Teilen nur auf Wunsch von der Lehrkraft korrigiert oder vor der Klasse präsentiert werden müssen. In erster Linie geht es darum, dass der Lerner seine Emotionen, Ideen und Gedanken in der Zielsprache kreativ formuliert. Zudem stehen häufig Auswahlmöglichkeiten bereit, um dem Lerner eine Wahl zu lassen, ob er über ein persönliches Thema schreiben möchte, oder nicht.

10.2 *Learning Tenses with Cindy* als Soap Opera – Gemeinsamkeiten und Unterschiede zur deutschen TV-Soap

LTwC ist als Seifenoper konzipiert, unterscheidet sich jedoch in einigen Aspekten signifikant von der TV-Soap. Dies ist unablässlich, um sie im Unterricht zum Einsatz bringen zu können. Dennoch hat die Autorin des Lehrwerkes das Ziel vor Augen gehabt, eine ähnlich spannende, dramatische

[473] Vgl. Friederike Klippel; Sabine Doff, *Englischdidaktik* (Berlin: Cornelsen Scriptor, 2007), 62.
[474] Herbert Gudjons, *Neue Unterrichtskultur – veränderte Lehrerrolle* (Bad Heilbrunn: Verlag Julius Klinkhardt, 2006), 132.
[475] Ebd., 132–133.

und auch übertriebene Geschichte für den Englischunterricht zu entwickeln, die die Schüler emotional anspricht und sie im Sinne der Lernziele in ihren Bann zieht.

Zunächst stellt der Leser sofort einen elementaren Unterschied zur Fernseh-Soap fest: Die Seifenoper kommt als Text daher, nicht als 30-minütige, von Werbeblöcken unterbrochene Fernsehproduktion. Die Gründe dafür liegen auf der Hand. Trotzdem sind charakteristische Elemente übernommen worden: Die Geschichte rund um Cindy Walker erstreckt sich über mehrere Szenen, die jeweils unterschiedlich miteinander verwobene Handlungsstränge präsentieren. Die Szenen sind dialoggeprägt und enden oft mit einem Cliffhanger, der den Leser neugierig macht auf mehr. Die Handlungsorte sind auf einige wenige beschränkt und werden meist auch nicht explizit beschrieben oder in die Szene eingebunden: Cindys Zuhause, die Universität bzw. das Studentenwerk oder die High School. Die Handlung im Sinne von ‚action' ist eher dünn, dafür liegt der Fokus auf Dialogen, die den nötigen Inhalt liefern.

Die Familie Walker sowie ihre Freunde gehören darüber hinaus zur typischen Mittelschicht, leben in einer kleinen, unspektakulären Stadt in New Hampshire und haben mit ganz normalen, alltäglichen oder zumindest verbreiteten Problemen zu kämpfen: Scheidung, Liebeskummer oder Schulprobleme der Kinder. Gerade diese Beschreibung alltäglicher Probleme gehört zum Geheimrezept der Soap Opera. Durch eine geschickte Dramatisierung und Intimisierung, wie sie auch die Autorin in *LTwC* einfließen lässt, wird ein Spannungsbogen aufgebaut. So fängt vor allem die Geschichte um Cindy und ihre Beziehungskrisen den Leser ein und animiert ihn zum Weiterlesen.

Der große Unterschied zur TV-Soap ist allerdings, dass die Spannung, die emotionale Betroffenheit der Leser und die Dramatisierung vorrangig dazu dienen, einen tiefer liegenden Sinn zu transportieren, der bei den Fernseh-Soaps fehlt. Hier soll der Lerner motiviert werden, eine fremde Sprache zu verstehen, zu benutzen und ihre Grammatik besser zu begreifen. Die Szenen binden den Lerner emotional mit ein, wodurch ein besseres Behalten von Vokabeln und vor allem Zeitstrukturen gewährleistet werden soll.

Darüber hinaus werden politische Themen nicht wie in den meisten für Jugendliche konzipierten Soaps ausgespart. Die Scene 15 widmet sich dem 11. September und seinen Auswirkungen.[476] Susie erzählt ihrer Mut-

---

[476] Beatrix Ahlswede-Stefanink, *Learning Tenses with Cindy* (Münster: Prof. Dr. Friedrich Schönweiss, 2007) (2. Edition, unveröffentlichtes Manuskript), 112–119.

ter, wie sie und ihre Klasse in der Schule vom Direktor über die Anschläge informiert worden sind und ist sehr mitgenommen. Hinzu kommt, dass sie kurz darauf von ihrer Freundin erfährt, dass einer der Co-Piloten der Vater eines Mädchens auf ihrer Schule war. Es schließt sich ein emotionales Gespräch über die Todesstrafe in Amerika an, die Taneesha, Susies Freundin, zunächst für die Terroristen für gerechtfertigt hält. Aber Susie und Becky erzählen ihr von Mahatma Gandhi und seiner Idee eines friedvollen Miteinanders.[477] Solche gesellschaftspolitischen Überlegungen sind für eine TV-Soap fast undenkbar, können aber im schulischen Kontext Antstöße zu Diskussionen und fächerübergreifenden Aufgaben geben.

Ein weiterer Unterschied besteht darin, dass kein Wert auf eine konsumfreudige, markenforcierende Umgebung gelegt wird. Natürlich kann eine realitätsnahe Geschichte nicht auf die Erwähnung eines Handy oder eines Computers verzichten, allerdings werden hier nicht die neuesten Geräte vorgestellt oder unterschwellig die neueste Popgruppe beworben. Einzig der Sänger Tupac Shakur wird namentlich erwähnt. Da der Sänger aber knapp 15 Jahre tot ist, wird er nur noch vereinzelt den Schülern bekannt sein. Er wird als Lieblingskünstler von Susie, Cindys kleinerer Schwester, vorgestellt. Die reale Person dient allerdings mehr dazu, den individuellen, alternativen Charakter von Susie zu skizzieren. Dennoch lässt sich nicht abstreiten, dass bis auf Susie die Charaktere auf den ersten Blick ganz soapecht recht stereotyp gestaltet sind: Das blonde amerikanische brave Mädchen, der fleißige Medizinstudent mit den löblichen Absichten, ein Heilmittel gegen Krebs zu finden, der kleine, etwas pummelige Bruder, der in der Schule gemobbt wird oder die gutaussehende, nette Freundin, deren Homosexualität mehr chic als problembehaftet daherkommt. Nichtsdestotrotz zeigt sich in *LTwC* ein Bemühen, neben stereotypen Eindrücken die jeweiligen Charaktere ambivalent darzustellen. Cindy beispielsweise hat nach der Scheidung der Eltern so mit sich zu kämpfen, dass sie zu essen aufhört und magersüchtig wird. Susie strebt, ganz untypisch für ein Mädchen, eine Karriere im Basketball an und auch die Jobs von Becky oder Cindy sind nicht so hip wie in den meisten TV-Soaps: Cindy trägt morgens in aller Frühe Zeitungen aus und Becky arbeitet in einer Bank. Auch wenn ihr die Arbeit nicht sonderlich Spaß macht, sieht sie ein, dass es besser ist, in ihrem Alter wenigstens irgendeine Arbeitsstelle zu haben.[478]

---

[477] Beatrix Ahlswede-Stefanink, *Learning Tenses with Cindy* (Münster: Prof. Dr. Friedrich Schönweiss, 2007) (2. Edition, unveröffentlichtes Manuskript), 114.

[478] Vgl. Beatrix Loghin, *Learning Tenses with Cindy* (Bielefeld: Friedrich Schönweiss, 2008), 35.

Es wird deutlich, dass die Soap für den Englischunterricht durchaus gesellschaftsrelevante und auch aktuelle Themen behandelt, aber dennoch im Sinne einer charakteristischen Genre-Verkörperung mit typischen stilistischen und inhaltlichen Mitteln der Soap Opera daherkommt.

Merkmal	Beschreibung	Einschätzung
Form und Struktur	Gestaltung in Textform	+++
	Ergänzt um Begleitmaterial	+
	Bereitstellung zusammenhängender Geschichten	++
	Verwendung stilistischer Mittel der klassischen Soap	+++
Inhalte und Themen	Bezug zur Lebenswirklichkeit der Jugendlichen	++
	Behandlung von Alltagsthemen	+++
	Darüber hinaus Berücksichtigung politischer, kultureller, gesellschaftsrelevanter Themen	+
	Verkörperung differenzierter Moralvorstellungen und Werte	+
	Vermittlung von Fachinhalten	++
	Inhaltliche Berücksichtigung von Lernziele und Unterrichtsbedürfnissen	+
	Keine Verwendung von Werbung	++
	Kein Aufgreifen zweifelhafter Trends	+
	In Teilen Fokus auf Liebesthemen und Beziehungen	+++
	Aufrechterhaltung des Reizes einer klassischen Soap Opera	++
	Thematisierung auf der Metaebene begünstigen	-
Charaktere	Keine oder nur vereinzelte Darstellung von Stereotypen	+
	Bewahrung einer kulturellen und sozialen Vielschichtigkeit der Charaktere	o
	Einbindung von Repräsentanten verschiedener Lebensstile	++
	Anbieten von Identifikationsmöglichkeiten	+
	Figuren können als Projektionsfläche dienen	+

	Emotionale Einbindung der Schüler für Lerninhalte nutzen	++
Fachdidaktik/ -methodik	Medien- und Methodenmix gewährleisten	o
	Medienprojekte anregen	o
	Strukturen für vernetztes, kontextgebundenes Lernen nutzen	+
	Fokus auf kommunikative Kompetenz	++
	Plattform zum Austausch der Schüler untereinander schaffen	-

Tabelle 12: Merkmale der *ELT-Soap* in *LTwC* mit beispielhafter Einschätzung auf Grundlage des Vorangegangenen.
(Das Kriterium wird absolut (+++), sehr gut (++), zufriedenstellend (+), nur teilweise (o) oder kaum bis gar nicht (-) erfüllt.)

10.3 Einbettung der Soap Opera in den Unterricht

Am Beispiel der *ELT-Soap LTwC* soll an dieser Stelle gezeigt werden, wie das Genre Soap und insbesondere die für den Unterricht modifizierte Soap Opera in den regulären Englischunterricht integriert werden kann. Dazu werden im Folgenden Möglichkeiten aufgezeigt, wie *LTwC* als Ergänzungslehrwerk oder aber im fächerübergreifenden Unterricht dazu beiträgt, den Englischunterricht moderner, lebensnaher und kommunikativer zu gestalten.

Das Lehrwerk *LTwC* kann in drei Bereichen seinen Einsatz finden: im Rahmen von Schule im Englisch-, Förder- und Vertretungsunterricht sowie in Projektwochen und AGs, im Nachhilfeunterricht durch Eltern, Lehrer oder Institutionen, oder zu Hause als Selbstlernlehrwerk. *LTwC* ist aber vor allem als Ergänzungslehrwerk zu den bereits eingesetzten Lehrwerken im Englischunterricht gedacht. Es gibt verschiedene Möglichkeiten, die Soap in den Unterricht einzubetten. Neben einer Nutzung in Freiarbeitsphasen oder im Vertretungsunterricht ist der Einsatz sowohl im speziellen Förderunterricht als auch regelmäßig zu Beginn oder am Ende der Englischstunde möglich. Da im Rahmen dieser Dissertation der Fokus auf den Englischunterricht in der Sekundarstufe I gelegt wird, werden im Folgenden der Einsatz von *LTwC* als Ergänzungslehrwerk sowie die Möglichkeiten für einen fächerübergreifenden Unterricht beschrieben.

10.3.1 *Learning Tenses with Cindy* als **Ergänzungslehrwerk**

Das Lehrwerk *Learning Tenses with Cindy* dient vorrangig als Ergänzungslehrwerk für den regulären Englischunterricht in der Sekundarstufe I. Dies rührt daher, dass inhaltlich die englischen Zeiten wiederholt und gefestigt werden. Neben weiteren grammatischen Elementen wie beispielsweise die Wiederholung der indirekten Rede oder der *If-Senteces* sowie Aufgaben zur Textproduktion liefert das Schülerbuch keine umfassende Grammatik oder Wortschatzübungen. Dies ist auch nicht Ziel des Lehrwerkes, welches sich hauptsächlich auf die Zeiten konzentriert. Dennoch wird neben dem Hauptanliegen deutlich, dass *LTwC* übungsbegleitend Wert legt auf Lernziele, die reformpädagogische Einflüsse haben. Folgende Lernziele sollen mit Hilfe von *LTwC* erreicht werden:

- Ein besseres Verständnis und der korrekte Gebrauch der englischen Zeitformen,
- Förderung der kommunikativen Fähigkeiten,
- Ausbildung der Fähigkeit, Essays zu schreiben und dabei Bindungswörter korrekt benutzen zu können,
- Ausbildung der Fähigkeit, Ergebnisse und Informationen angemessen in englischer Sprache präsentieren zu können (Research Suggestions),
- Entwicklung von Sprachbewusstsein durch Reflexion und bewusste Begründung des Einsatzes bestimmter Zeitformen (unterstrichene und fett gedruckte Zeiten in den Scenes),
- Förderung des Englischen als eine eigene Sprache, die nicht nur als zu erlernende Schulsprache verstanden wird (Journal Writing),
- Unterstützung des Lerners in seiner persönlichen Entwicklung durch die Behandlung lebensnaher Themen, die ihn auch an seinen eigenen Konflikten wachsen lassen,
- Einblick in die amerikanische Kultur und ihre Vielfalt geben.[479]

Da der Lehrer meistens eine Fülle an Unterrichtsstoff bewältigen muss, muss der Einsatz von verschiedenen Materialien gut geplant werden. Daher ist es wichtig, sich vor dem Einsatz von *LTwC* bewusst zu machen, wie das Zeitenlernen mit dieser Soap Opera regelmäßig in den Englischunterricht integriert werden kann. Gerade auch in Hinblick auf die Reihenfolge der Wiederholung der englischen Zeit muss der Lehrer ein Konzept entwickeln, das seiner Klasse am besten hilft, die Grammatik zu verinnerlichen. Nur

---

[479]Sandra Kerst, „Handreichung – *Learning Tenses with Cindy*: Einsatz in Schule, Fördereinrichtungen und zuhause". Hrsg. v. Friedrich Schönweiss (Münster: Lernserver der Uni Münster, 2009), 4.

weil in dem Lehrwerk *LTwC* eine bestimmte Abfolge der Zeiten vorgegeben ist, kann nicht vielleicht auch eine andere Reihenfolge für die Bedürfnisse der Schüler sinnvoll sein. Eine Möglichkeit ist z.b., einen festen 10-Minuten-Block am Anfang oder am Ende der Englischstunde festzulegen.[480] Hier ist es von Vorteil, dass die Schüler nach wenigen Unterrichtseinheiten mit *LTwC* mit der Struktur und dem Ablauf bekannt sind, so dass der Lehrer direkt inhaltlich einsteigen kann. Zudem vereint *LTwC* die Elemente von Textbook und Workbook. Die Schüler können in dem Lehrwerk arbeiten und direkt die Übungsaufgaben ausfüllen. Eine Abwechselung von Gruppen- und Einzelarbeitsphasen sorgt für eine hoch bleibende Konzentration der Schüler und viele Fragen und Diskussionsthemen motivieren immer wieder zu einer Kommunikation der Schüler untereinander. Hier ist vor allem Ziel, das Frontalgespräch zwischen Lehrer und Schüler eher zu vermeiden, um den Schülern Hemmungen zu nehmen und sie zum Sprechen zu motivieren. Durch eine große Aufgabenauswahl, genaue Arbeitsanweisungen und wiederkehrende Abläufe kann das Lehrwerk ohne Unterrichtsvorbereitung eingesetzt werden.

Die dem Lehrwerk beiliegende Audio-CD ist von amerikanischen Muttersprachlern besprochen. Die jeweils einleitenden *Scenes* werden flüssig und ansprechend vorgetragen. Zum Einen soll hier bewusst eine andere Variation des Englischen in das Klassenzimmer gebracht werden, da viele Lehrwerke ausschließlich britisches Englisch als Hörverständnisübung anbieten. Zum Anderen sind die Texte so gesprochen, dass sie sich der Sprache realer Gesprächssituationen annähern. Anfangs mag es dadurch zur Überforderung einzelner Schüler kommen, da recht schnell gesprochen wird. Mit der Zeit allerdings wird das Hörverständnis der Schüler wesentlich verbessert, und es tritt kein ‚Schock' auf, wenn tatsächlich einmal mit einem Muttersprachler kommuniziert wird. Die Schüler „sollten lernen, sich durch Verstehenslücken nicht entmutigen zu lassen und das Einhören als langfristigen(...) Prozess zu akzeptieren"[481]. Die Texte werden zudem laut Arbeitsanweisung in einem späteren Schritt mitgelesen, so dass ein grundlegendes Verständnis auf jeden Fall gewährleistet wird. Dennoch sollen die Schüler herausgefordert werden, ihr Hörverständnis auf die Probe zu stellen und auch die Möglichkeit bekommen, ihren Lernfortschritt mit jedem Ka-

---

[480] Für ein Beispiel für einen Unterrichtsablauf siehe: Sandra Kerst, „Handreichung – *Learning Tenses with Cindy*: Einsatz in Schule, Fördereinrichtungen und zuhause". Hrsg. v. Friedrich Schönweiss (Münster: Lernserver der Uni Münster, 2009), 12–13.

[481] Friederike Klippel; Sabine Doff, *Englischdidaktik* (Berlin: Cornelsen Scriptor, 2007), 158.

pitel zu verfolgen. Die Audio-CD als Begleitmaterial ist mittlerweile Standard bei Englischlehrwerken. *LTwC* bietet darüber hinaus noch die nette Ergänzung, dass die Dateien als mp3-Files im Internet heruntergeladen werden können.[482] So können sich die Schüler bei Bedarf die Inhalte immer wieder anhören, auch zeitgemäß auf mp3-Playern oder Handys.

Neben dem regelmäßigen Einsatz von *LTwC* zu Beginn oder am Ende der Stunde gibt es noch weitere Möglichkeiten, das Zeitenlernen mit diesem Lehrwerk in den Englischunterricht zu integrieren. Angelehnt an offene Unterrichtsformen wie die Wochenplanarbeit kann der Lehrer mit der Klasse Ziele vereinbaren, die nach ein oder zwei Wochen erreicht werden sollen. Nach einer Einführung können die Schüler dann selber in dafür vorgesehenen Arbeitsphasen, als Hausaufgabe oder in Vertretungsstunden ein Kapitel bearbeiten. Eine Nachbereitung und Kontrolle sollte dann wieder gemeinsam im Englischunterricht erfolgen.

Als weitere Alternative kann *LTwC* ebenso als reines Hausaufgabenlehrwerk eingesetzt werden. Durch die genauen und ausführlichen Arbeitsanweisungen, die das Lehrwerk für Selbstlerner attraktiv macht, kann der Lehrer die Kapitel und Aufgaben von den Schülern als Hausaufgabe bearbeiten lassen. Bedingung für diese Form des Einsatzes ist, dass eine genaue Einführung in die Vorgehensweise erfolgt, organisatorische und vor allem inhaltliche Probleme im Plenum besprochen werden und der Lehrer immer wieder gezielt kontrolliert. Vor allem für die frei erstellten persönlichen Texte aus dem *Focus on you*-Teil sollte die Lehrkraft stets ihre Bereitschaft signalisieren, einzelne Arbeiten mit nach Hause zu nehmen und ein Feedback zu geben. Allerdings gehen beim Einsatz als Hausaufgabenlehrwerk ähnlich wie beim Einsatz als Sebstlernlehrwerk Chancen verloren, sich kommunikativ mit anderen Lernern auszutauschen. Da *LTwC* aber gerade den Bereich der funktionalen Kommunikation fördern möchte und dafür auch viele Anlässe bietet, wäre es schade, diese Möglichkeiten ungenutzt zu lassen.

10.3.2 *Learning Tenses with Cindy* im fächerübergreifenden Unterricht

> Fächerübergreifender Unterricht ist eine Organisationsform, die – bezogen auf die traditionellen Schulfächer – eine andere Strukturierung schulischen Lehrens und Lernens durch Koordination oder Integration ermöglicht.[483]

---

[482]http://www.learning-tenses.net/downloads.php [Stand 16.02.2011/11:55].

[483]Martina Geigle, *Konzepte zum fächerübergreifenden Unterricht* (Hamburg: Verlag Dr. Kovac, 2005), 22.

Unter Koordination versteht Geigle in diesem Zitat die „gegenseitige Abstimmung verschiedener Fächer"[484], unter Integration eine „Einbeziehung [des Unterrichtsstoffes] in einen größeren Kontext" sowie „die Wiederherstellung einer Einheit, die durch die Aussetzung bereits existierender Fachgrenzen erfolgen kann"[485].

Gerade im Fremdsprachenunterricht ist es interessant, die Sprache in Teilen nicht nur im Fach Englisch zu sprechen, sondern Unterrichtsinhalte in der zu lernenden Sprache zu behandeln. Dies muss nicht vollständig im bilingualen Unterricht geschehen, sondern kann ebenso bei geeigneten Anlässen in jedem Fach praktiziert werden.

Das Englischlehrwerk *LTwC* bietet viele Lernfelder an, die nicht nur für den Englischunterricht von Interesse sind. Zunächst spielt die gesamte Soap Opera in Amerika, wodurch immer wieder Verknüpfungen mit den Fächer Erdkunde, Geschichte oder Politik entstehen können. Die Geschichte Amerikas, der 11. September (*LTwC*, Scene 15) oder das Leben als ‚Native American' (Charakter Don Robineau) könnten als Themen für Lehrer verschiedener Fächer dienen, ihren Unterricht gemeinsam zu planen. Des Weiteren bieten die Inhalte der Soap Opera sich für ethische und moralische Diskussionen an. Die Scheidung von Cindys Eltern, Jennas Bekenntnis zu ihrer lesbischen Lebensweise oder das Mobbing-Problem von Jennas Bruder Dustin werden in *LTwC* sensibel und tiefgreifend behandelt. Diese Themen, die recht realitätsnah und unverblümt fokussiert werden, können sowohl im Religionsunterricht als auch im Fach Deutsch mit dem Englischunterricht verbunden werden. Eine weitere Möglichkeit zum fächerübergreifenden Unterricht bietet sich im Rahmen des Deutschunterrichts bzw. des überfachlichen Themas Gewalt- und Drogenprävention an. Insbesondere das Thema Alkoholismus kann behandelt werden, da es explizit in *LTwC* thematisiert wird. Jennas Mutter hat ein Alkoholproblem und vernachlässigt dadurch ihre Kinder Jenna und Dustin. Während Jenna schon älter ist, benötigt vor allem Dustin, der in der Schule gemobbt wird, die Unterstützung seiner Eltern. Aber Jennas Vater, Dr. Richardson, auf den Sie einredet, drückt sich davor Konsequenzen zu ziehen und seine Frau in eine Entzugsklinik zu bringen.[486]

---

[484]Martina Geigle, *Konzepte zum fächerübergreifenden Unterricht* (Hamburg: Verlag Dr. Kovac, 2005), 22.

[485]Ebd.

[486]Vgl. Beatrix Loghin, *Learning Tenses with Cindy* (Bielefeld: Friedrich Schönweiss, 2008), 59–60.

Dies sind nur einige Beispiele für thematische Schwerpunkte, die sich zu einem fächerübergreifenden Unterricht eignen. Bei der intensiven Auseinandersetzung mit den Inhalten von *LTwC* lassen sich immer wieder Anknüpfungspunkte finden, um mit Kollegen gemeinsam eine Unterrichtseinheit zu gestalten. Gerade in Hinblick auf die mehr und mehr geforderten (multi)professionellen Teams sowie auf einen Unterricht, der ganz realitätsnah inhaltlich nicht nur in Fächern strukturiert ist, sondern übergreifendes, vernetzendes Lernen ermöglicht, müssen fächerübergreifende Elemente verstärkt in die Unterrichtsplanung mit einbezogen werden.

10.4 Erfahrungen mit *Learning Tenses with Cindy* im Englischunterricht

Die *ELT-Soap LTwC* entstand aus einem schulischen Kontext heraus: Beatrix Loghin, die Autorin, ist selbst Lehrerin am Oberstufenkolleg in Bielefeld und betreut immer wieder sogenannte Basisbrückenkurse. An diesen Kursen nehmen Schüler teil, die ihre Englischkenntnisse aufrischen müssen und gerade im Bereich Grammatik große Lücken aufweisen. Da es schwierig ist, solche Schüler ausreichend zu motivieren die trockene Grammatik erneut einzuüben, müssen gerade das Lehrwerk und die Übungsmaterialien in höchstem Maße ansprechend, verständlich, strukturiert und schülermotivierend gestaltet sein. Da vorhandene Lehrwerke, Grammatiken und Arbeitsblätter vor allem für das neue Erlernen der Zeiten ausgelegt sind und nur die ersten Klassen auf der weiterführenden Schule abdecken, müssen Materialien ab der 8. Klasse meist für die individuellen Bedürfnisse der Klasse von der Lehrkraft per Hand zusammengestellt werden. Darüber hinaus sind vorhandene Arbeitsblätter für eine Grammatikwiederholung häufig nicht sehr motivierend gestaltet oder zu anspruchsvoll für Lerner, die in den Grundlagen noch Schwächen aufweisen. Mit dem Ziel, die englischen Zeiten komprimiert aber zugleich spannend wiederholen zu können und dabei die Lebenswelt der Jugendlichen mit einzubeziehen, verfasste die Autorin Beatrix Loghin eine Soap für den Englischunterricht: *LTwC*.

Die ersten Erfahrungen mit dem fertigen Lehrwerk wurden aus naheliegenden Gründen in den Brückenkursen gesammelt. Zunächst arbeiteten die Schüler noch mit den Manuskripten der Autorin, bis das Lehrwerk 2008 von Professor Schönweiss von der Universität Münster herausgegeben und veröffentlicht wurde. Im Juni 2008 wurde, nachdem mehrere Klassen mit *LTwC* gearbeitet hatten, eine Befragung von 98 Englischschülern aus 7 Kursen durchgeführt.[487] Initiatoren dieser schlaglichtartigen Befragung waren Dr. Gabriele Klewin, Mitarbeiterin der wissenschaftlichen Einrichtung des Oberstufenkollegs Bielefeld, Beatrix Loghin und Dr. Matthias Trautmann. 52 der befragten Schüler besuchten das Oberstufenkolleg, 47 eine Bielefelder Gesamtschule. Der Großteil dieser Schüler arbeitete bereits länger als drei Monate mit *LTwC*. Ziel der Erhebung war es, herauszufinden, wie die Schüler das Lehrwerk einschätzen und vor allem, inwiefern die Schüler einen Lernzuwachs im Bereich der englischen Grammatik verzeichnen konnten.

Alter	Häufigkeit		Geschlecht	Häufigkeit
16	27		männlich	52
17	49		weiblich	46
18	14			
19	4			
20	2			
22	1			
23	1			
Mittelwert	17,1			

Tabelle 13: Alter und Geschlecht der befragten Englischschüler.[488]

Wie Tabelle 13 zeigt, befanden sich etwas mehr männliche Schüler unter den Befragten. Da das Genre Soap Opera generell eher dem weiblichen Geschlecht zugeordnet wird, könnte angenommen werden, dass die Bewertung der Inhalte, der Geschichte und der Charaktere eher schlechter ausfällt. Zudem ist *LTwC* so konzipiert, dass alltägliche Themen und der Bereich Liebe und Beziehungen ganz soaptypisch dominieren. Es ist also fraglich, ob auch männliche Schüler dem Reiz der Soap erliegen. Allerdings kann vorweggenommen werden, dass die Umfrage am Oberstufenkolleg vorrangig geschlechterübergreifend entwickelt worden ist, um allgemeine Tendenzen hinsichtlich des Lehrwerkes zu ermitteln. Eine Trennung der Antworten nach männlichen und weiblichen Schülern wurde daher nicht vorgenommen. Die Umfrageergebnisse können also auch nur Hinweise auf die Rezeption beider Geschlechter geben.

    Der Altersdurchschnitt konnte bei 17,1 Jahren festgelegt werden, bzw. 92 % der Schüler gehörten der Gruppe der 16- bis 18jährigen an. Damit

---

[487] Gabriele Klewin; Beatrix Loghin, Matthias Trautmann, *Zwischenbericht zum Projekt „Learning Tenses with Cindy"* (Bielefeld: unveröffentlichtes Manuskript, 2008).
[488] Ebd.

liegt der Altersdurchschnitt etwas über dem Mindestalter, für das die *ELT-Soap* nun angeboten wird (7./ 8. Klasse). Demnach stellt sich zusätzlich die Frage, ob die Themen auch etwas älteren Schülern liegen bzw. ob die Themen die 16- bis 18jährigen hinreichend begeistern können.

Zunächst sollte die Befragung den Blick auf den Aufbau und die fachlichen Inhalte des Lehrwerkes richten. Gerade die Beurteilung des Aufbaus ist hinsichtlich der Schülermotivation und des Lernerfolges von großem Interesse, da die Kapitel immer gleich strukturiert sind (Scene 1 – *Focus on the text* – *Focus on language* – *Focus on you* – Scene 2 – *Focus on the text* – etc.). Es stellte sich also weiterhin die Frage, ob die gleichbleibende Struktur eher als hilfreicher, verlässlicher Rahmen angesehen, oder als eintönig und langweilig empfunden wurde. Darüber hinaus sollte erfragt werden, ob das Lehrwerk sein Ziel erfüllt und den Schülern die Grammatik in verständlicher Sprache vermitteln kann. Die folgende Tabelle 14 zeigt zunächst die Umfrageergebnisse hinsichtlich Aufbau und fachlichem Inhalt:

Die Antworten der Befragten machen deutlich, dass *LTwC* seinen Hauptaufgaben gerecht wird: Die Grammatik wird verständlich vermittelt (98 %), ausnahmslos alle Schüler können das in dem Lehrwerk verwendete Englisch gut bzw. einigermaßen gut verstehen (100 %) und fast alle finden, dass das Buch übersichtlich aufgebaut ist (97 %).[489] Ebenso ist für einen signifikanten Teil der Schüler der rote Faden gut erkennbar (90 %) und sie finden den Umfang des Lehrwerkes angemessen (88 %).[490] Bei den 12 Schülern, die den Umfang von *LTwC* nicht angemessen finden, stellt sich die Frage, ob sie das Buch für zu umfangreich halten oder mehr Inhalt bevorzugen würden. Dies wird durch die Darstellung der Umfrageergebnisse nicht deutlich. Darüber hinaus könnte weiterhin von Interesse sein, worauf sich der „Umfang" bezieht. Sind die Seitenzahlen gemeint? Die Texte? Die Aufgaben? An dieser Stelle wäre es hilfreich – auch wenn nur eine Minderheit der Schüler den Unmfang des Lehrwerkes als eben nicht ‚gerade richtig' empfindet – eine ausführlichere Antwort zuzulassen. Spannend sind nun die Ergebnisse hinsichtlich der Struktur des Lehrwerkes bzw., wie der gleich bleibende Aufbau von den Schülern aufgenommen wird. Die Zahlen machen deutlich, dass die Meinungen der Schüler dahingehend auseinandergehen. Dies zeigt sich auch in der Teststatistik.[491]

---

[489] Bei allen drei Fragen ergibt sich eine hohe Signifikanz, die im Anhang in der Tabelle 17 ermittelt worden ist, bzw. das Ergebnis ist so eindeutig (Verständnis der verwendeten Sprache), dass kein Signifikanzniveau berechnet werden kann.

[490] Siehe Anhang Tabelle 17.

[491] Siehe ebd.

	Trifft voll und ganz zu	Trifft eher zu	Trifft eher nicht zu	Trifft überhaupt nicht zu	Mittelwert	Fehlend
Das Buch ist allgemein übersichtlich aufgebaut.	57	38	3	0	1,45	0
Es gibt innerhalb des Buches einen gut erkennbaren roten Faden.	43	43	8	2	1,68	2
Die immer wiederkehrende Abfolge von Aufgaben innerhalb der Kapitel finde ich mit der Zeit etwas langweilig.	11	36	42	9	2,50	0
LTwC ist vom Umfang her gerade richtig.	31	55	10	2	1,83	0
Ich kann das Englisch in *LTwC* gut verstehen.	84	14	0	0	1,14	0
Die Grammatik wird verständlich erklärt.	69	27	2	0	1,32	0

Tabelle 14: Aufbau von *LTwC*.[492]

[492] Gabriele Klewin; Beatrix Loghin, Matthias Trautmann, *Zwischenbericht zum Projekt „Learning Tenses with Cindy"* (Bielefeld: unveröffentlichtes Manuskript, 2008).

Gut die Hälfte aller Schüler (52 %) findet die gleiche Abfolge von Texten, Grammatik und Aufgaben mit der Zeit nicht langweilig. Ähnlich viele (48 %) finden dies allerdings schon etwas langweilig im Verlaufe der Zeit. Somit gibt es einen beachtlichen Teil an Schülern, dem das Lehrwerk nicht abwechslungsreich genug ist. Die Zahlen können allerdings keinen klaren Hinweis darauf geben, ob die Schüler, die die Struktur als langweilig empfinden, sich durch die Texte mit Soapcharakter trotzdem ausreichend motivieren lassen. Genauso kann anhand dieser Umfrage nicht eindeutig bestätigt werden, dass die Geschichte rund um Cindy so mitreißend ist, dass die Schüler den gleich bleibenden Aufbau als nicht eintönig empfinden. Allerdings könnten die Ergebnisse dahingehend interpretiert werden, denn wenn ein Lehrwerk immer gleich aufgebaut ist und dazu die Texte noch uninteressant oder sogar demotivierend wären, würde kaum ein Schüler der dritten Aussage in Tabelle 14 widersprechen. Die folgende Tabelle 15 gibt etwas mehr Aufschluss über die Einschätzung der Schüler in Bezug zu den Texten und soaptypischen Inhalten des Lehrwerkes.

Im Gegensatz zu dem immer gleichen Aufbau des Lehrwerkes scheinen die Geschichten eine gewisse Abwechselung mit sich zu bringen. 84 % der Schüler finden die Scenes abwechslungsreich. Es konnte ein hohes Signifikanzniveau ermittelt werden.[493] Auch inhaltlich sprechen die Texte viele Schüler an (68 %), das Signifikanzniveau ist ebenfalls aussagekräftig.[494] Diese Ergebnisse sind zunächst als sehr positiv zu bewerten. Die erste Annahme, dass bei 52 männlichen Schülern die soaptypischen Inhalte möglicherweise als eher negativ aufgefasst werden, gilt zu großen Teilen nicht. Leider werden Schüler recht selten zu ihren Meinungen hinsichtlich der ihnen vorgesetzten Lehrwerke befragt. Zumindest sind die Umfrageergebnisse kaum öffentlich zugänglich, falls es solche Befragungen gegeben hat. Daher kann hier nur vermutet werden, dass die Ergebnisse zu den Inhalten der Texte eher gut ausfallen im Vergleich zu anderen Lehrwerken. Bei einer sehr heterogenen Schülerschaft bezogen auf Alter, Geschlecht, Interessen, Lernbiografie, kultureller und ethnischer Hintergrund, soziale Herkunft, Sprachstand, etc. ist es in jedem Fall positiv, 68 % der Schüler für die im Lehrwerk behandelten inhaltlichen Themen gewinnen zu können.

56 % der Schüler geben weiterhin an, mit den Problemen, die in den Geschichten von *LTwC* angesprochen werden, vertraut zu sein, bzw. sie zu kennen. Unter Berücksichtigung der Enthaltung zeigt sich, dass an die 43% der Schüler noch keine eigenen Erfahrungen mit beispielsweise Trennung

---

[493]Siehe Anhang Tabelle 18.
[494]Siehe ebd.

	Trifft voll und ganz zu	Trifft eher zu	Trifft eher nicht zu	Trifft überhaupt nicht zu	Mittelwert	Fehlend
Die Geschichten um Cindy sind sehr abwechslungsreich.	34	48	15	1	1,83	0
Mir gefällt gut, dass ich gleichzeitig etwas über die USA erfahre.	19	44	24	11	2,28	0
Die Geschichten sprechen mich an, weil sie den Alltag der Jugendlichen schildern.	26	41	25	6	2,11	0
Viele Probleme, die Cindy und ihre Freunde haben, kenne ich auch.	14	41	29	13	2,42	1
Es macht viel Spaß, mit Cindy zu arbeiten.	26	40	20	6	2,06	0
Ich bin durch die Geschichte motiviert weiter zu machen.	22	37	28	11	2,29	0
Ich würde es auf alle Fälle anderen SuS empfehlen.	55	29	10	4	1,62	0

Tabelle 15: Allgemeine Einschätzung von *LTwC*.[495]

495 Gabriele Klewin; Beatrix Loghin, Matthias Trautmann, *Zwischenbericht zum Projekt ,Learning Tenses with Cindy'* (Bielefeld: unveröffentlichtes Manuskript, 2008).

der Eltern, dem Brechen mit langen Beziehungen, Mobbing oder Alkoholismus gemacht haben. Die recht ausgegeglichene Verteilung der Antworten zeigt sich auch in der Teststatistik: es konnte kein aussagekräftiges Signifikanzniveau ermittelt werden.[496] Dass vielen Schülern das Studium fremd ist, kann nachvollzogen werden. Diese Diskrepanz zwischen der Vertrautheit mit Themen und der eher theoretischen Auseinandersetzung schadet dem Lehrwerk allerdings nicht. Zunächst können Themen trotzdem als interessant erachtet werden, auch wenn sie noch nicht selber erfahren worden sind. Rückbeziehend auf die Ausführungen zur Soap Opera in Kapitel 5.5 des dritten Teils dieser Dissertation sind es oft sogar die neuen, aufregenden, teils unrealistischen Aspekte, die den Reiz der Soap ausmachen. Dementsprechend ist es nicht von Nachteil, wenn die Schüler in diesem Kontext mit Neuem konfrontiert werden. Die Schüler hingegen, die ähnliche Erfahrungen wie die Charaktere in *LTwC* gemacht haben, können neue Perspektiven hinsichtlich des Umgangs mit den diversen Problemen gewinnen, können sich möglicherweise mit den Charakteren identifizieren oder ihre eigene Sicht der Dinge den Handlungsmustern der Charaktere gegenüberstellen.

Eine weitere Besonderheit des Lehrwerkes ist, dass die Geschichten in den USA spielen. Die Tatsache, dass die Schüler dadurch einen tieferen Einblick in die Kultur und die Gesellschaft dieses Landes erhalten, wird von vielen als positiv empfunden (64%), einige stimmen dem eher nicht zu (24%) oder lehnen diesen Aspekt sogar ab (11%). Trotz dieser auf den ersten Blick breiten Verteilung der Antworten kann immer noch ein hohes Signifikanzniveau hinsichtlich einer eindeutigen Tendenz zu einer positiven Antwort berechnet werden. Statistisch gesehen empfinden die meisten Schüler die Einblicke in die USA-Thematik als positiv.[497] Die Gründe für die Ablehnung sind aus der Umfrage leider nicht ersichtlich, spielen in diesem Fall aber auch keine zentrale Rolle.

Die drei letzten Aussagen der Tabelle 15 beziehen sich nicht nur auf die Inhalte der Geschichten, sondern umfassen das ganze Lehrwerk. Es ist zunächst erfreulich, dass 67% der Schüler Spaß bei der Arbeit mit *LTwC* haben, und damit ein statistisch bedeutender Anteil.[498] Dieses Umfrageergebnis ist besonders bedeutsam und hervorzuheben, denn genau darauf zielt die *ELT-Soap* ab: Die Sprache Englisch und ihre Grammatik soll mit Freude gelernt werden. Wenn gut $\frac{2}{3}$ der Lerner durch den Einsatz von *LTwC* den häufig trockenen Grammatikunterricht so beurteilen, dass er nun ‚Spaß‘

---

[496]Siehe Anhang Tabelle 18.
[497]Siehe ebd.
[498]Siehe ebd.

macht, hat das Lehrwerk zunächst einen Etappensieg errungen. Natürlich zählen zu einem motivierenden Unterricht weitere Aspekte wie eine gute Lehrkraft, eine vorbereitete Lernumgebung, eine gute Lehrer-Schüler-Beziehung etc.[499] absolut dazu. Wenn das Lehrwerk es allerdings schafft, von den Inhalten eine Grundmotivation herzustellen, ist dies eine sehr gute Voraussetzung für einen nachhaltigen Englischunterricht. Darüber hinaus geben sogar 60 % an, durch die Geschichten zum Weitermachen motiviert zu werden, wodurch der vorangegangenen Argumentation hinsichtlich der Freude am Englischunterricht mit *LTwC* noch einmal Nachdruck verliehen wird.

Abschließend zu diesen Teilergebnisse zeigt die sehr hohe Quote derjenigen Schüler, die das Lehrwerk auch anderen Schülern weiterempfehlen würden, wie positiv die Soap für den Englischunterricht angenommen wird. 86% der Schüler würden *LTwC* anderen Lernern empfehlen. 56% der Schüler geben sogar an, dass die Aussage „Ich würde es auf alle Fälle anderen Schülerinnen und Schülern weiterempfehlen" „voll und ganz" zutrifft. Das Feedback für das Lehrwerk fällt bei dieser kleinen Umfrage also sehr positiv aus, unterstützt durch die Teststatistik für diese Umfrageergebnisse in Tabelle 18 im Anhang dieser Dissertation. Abschließend zeigt Tabelle 16, wie die Schüler ihren persönlichen Lernerfolg durch die Arbeit mit *LTwC* einschätzen.

	Sehr viel	Viel	Wenig	Sehr wenig	Mittelwert	Fehlend
Hören/Hörverstehen	12	44	31	10	2,40	1
Lesen	14	36	40	8	2,43	0
Schreiben	19	46	25	7	2,21	1
Grammatik allgemein	40	38	15	4	1,82	1
Grammatik ‚tenses'	40	34	19	4	1,87	1
Sprechen	5	47	36	9	2,51	1
US-amerikanische Kultur	9	22	41	23	2,82	3
Englischkenntnisse insgesamt	12	52	28	2	2,21	4

Tabelle 16: Selbsteinschätzung des Lernerfolges.[500]

---

[499] Für wichtige übergreifende Merkmale guten Unterrichts siehe beispielsweise Hilbert Meyer, *Was ist guter Unterricht?* (Berlin: Cornelsen Scriptor, 2008) oder Andreas Helmke, *Unterrichtsqualität und Lehrerprofessionalität* (Seelze-Velber: Kallmeyer in Verbindung mit Klett, 2009).

[500] Gabriele Klewin; Beatrix Loghin, Matthias Trautmann, *Zwischenbericht zum Projekt*

Die Bereiche Hören/Hörverstehen, Lesen und Schreiben werden von den meisten Schülern vorsichtig als positiv beurteilt hinsichtlich ihres Lernerfolges. 57 % der Schüler geben an, nach eigenen Einschätzungen viel bzw. sehr viel Lernerfolg nach der Arbeit mit *LTwC* bezüglich des Hörverständnissen verzeichnen zu können. Allerdings kann hinsichtlich des Signifikanzniveaus für diesen Bereich noch keine eindeutig positive Tendenz nachgewiesen werden.[501] Für die restlichen Schüler ist dieser Teilbereich weniger fruchtbar gewesen. Gut die Hälfte aller Befragten (51 %) sieht einen Lernzuwachs im Bereich Lesen, die andere Häfte eher weniger. Auch hier kann keine hohe Signifikanz ermittelt werden. Die Aussagen sind eher gleichmäßig hin zu beiden Polen der positiven und negativen Bewertung dieses Aspektes verteilt.[502] Die Fertigkeit Schreiben wurde hingegen deutlich positiver hervorgehoben bezüglich des Lernerfolges. $\frac{2}{3}$ der Schüler sehen in diese Bereich Fortschritte. Dies kann durch ein statistisch hohes Signifikanzniveau belegt werden.[503]

Die Verbesserung des Schreibens laut Selbsteinschätzung der Schüler rührt wahrscheinlich daher, dass *LTwC* vermehrt mit schriftlichen Übungsaufgaben arbeitet und zudem im *Focus on you*-Teil viel Wert auf das Verfassen von Schülertexten legt (Journal Writing etc.). Unklarer sind hingegen die zaghaften Ergebnisse zu den Bereichen Lesen und Hören zu beurteilen. An die beginnenden Scenes in *LTwC* schließen sich regelmäßig Diskussionen, Hörverständnisübungen, Mitleseübungen sowie die Aufforderung an, das Gehörte frei wiederzugeben. Daher ist das Umfrageergebnis eher negativ einzustufen, denn die Übungen scheinen im Bewusstsein der Schüler nicht für ein besseres Hörverstehen sowie eine erweiterte Lesekompetenz in der englischen Sprache mit sich gebracht zu haben. An dieser Stelle wären tiefergehende Untersuchungen nötig, die beispielsweise den Unterricht der Lehrkraft sowie die Umsetzung und Bearbeitung der Hörverständnis- und Leseübungen in der Klasse näher beleuchten. Gründe für die negativere Selbsteinschätzung könnte sein, dass Weiterentwicklungen im Bereich Hörverständnis für die Schüler nur schwer nachzuprüfen sind oder die Lehrkraft Erfolge zu wenig hervorgehoben und deutlich gemacht hat.

Die Hälfte aller befragten Schüler sieht sehr viel bzw. viel Lernerfolg im Bereich Sprechen (53%). Etwas mehr, 65%, denken, dass sich ihre Englischkenntnisse insgesamt verbessert haben. Dies bestätigt ein hohes Si-

---

„Learning Tenses with Cindy" (Bielefeld: unveröffentlichtes Manuskript, 2008).
[501] Siehe Anhang Tabelle 19.
[502] Siehe ebd.
[503] Siehe ebd.

gnifikanzniveau.[504] Abgeschlagen sind hingegen die Ergebnisse im Bereich US-amerikanische Kultur. Nur 32% der Schüler sehen dort viel oder sehr viel Lernzuwachs. Hier lässt sich statistisch ermitteln, dass dieser Lernbereich sich nicht signifikant verbessert hat.[505]

Sehr positiv zu beurteilen sind die Selbsteinschätzungen der Schüler bezüglich der Grammatik allgemein und bezogen auf die Zeiten. Zusammengefasst sehen die Befragten einen großen Lernerfolg in diesem Gesamtbereich: 78%. Genauer betrachtet sehen 80 % der Schüler Lernerfolge bezogen auf ihre allgemeinen Grammatikkenntnisse und 76% bezogen auf die Zeiten.[506] Dieses Ergebnis ist sehr zentral für die Ziele des Lehrwerkes und unterstützt die These, dass die Methode Soap Opera im Bereich der Grammatikvermittlung zu einem nachhaltigen Lernen beitragen kann. Das Lehrwerk hat zumindest bei einem Großteil dieser Stichprobe von Schülern nach Selbsteinschätzung der Schüler zu einem besseren Verständnis der englischen Grammatik sowie der englischen Zeiten geführt.

Um den Lernerfolg allerdings exakt auf den Einsatz der Soap zurückführen zu können, müsste eine viel umfangreichere Langzeitstudie durchgeführt werden. Dazu müssten vor allem auch die Einschätzungen der Lehrer zum Lernerfolg sowie objektivere Testverfahren angewandt werden. Zudem müsste eine Kontrollgruppe mit einem traditionelleren Lehrwerk unterrichtet werden. Ein großer Einflussfaktor wäre darüber hinaus die Lehrkraft und ihr Engagement, ihre Beziehung zu den Lernern sowie ihre Kompetenzen im Bereich der Grammatikvermittlung. Daher kann die vorliegende Befragung nur als Schlaglicht dienen, das Hinweise auf eine positive Lernentwicklung durch den Einsatz einer didaktisierten Soap Opera gibt. Dennoch ist es als absolut positiv einzustufen, dass die Autorin und das Team rund um das Lehrwerk *LTwC* sich überhaupt dem Urteil der Schüler stellen. Öffentlich zugängliche Ergebnisse, inwiefern bekannte Lehrwerke wirklich erfolgreich die englische Sprache vermitteln, gibt es kaum bzw. die Ergebnisse – so es denn solche Studien in größerem Umfang gegeben hat – sind kaum zugänglich. Die Gründe dafür liegen auf der Hand. Doch gerade hinsichtlich der Entwicklung des Unterrichts hin zur Schülerorientierung, zur Bewusstmachung von Lernzielen und Vereinbarung von Etappenzielen im Rahmen von Lernbeobachtungsbögen, etc. setzt das Oberstufenkolleg mit dieser Untersuchung einen wichtigen Akzent. Vor allem die Lehrmate-

---

[504]Siehe Anhang Tabelle 19.
[505]Siehe ebd.
[506]Diese zentralen Ergebnisse können durch ein hohes Signifikanzniveau statistisch belegt werden. Siehe Anhang Tabelle 19.

rialien müssen immer wieder überprüft und auf ihren Nutzen für die Schüler
hin untersucht und überarbeitet werden.

V Zusammenfassung und Ausblick

In diesem letzten Teil der Dissertation sollen zunächst die Ergebnisse und Erkenntnisse der theoretischen Analyse sowie der schlaglichtartigen empirischen Daten zur Methode Soap Opera im Englischunterricht zusammengefasst werden. Darüber hinaus soll ein Aufgreifen noch offener Aspekte und Fragen dazu dienen, weitere Handlungsfelder aufzudecken und richtungsweisende Überlegungen zur Weiterentwicklung des Unterrichtskonzeptes festzuhalten.

11 Zusammenfassung der Ergebnisse

Die zentrale Forschungsfrage der vorliegenden Dissertation, ob der Einsatz einer für schulische Zwecke angepassten Soap Opera (*ELT-Soap*) im Englischunterricht der Sekundarstufe I dazu beitragen kann, die Fremdsprache effektiver und nachhaltiger zu vermitteln, sowie die Schüler leichter mit der viel geforderten funktionalen kommunikativen Kompetenz auszustatten, kann bejaht werden. Im Folgenden werden zwecks einer abschließenden Begründung die Ergebnisse aus den für die Forschungsfrage wichtigen drei Teilen der Dissertation zusammengefasst und reflektiert: *Grundlagen für einen kommunikativ-handlungsorientierten Englischunterricht* (1.1), *Die Soap Opera als Methode und Gegenstand des Englischunterrichts* (1.2) und *Die Übertragbarkeit in die schulische Praxis* (1.3).

11.1 Grundlagen für einen kommunikativ-handlungsorientierten Englischunterricht

Anhand der theoretischen Analyse methodisch-didaktischer Konzepte für den fortgeführten Englischunterricht wurde aufgezeigt, welche Aspekte für einen kommunikativ-handlungsorientierten Fremdsprachenunterricht von

Bedeutung sind. Auf Grundlage der aktuellen Kernlehrpläne (G 8) für das Fach Englisch der Sekundarstufe I und den damit einhergehenden Lernzielen und Bildungsstandards wurden hinsichtlich eines kommunikativ orientierten Fremdsprachenunterrichts zwei Schwerpunkte gesetzt: die Betrachtung des Medieneinsatzes sowie die Frage nach ausgewählten Methoden. Die nähere Analyse beider Bereich sollte Aufschluss darüber geben, inwiefern im heutigen Englischunterricht bereits ein Fokus auf die kommunikative Kompetenz der Schüler gelegt wird und vor allem, welche Wirkung der Einsatz neuer Medien und Methoden auf die Motivation der Schüler zur sprachlichen Beteiligung am Unterricht hat. Neben bislang vielen guten Ansätzen auf dem Gebiet der Fremdsprachendidaktik wurde deutlich, dass häufig eine zu geringe affektive Einbindung der Lerner sowie zu wenig sprachaktivierendes Unterrichtsmaterial das Verinnerlichen der Fremdsprache erschweren. Zudem können bisweilen weder neue Medien noch ausgewählte Methoden die Künstlichkeit des Fremdsprachenlernens ausreichend relativieren. Der Lernermotivation kam in beiden Bereichen immer wieder eine Schlüsselrolle zu.

1. Einsatz neuer Medien im Fremdsprachenunterricht

Dass Computer und Internet mehr und mehr im Fremdsprachenunterricht eingesetzt werden, ist nicht nur auf den Bildungsauftrag der Schule zurückzuführen, die die vierte Kulturtechnik mittlerweile immer mehr als Teil ihres Curriculums ansieht. Mit den Schlagworten ‚Interaktivität' und ‚Authentizität' wird vor allem den neueren Medien ein Mehrwert zugesprochen, der in einem selbstbestimmteren, konstruktivistischeren und eben auch kommunikativeren Lernen der Schüler auszumachen ist. Die vielfältigen Möglichkeiten von Internetrecherchen, WebQuests, Programmen wie *eTwinning* und tutoriellen Systemen begünstigen maßvoll eingesetzt nicht nur einen offen gestalteten und kommunikativ ausgelegten Fremdsprachenunterricht. Sie erfordern zudem einen Unterricht, der die Schüler mit der viel geforderten Medienkompetenz ausstattet, um kritisch und reflektiert mit der Fülle an Möglichkeiten umgehen und ebenso gestaltend tätig werden zu können. Relativ neu im schulischen Kontext ist seit einigen Jahren die Verbreitung von interaktiven Whiteboards, die einmal mehr vor allem an die Lehrer und die Schule hohe Anforderungen in puncto Mediennutzung, -gestaltung, -kritik und -kunde stellen. Zudem stellt sich die Frage, ob eine Technologie, die – falsch eingesetzt – den Frontalunterricht begünstigt, für das Sprachenlernen geeignet ist. Gerade eine mangelnde Lehrerkompetenz kann zu einem falschen Einsatz neuerer Medien generell oder sogar zur Ablehnung führen, wodurch in der Praxis von vorneherein viele Chancen auf einen kommunikativ-handlungsorientierten Fremdsprachenunterricht vergeben werden. Neue Medien können didaktisch unberührtes Sprachmaterial und muttersprachliches Englisch oder Französisch in das Klassenzimmer holen, ermöglichen bei einem offenen Einsatz ein eigenes Lerntempo und eigene Lernwege, wecken Interesse an den Ländern der Zielsprache und können interkulturelle Verbindungen zwischen Lernern verschiedener Sprachen entstehen lassen, um somit die Fremdsprache direkt erfahrbar zu machen. Dennoch mangelt es bei aller Technik häufig an Themen und Inhalten, die die Schüler emotional ansprechen, sie begeistern und mitreißen, wodurch eine etwaige Motivation durch den Medieneinsatz wieder schnell abflachen kann.

2. Ausgewählte methodische Ansätze

Während in der Grundschule vorrangig holistische Methoden wie die *TPR*-Methode oder das *Storytelling* bevorzugt werden, wird der Fokus im fortgeführten Englischunterricht vermehrt auf die Grammatik-Übersetzungs-methode, die audiolinguale Methode und die moderne Sprachpragmatik gelegt. Grammatik- und Wortschatzarbeit werden anhand von Übungen, kleinen Texten und schüleraktivierenden Aufgaben durchgeführt, wobei die kommunikative Kompetenz mehr und mehr in den Vordergrund rückt. Mit modernen Lehrwerken als strukturgebendes Element des Fremdsprachen-unterrichts wird darüber hinaus versucht – z.B. durch lebensnahe Themen, visuelle Anreize und Begleitmaterial unter Verwendung neuer Medien – den Unterricht ansprechend und schüleraktivierend zu gestalten.

Methodisch-didaktische Konzepte, die die Verbesserung des Hörver-ständnisses sowie der generellen Sprachfertigkeiten fokussieren, sind unter anderem folgende: die Methode des *Storytellings*, die ebenso den for-geführten Englischunterricht bereichern kann, das Konzept der Lerner-autonomie sowie die Handlungsfelder der individuellen Förderung. Hinzu kommt der für diese Dissertation wichtige Aspekt der Schülermotivation, der die auf den ersten Blick (vor allem aus Sicht der Schüler) große Künst-lichkeit des Englischlernens in Deutschland relativieren kann.

In den Ausführungen wurde zunächst die Methode des *Storytellings* vorgestellt. Neben den Texten der Lehrwerke wurde hervorgehoben, dass das Hören von Geschichten das Hörverständnis besonders gut trainiert, wenn die Inhalte der Geschichten die Schüler wirklich interessieren. Ge-schichten prägen in vielfältiger Form den Alltag von Jugendlichen und können motivieren, Spaß machen und dabei verschiedenste Lernziele aufgreifen. So können die Schüler beispielsweise lernen, sich die Inhalte und Vokabeln aus dem Kontext heraus zu erschließen, ohne jedes Wort zu verstehen oder gar zu übersetzen. Die methodische Vorgehensweise kann sich dabei an das bewährte Konzept von Piepho anlehnen, der das *Storytelling* in die Phasen ‚setting the stage', ‚telling the story' und ‚post-story-activities' einteilt. Eine mögliche Form lebensnaher Geschichten stellen mit Blick auf den zweiten Teil der Dissertation die Soap Operas dar.

Wie in allen Bereichen schulischen Unterrichts ist es ebenso Aufgabe des Englischunterrichts, Schüler individuell zu fördern. Dies gilt nicht nur für Schwächen oder Stärken in den Bereichen Grammatik, Vokabular oder Schreibkompetenz, sondern ebenso im Rahmen der kommunikativen Kompetenz. Über heterogene, in Tests messbare Schülerleistungen hinaus mangelt es bisweilen an konsequenten, individuellen Förderkonzepten für den fortgeführten Fremdsprachenunterricht. Dies liegt, so ergaben mehrere Studien, vor allem an dem äußerst komplexen Prozess des Fremdsprachenerwerbs unter Berücksichtigung vielfältiger Lernvoraussetzungen der Schüler. Gerade die noch größer gewordenen Unterschiede im Leistungsniveau der Schüler durch unterschiedliche Erfahrungen mit der ersten Fremdsprache im Grundschulunterricht erfordern eine verstärkte Anpassung des Unterrichts an die Bedürfnisse der Schüler auf der weiterführenden Schule. Hinzu kommt der bislang kaum wahrgenommene Aspekt der bei den Schülern eventuell vorkommenden Lese- und Rechtschreibschwierigkeiten, Teilleistungsstörungen oder diagnostizierten Legasthenie. Insbesondere diese Schülergruppen benötigen eine stärkere Einbindung in den Unterricht und anregendere Unterrichtsinhalte. Offene Unterrichtsformen, verlässliche Diagnosewerkzeuge und der gezielte Einsatz neuer Medien müssen hinzugezogen werden, um mit differenziertem Material eine individuelle Förderung zu gewährleisten. Bester Ausgangspunkt dafür ist eine hohe intrinsische Schülermotivation sowie das in die Hand nehmen des eigenen Lernweges.

Weiterhin wurde das Konzept der Lernerautonomie vorgestellt und in den Kontext dieser Dissertation eingeordnet. Autonomes Lernen sowie selbständiges oder selbstverantwortliches Lernen sind Begrifflichkeiten, die nahezu die gleichen Ideen verfolgen: Die Schüler sollen den Unterricht mitgestalten, Verantwortung übernehmen und vor allem ihren Lernweg selbst mitbestimmen.

Als abschließender Aspekt wurde die Relativierung der Künstlichkeit des Fremdsprachenlernens durch eine hohe Lernermotivation betrachtet. Da das Fremdsprachenlernen in einer muttersprachlichen Lernumgebung erschwert wird, kommt es auch hinsichtlich neuer Lernmethoden im Englischunterricht unter anderem auf eine hohe affektive Einbindung des Lerners in das Unterrichtsgeschehen an, um den Lernerfolg zu sichern. Neben einem zumeist einsprachigen Unterricht kann vor allem eine hohe Relevanz der behandelten Themen für die Schüler sowie damit einhergehend ein klarer Lebensweltbezug des Behandelten ein sprachliches Engagement der Schüler fördern. Dies ist im Kontext zu erwerbender kommunikativer Kompetenzen unerlässlich. Ebenso wichtig sind weitere motivationsfördernde Faktoren, wie z.b. eine angemessene, kontinuierliche Rückmeldung der Leistungsfortschritte, insbesondere im Bereich des mündlichen Sprachgebrauchs.

Aktuelle Methoden, die das Sprachenlernen fördern sollen, bieten viele Chancen für den Fremdsprachenunterricht. Es zeigte sich allerdings, dass vor allem der Bereich des Lebensweltbezugs sowie der damit einhergehenden Schülermotivation zwar nicht generell vernachlässigt, aber dennoch häufig nicht ausreichend erkannt und gewinnbringend in den Unterricht mit einbezogen wird. Dahingehend wurde im dritten Teil der vorliegenden Dissertation der Fokus auf eine neue Methode und ein in gewissem Maße neues Thema für den Englischunterricht gelegt: die Soap Opera.

11.2 Die Soap Opera als Methode und Gegenstand des Englischunterrichts

Das Genre Soap Opera übt einen nicht absprechbaren Reiz auf viele Jugendliche aber auch Erwachsene aus. Seit ihrer Verbreitung – zunächst über das Radio und später im Fernsehen – hat die Seifenoper einen immer größer werdenden Zuschauerkreis gewonnen, insbesondere bei Frauen und Mädchen. Die endlos angelegten, werktäglich ausgestrahlten Episoden sind so angelegt, dass Zuschauer sich leicht in die künstlich-trendige Welt hineinversetzen können. Gerade junge Menschen können dabei, so zeigten Studien, in gewissem Maße Gefahr laufen, die dargestellten Rollenbilder und Moralvorstellungen in ihrer Verzerrung und Übertreibung – wenn auch meist unbewusst – zu verinnerlichen, für legitim zu halten oder schlimmstenfalls zu übernehmen.

Der Blick auf die Entstehungsgeschichte der dramatisierten Alltagsgeschichten sowie die Betrachtung der in ihnen vermittelten Rollenbilder und Moralvorstellungen zeigte deutlich, welche Gefahren das Genre mit sich bringt. Gerade deswegen ist es in Hinblick auf den Bildungsauftrag der Schule vor allem im Bereich der Medienerziehung unumgänglich, die Schüler mit Mitteln auszustatten, die es ihnen ermöglichen, das in Fernsehformaten wie der Soap Opera Gezeigte kritisch zu reflektieren, einzuordnen und zu beurteilen. Infolgedessen wurde die Seifenoper insbesondere als Objekt der kritischen Medienbetrachtung und als Grundlage für Medienprojekte im schulischen Kontext untersucht.

Neben den Gefahren der Seifenoper für jüngere Zuschauer birgt sie jedoch ebenso Chancen für einen methodisch-didaktischen Einsatz im Fremdsprachenunterricht. Daher wurde im zweiten Abschnitt des dritten Teils dieser Dissertation durch eine Bestandsaufnahme zunächst geprüft, inwiefern aktuelle Englischlehrwerke das Genre bereits inhaltlich aufgreifen. Darüber hinaus wurde aber vor allem der Fokus auf eine Vermittlung von Lernzielen und -inhalten mit Hilfe der Soap Opera gelegt. An zwei großen Kernaufgabenbereichen des Englischunterrichts – der Grammatik- und der Wortschatzvermittlung – wurde exemplarisch gezeigt, welche Vorteile der Einsatz der Soap Opera als Methode mit sich bringen kann. Des Weiteren konnte untermauert werden, dass das dialoggeprägte, auf die Lebenswelt der Jugendlichen ausgelegte Genre vor allem die Kommunikation im Unterricht anregt und somit die kommunikative Kompetenz der Schüler bei richtigem Einsatz immens fördern kann.

1. Inhaltliche Charakteristika der Soap Opera und Schlussfolgerungen für den Englischunterricht

Ein Überblick über verschiedene Begriffsdefinitionen zeigte, wie vielschichtig der Begriff Soap Opera im Kontext von Wissenschaft und Medien verwendet wird. Die Übergänge zu ähnlichen Serienformaten sind fließend und es lassen sich unter dem Sammelbegriff Seifenoper verschiedene Unterformen zusammenfassen. So gibt es unterschiedliche Formen wie die eSoaps, TV-Soaps, Doku-Soaps, Medical Daylies, etc., die sich jeweils in ihren Themenschwerpunkten, Ausstrahlungs- oder Darstellungsformen leicht voneinander unterscheiden. Allen Soapformaten gemein ist jedoch ein ähnliches Grundkonzept: eine Soap Opera ist eine fortlaufende, dialoggeprägte, regelmäßig ausgestrahlte Geschichte über den Alltag und die Alltagsprobleme von Menschen. Sie wird kostengünstig und zeitnah am Fließband produziert und zeichnet sich durch eine meist konsumfreudige Atmosphäre sowohl indirekt in den Episoden selber als auch auf den begleitenden Internetseiten aus. Schließlich ist das Genre eher für weibliche Zuschauer attraktiv, auch wenn die Zahl der männlichen Zuschauer in den letzten Jahren angestiegen ist. Ebenso zeichnet sich eine Tendenz ab, dass mehr und mehr bildungshöhere Schichten zum Zuschauerkreis dazu stoßen, während lange Zeit das Klischee des bildungsfernen Zuschauers dominierte.

Ferner wurde versucht, den aktuellen Stellenwert der Soap Opera bei Jugendlichen zu ermitteln. Auf Grundlage aktueller Zahlen des Fernsehpanels der öffentlich rechtlichen Fernsehsender wurde deutlich, dass die Seifenoper entgegen subjektiver Eindrücke kein vorrangiges Jugendgenre darstellt. Die meisten Zuschauer haben im Durchschnitt ein Alter zwischen 44 und 59 Jahren. Trotzdem sieht circa jeder fünfte Jugendliche Soap Operas im Fernsehen. Die Gründe für den Soap-Konsum wurden unter anderem von Frank und Greenberg 1980 untersucht. Ihre Ergebnisse, z.B. dass das Soap-Sehen vor allem für bildungsfernere, gesellschaftlich nicht gut integrierte Personenkreise von Bedeutung ist, konnten durch neuere Befragungen wie z.B. von Simon-Zülch 2001 teilweise widerlegt bzw. entschärft werden. Durch unterschiedliche Themenschwerpunkte und unterschiedlich große Stichproben der verschiedenen Studien zum Thema Soap Opera ist in den meisten Fällen jedoch keine direkte Vergleichbarkeit gegeben.

Wichtige Erkenntnisse wurden des Weiteren hinsichtlich der Vorbildfunktion von Soap Operas gewonnen. Besonders die Zielgruppe der Jugendlichen, die für den schulpraktischen Fokus hier von Interesse sind, sehen die künstlich-übertriebene Welt der Seifenopern als Maßstab, Ideenfundus, Ratgeber und Folie für ihr eigenes Lebenskonzept. Für eine tiefergehende Analyse wurden die in den Soaps vermittelten Rollenbilder und Moralvorstellungen näher betrachtet. Es zeigte sich, dass häufig stereotype Rollenbilder präsentiert werden und eine unrealistische Darstellung der Gesellschaft sowie der verschiedenen Milieus überwiegt. Vor allem die gehobene Mittelschicht ist in den Episoden überrepräsentiert. Hinsichtlich implizit vermittelter Werte und Moralvorstellungen wurde deutlich, dass die Soap Operas eher konservativ geprägt sind. Trotz zahlreicher Verstöße gegen tradierte Werte und Normen steht meist eine Läuterung der Charaktere und damit eine Rückkehr zum moralisch Vertretbaren im Vordergrund. Als äußerst problematisch konnte hervorgehoben werden, dass das Genre Seifenoper einen erlebnis- und spaßorientierten Zuschauer suggeriert, der kein Interesse an Mündigkeit und Teilhabe am gesellschaftlichen Diskurs hat. Diese Aspekte müssen vor allem hinsichtlich des schulischen Einsatzes diskutiert werden.

2. Vermittlung von Lernzielen und -inhalten mit der Soap Opera

Eine qualitative Schulbuchanalyse hat gezeigt, dass das Thema Soap Opera bereits vereinzelt in Lehrwerken aufgegriffen wird. Allerdings wird das Genre meist im Rahmen von schulischer Medienkritik und Mediengestaltung herangezogen. Die Vermittlung von fachlichen Lerninhalten wie beispielsweise Grammatik durch einen methodischen Einsatz der Soap Opera ist ein völlig neuer Ansatz, der sich bislang in keinem gängigen Schulbuch finden lässt.

Trotzdem konnte anhand der Bereiche Wortschatzarbeit und Grammatikvermittlung aufgezeigt werden, welche Vorteile der gezielte Einsatz der Methode Soap Opera in Teilbereichen des Englischunterrichts aufweisen kann. Zunächst wurde festgestellt, dass das Fernsehformat nicht in seiner ursprünglichen Form für den Unterricht verwendet werden kann. Möchte die Lehrkraft Inhalte mit Hilfe der Soap vermitteln, muss sie auf eine didaktisierte, für unterrichtliche Zwecke gestaltete und erweiterte Seifenoper zurückgreifen: eine *ELT-Soap*. So bietet sich beispielsweise die Textform im Klassenzimmer wesentlich mehr an als das Filmformat. Zudem muss die Soap um anspruchsvollere Inhalte und mit entsprechendem Begleitmaterial ergänzt werden, damit sie für den Unterricht geeignet ist. Unter Berücksichtigung dieser Voraussetzungen kann die Soap Opera herangezogen werden, um etwa Grammatik im Englischunterricht zu üben und zu festigen.

Ein wesentliches Problem der Grammatikvermittlung in der Sekundarstufe I besteht darin, dass es teilweise an einer Verknüpfung des Gelernten mit für die Schüler relevanten Inhalten mangelt. Strukturen werden nach wie vor oft zu losgelöst von Kontexten vermittelt, die Schüler sperren sich gegen trockene Grammatikübungen oder werden aufgrund offensichtlich konstruierter Textpassagen nicht emotional angesprochen. Eine hohe Schülermotivation ist aber Grundvoraussetzung für ein erfolgreiches Sprachenlernen. Deutlich wird dies vor allem in den gerne an das Ende von Lehrwerken gesetzten Grammatikteilen, die so zusammenhangslos erscheinen und ein Lernen in Kontexten erschweren. Die Soap Opera kann dazu beitragen, das Grammatiklernen interessanter, emotionaler und damit effektiver zu gestalten. Thematisch bieten sich die vielen alltagsnahen Handlungsorte an, situationsbezogen Strukturen zu entdecken und einzuüben. Eine emotional ansprechende, für die Schüler relevante Geschichte kann helfen, eine grundlegende Motivation aufrecht zu erhalten und sich beispielsweise auf die englischen Zeiten, Modalverben oder Präpositionen einzulassen. Schillernde Charaktere und dramatisierte Themen ermöglichen es meist, dass die Schüler sich schneller und leichter in die Geschichte einfinden können.

Ebenso bietet eine didaktisierte Soap Opera viele Möglichkeiten, eine intensive Wortschatzarbeit zu gestalten. Der Englischunterricht der Sekundarstufe I soll den Schülern helfen, einen relevanten, für eine grundlegende Kommunikation in vertrauten Situationen nötigen Wortschatz aufzubauen. Auch hier spielt die Kontextgebundenheit eine entscheidende Rolle, um neue Wörter sinnvoll im Langzeitgedächtnis zu verankern. Die laut Lehrplan zu behandelnden Themenfelder decken sich dabei sehr gut mit den Themen, die eine Soap Opera klassischer Weise aufgreift: Freunde, Familie, Beruf, Schule, Jugendkultur, etc. Die Seifenoper als mitreißender Text kann darüber hinaus die Schüler, ähnlich wie bei der Grammatik, zur Mitarbeit motivieren und den für den Spracherwerb unabdingbaren ‚comprehensible input' liefern.

Als weiterer Aspekt wurde untersucht, inwiefern eine *ELT-Soap* dazu beitragen kann, den Englischunterricht kommunikativer zu gestalten und im Zuge dessen die kommunikativen Kompetenzen der Schüler zu fördern. Zunächst wurde hervorgehoben, dass die Seifenoper als mitreißende Geschichte für das *Storytelling* herangezogen werden kann. Die Alltagsthematik sowie der inhaltliche Fokus auf Freundschaft, Liebe und Familie kann dabei eine Brücke zu den Lernern schlagen und sie zum Mitreden motivieren. Eine hohe affektive Einbindung in das Unterrichtsgeschehen kann des Weiteren mithelfen, die generell hohe Künstlichkeit des Fremdsprachenerwerbs in einer deutschsprachigen Umgebung zu relativieren. Die Einsprachigkeit des Unterrichts wird dabei vorausgesetzt. Emotionale Geschichten, lebensnahe Themen und eine daraus resultierende Schülermotivation regen schließlich den Diskurs an, der für ein aktives, lebhaftes Sprachenlernen unabdingbar ist.

Der Bildungs- und Erziehungsauftrag der Schule ist seit einigen Jahren um den Bereich der Medienkompetenz bzw. der Medienerziehung erweitert worden. Dies manifestiert sich mittlerweile in vielen Bundesländern auch in den Schulgesetzen. Im Kapitel 6.4 wurde daher der Fokus auf diese Aspekte schulischen Lernens gelegt und zunächst aufgezeigt, wie vielschichtig der Begriff der Medienkompetenz verwendet wird und welche Fähigkeiten sich vor allem nach Baacke 1997 und Tulodziecki 2001 dahinter verbergen. Bezogen auf das Thema der Dissertation wurden daraus Schlussfolgerungen gezogen, inwiefern die Soap Opera als Objekt der kritischen Medienbetrachtung herangezogen werden kann.

Im Rahmen dieser Überlegungen wurde darüber hinaus erläutert, wie die Seifenoper als Anlass und Grundlage herangezogen werden kann, um Medienprojekte im Fach Englisch oder einer anderen Fremdsprache zu erstellen. Die Vorteile der Gestaltung von Medienprodukten hinsichtlich der Handlungsorientierung und Kommunikation im Fremdsprachenunterricht liegen dabei auf der Hand. Neben sich aufdrängenden Aufgabenstellungen wie dem Filmen einer selbst entworfenen Soap-Szene, dem Aufnehmen eines Hörspiels oder dem Entwerfen von Geschichten und Collagen wurden zwei etwas außergewöhnlichere Medienprojekte vorgestellt: die Erstellung einer eigenen Lernsoftware sowie einer Internetseite. Beide Medienprojekte lassen sich mit einer guten Organisation und Vorbereitung relativ leicht in den regulären Unterricht integrieren. Es wurde dabei aufgezeigt, dass eine selbst entworfene Software nicht nur einen aktiven Medienumgang sowie einen lebendigen Austausch über Lerninhalte fördert, sondern zugleich dazu dienen kann, individuelles Übungsmaterial zu produzieren, das auch nachfolgende Schülergenereationen nutzen und erweitern können. Darüber hinaus wurden die Lernziele im Bereich der Medienkompetenz aufgezeigt, die bei der Herstellung von Internetseiten erreicht werden können. Beide Beispiele für Medienprojekte wurden mit dem Thema Soap Opera in Verbindung gebracht. Ähnliche Projekte lassen sich aber natürlich auch mit anderen Themenschwerpunkten verwirklichen.

Die wichtigsten Merkmale einer *ELT-Soap* wurden schließlich in einem Zwischenfazit festgehalten. Bezogen auf kognitive und affektive Eigenschaften, klassenspezifische Komponenten und die Adaption hinsichtlich des Englischunterrichts wurden die Vorteile der Methode zusammengefasst.

11.3 Die Übertragbarkeit in die schulische Praxis

Anstelle einer nur schwer realisierbaren, umfassenden Erhebung wurden im abschließenden vierten Teil der Dissertation zwei Praxisbeispiele vorgestellt und rückbeziehend auf die theoretischen Erkenntnisse in Teil zwei und drei analysiert.

1. *The Flatmates*

Die auf der Lernplattform *BBC Learning English* vom British Broadcasting Council veröffentlichte, prämierte Soap Opera *The Flatmates* richtet sich an Lerner, die selbständig ihre sprachlichen Fähigkeiten im Bereich Englisch ausbauen möchten. Im Prinzip ist das Lernangebot für alle Interessierten offen, das geforderte Sprachniveau macht aber deutlich, dass bereits Grundkenntnisse im Englischen vorhanden sein müssen. Die mit 204 Episoden nun abgeschlossene Soap rund um das Leben der fünf Hauptcharaktere Tim, Helen, Michal, Khalid und Alice kann weiterhin online genutzt werden, um seine Fähigkeiten und Fertigkeiten zu trainieren und zu verbessern. Dazu bietet die BBC neben den eigentlichen Episoden, die in Form von kurzen *youtube*-Videos präsentiert werden, ein auf Fremdsprachenlerner abgestimmtes Begleitkonzept an. In den Rubriken *Episode*,

Language Point, Quiz und *Talk* kann sich der Lerner die Episode ansehen oder als mp3 herunterladen, Grammatik- und Vokabelübungen bearbeiten, Multiple-Choice-Fragen zur Episode beantworten oder mit anderen Lernern über die Themen und Inhalte diskutieren. Zu diesen vier Hauptteilen der in Teilen als *ELT-Soap* zu bezeichnenden Seifenoper helfen die Bereiche *Background* und *Archive*, sich genauer über die Charaktere zu informieren und alte Folgen erneut anzusehen und zu bearbeiten.

Das kostenlose Angebot bietet vielfältige Möglichkeiten, sich in den Bereichen Lesen, Schreiben, Hören und Sprechen weiterzubilden. Dennoch kann diese Form der Soap Opera nicht einfach für den schulischen Englischunterricht verwendet werden. Obwohl einige Hinweise für Englischlehrer zu finden sind, zielt das Konzept nicht auf einen regelmäßigen Einsatz im Unterricht ab. Es fehlen Transferübungen und weitere Arbeitsblätter, es findet keine ausreichende Ergebnissicherung statt und es wird kein didaktisches Konzept für die Verwendung der Materialien im Unterricht bereitgestellt. Ohne ein erweitertes Konzept kann *The Flatmates* also nicht 1:1 für den schulischen Unterricht übertragen werden und vollends als *ELT-Soap* gelten.

Nichtsdestotrotz kann dieses BBC-Konzept als sehr innovativ angesehen werden. Es stellt eines der seltenen Beispiele dar, wie das Format der Soap Opera in Ansätzen für das Lernen und Üben einer Fremdsprache eingesetzt werden kann. Auch wenn ein schulischer Einsatz nur in Teilen und nicht ohne Vorarbeit und Ergänzungen denkbar ist, zeigt dieses Konzept, wie ein großer Lebensweltbezug durch interessante, alltägliche Themen Lerner zum Mitmachen, Mitreden und engagierten Mitbestimmen anregen kann. Dies wird vor allem in den Votings deutlich, durch die die Lerner die Geschichte lenken konnten, oder ebenso in den Diskussionsforen, die rege genutzt wurden um sich mit anderen Nicht-Muttersprachlern auszutauschen.

Die Idee einer Seifenoper wurde dabei in Teilen gut übernommen: Vor allem inhaltlich werden alltägliche Probleme, Liebesbeziehungen oder berufliche Fragen in mehreren Handlungssträngen präsentiert. Die Kombination von kurzen Episoden, anschließenden Übungsmöglichkeiten und dem Austausch mit anderen ‚echten' Lernern überzeugt als Idee. Ebenso muss positiv herausgestellt werden, dass kein Wert auf Konsum und Werbeunterbrechungen gelegt wird. *The Flatmates* zeigt allerdings neben fachdidaktischen Unzulänglichkeiten noch deutliche Schwächen in einem der wichtigsten Aspekte hinsichtlich einer erfolgreichen Umsetzung der Methode Soap Opera: der affektiven Einbindung der Lerner und somit der Lernermotivation. Die einzelnen Folgen sind extrem kurz gehalten, es kann kein Spannungsbogen aufgebaut werden und immer wieder drängt sich der Lerncharakter der Folgen in den Vordergrund. Schließlich ist es aufgrund der dargebotenen Charakterauswahl dem jungen Lerner nur schwer möglich, sich mit den Personen in der Soap Opera zu identifizieren. Damit bleibt festzuhalten, dass *The Flatmates* mit sehr guten Ideen daherkommt, aber Chancen wie die emotionale Einbindung der Lerner für eine höhere Lernmotivation und damit ein nachhaltigeres Englischlernen vergibt.

2. *Learning Tenses with Cindy*

Mit dem Lehrwerk *Learning Tenses with Cindy* wurde ein Projekt vorgestellt, das zum Ziel hat, mittels einer Seifenoper Schüler zum Englischlernen und insbesondere zum Lernen von Grammatik zu motivieren. In Zusammenarbeit mit dem Oberstufenkolleg in Bielefeld, der Autorin Beatrix Loghin und der Universität Münster entstand ein Lehrwerk für den Englischunterricht, das mit dem neuartigen, ganzheitlichen Konzept der *ELT-Soap* Lerner für das Sprachenlernen begeistert und mit dem Fokus auf die kommunikative Kompetenz der Schüler das Englische lebhaft und alltagsnah vermittelt.

Auf der Basis englischdidaktischer Erkenntnisse und reformpädagogischer Ansätze wie z.B. denen von von Hentigs 2003 wurde eine Soap Opera entwickelt, die zunächst den Reiz einer klassischen Seifenoper nutzt, um Schülern die englischen Zeiten zu vermitteln: alltägliche Probleme, Liebeschaos, Freundschaft und Familie. In emotional ansprechenden Szenen wird die Geschichte um die junge Amerikanerin Cindy Walker entfaltet. Dabei werden über die in Schulbüchern häufig behandelten Standardthemen wie Schule und Freunde hinaus auch Inhalte wie Homosexualität, Alkoholismus oder die Scheidung der Eltern behandelt, die ebenso Chancen für einen fächerübergreifenden Unterricht eröffnen. Durch eine Diskussion solcher und ähnlicher Themen wird deutlich, dass das Konzept des Lehrwerkes Schülern eine Plattform bieten möchte, sich in den Lebensraum Schule mit einzubringen, einen eigenen Standpunkt herauszubilden und ein eigenes, kritisches Selbstbild zu entwickeln.

Über die *Scenes* hinaus, die die jeweilige Zeitform sowie weitere grammatikalische Elemente sinnvoll einbinden, bietet *LTwC* ein umfassendes, an den Unterricht angepasstes Materialpaket bestehend aus verschiedensten Übungen und Arbeitsanweisungen an, das dazu dient, das Gelernte zu vertiefen und zu automatisieren. In der sehr strukturierten, gleichbleibenden Abfolge der Elemente *Focus on the text*, *Focus on language* und

Focus on you auf Basis des Dreischritts von von Hentig ‚Erleben‘, ‚Einordnen und Systematisieren‘ und ‚Üben‘ werden alle Zeitformen systematisch wiederholt und gefestigt. Die gleichbleibende Struktur kommt zudem lernschwachen Schülern entgegen, die sich an festen Abläufen und bekannten Übungsformen orientieren können. Im Rahmen des universitären Projektes wurden und werden darüber hinaus eine passgenaue Lernsoftware sowie geeignete Begleitmaterialien erstellt. Dabei liegt ein Fokus auf der Verwendung neuer Medien, deren Vorteile für einen kommunikativ gestalteten Englischunterricht bereits weiter oben hervorgehoben wurden.

Trotz nachvollziehbarer Unterschiede zum Fernsehformat zeigte die Projektdarstellung, dass *LTwC* als Seifenoper überzeugen kann: Dramatisierte Themen sprechen die Schüler an und dialoggeprägte Szenen mit Cliffhangern sowie ein gut aufgebauter Spannungsbogen motivieren zum Weiterlesen. Darüber hinaus werden kritische Aspekte der gängigen Soap Opera vermieden oder thematisiert: es gibt keine konsumgeprägte Umgebung, die Charaktere gehen über die Stereotypen hinaus und das Themenspektrum wurde auf gesellschaftlich und kulturell relevante Themen erweitert. Schlussendlich wird die Vorgabe, die Lernziele des Englischunterrichts als oberste Prämisse nicht aus den Augen zu verlieren, gut mit den Chancen der Methode Soap Opera in Balance gebracht.

Die Auswertung der Umfrage am Oberstufenkolleg in Bielefeld unter 98 16- bis 18jährigen ergab, dass die Grammatik in dem Lehrwerk aus Sicht der Schüler verständlich vermittelt wird und die behandelten Themen die Schüler ansprechen. Vor allem ist hervorzuheben, dass ein Großteil der Schüler angibt, Spaß bei der Arbeit mit *LTwC* zu haben. Folgerichtig ergab die Frage nach dem Lernerfolg, dass der Großteil der Schüler den Lernerfolg im Gesamtbereich Grammatik gut bis sehr gut einschätzte. Die Englischkenntnisse gesamt haben sich nach Selbsteinschätzung ebenfalls bei vielen verbessert. Die gleichbleibende Struktur des Lehrwerkes wurde zum Teil als sehr positiv und Orientierung gebend angesehen, ein ähnlich großer Teil der Schüler findet diesen Aufbau mit der Zeit zu wenig abwechslungsreich. Insgesamt konnte die Umfrage viele positive Aspekte, die die theoretische Analyse der Methode Soap Opera ergeben hat, bestätigen. Einige Aspekte konnten aufgrund des allgemeinen Umfragedesigns nicht eindeutig geklärt werden.

Schließlich muss erwähnt werden, dass auch diese didaktisierte Soap Opera noch Lücken aufweist, die geschlossen werden müssen. Es zeigte sich, dass vor allem der *gender*-Aspekt noch etwas vernachlässigt wird und z.B. die Lernziele über die Grammatik hinaus erweitert werden müssen.

Insgesamt kann das Projekt *Learning Tenses with Cindy* allerdings einen deutlichen Erfolg durch den Einsatz der Methode Soap Opera verzeichnen.

12 Offene Fragen und Ausblick

Abschließend seien an dieser Stelle einige weiterführenden Aspekte und Fragen hervorgehoben. Die theoretische Beleuchtung der Methode Soap Opera konnte neben zu bedenkenden Gefahren vor allem die Chancen für eine *ELT-Soap* im Englischunterricht aufdecken. Gerade im Bereich der Übertragbarkeit in die Praxis bedarf es jedoch neben der bereits mit einer kleineren Stichprobe durchgeführten Befragung ausgedehnterer Langzeitstudien, um die Wirksamkeit des Fremdsprachenlernens mit Hilfe der Soap Opera nachzuweisen. Insbesondere die sehr subjektive affektive Einbindung der Schüler sowie der daraus resultierende kommunikativere Unterricht müssen näher analysiert werden.

Zunächst zeigte die schlaglichtartige Erhebung am Oberstufenkolleg in Bielefeld, dass eine für den Unterricht gestaltete Soap Opera sehr positiv von den Schülern aufgenommen wird, sie motiviert und einen enormen Beitrag zur Vermittlung ‚trockener‘ Lerninhalte wie der Grammatik leisten kann. Die Englisch-Soap *Learning Tenses with Cindy* konnte dazu beitragen, dass 80 % der Schüler hinsichtlich ihrer allgemeinen Erkenntnisse einen hohen bis sehr hohen Lernerfolg bei sich selber beobachteten. Sogar 98 % der Schüler gaben an, dass durch das Lehrwerk in Form einer Seifenoper die Grammatik verständlich vermittelt wurde. Dies ist ein Prozentsatz, der im für die Schüler schwierigen Bereich der Grammatikvermittlung sehr positiv zu bewerten ist. Ebenso fühlte sich laut Umfrageergebnisse ein Großteil der Lerner durch die Inhalte der Geschichten motiviert und angesprochen, wodurch wohl auch die hohe Weiterempfehlungsrate von 86 % zu erklären ist. Diese ersten positiven Rückmeldungen müssen genutzt werden, um darauf aufbauend differenziertere Ergebnisse hinsichtlich der Effizienz der *ELT-Soap* zu sichern.

Dennoch ist herauszustreichen, dass diese Form der Englischvermittlung mit *LTwC* einmalig in Deutschland ist. Zwar greifen einige Lehrwerke das Thema Soap Opera auf, vermitteln aber keine Inhalte durch den Reiz des Genres, sondern rücken sie lediglich in den Fokus medienkritischer Diskussionen. Durch diese Einzigartigkeit ist es noch nicht möglich, eine umfassendere empirische Studie anzulegen, die die Effektivität der Methode untermauern könnte. Dennoch wäre der nächste Schritt zu untersuchen, wie sich die Seifenoper als Textform konkret auf Bereiche wie den Wortschatz und die Grammatik auswirkt. Wird der aktive Wortschatz größer, wenn die Vokabeln in einem emotional packenden Rahmen präsentiert werden? Wird die Grammatik nicht nur in einem interessanteren Rahmen gelernt sondern auch längerfristiger behalten?

Insbesondere Langzeitstudien, beispielsweise über die ganze Spanne der Sekundarstufe I hinweg, müssen durchgeführt werden, um einen eventuell langfristigen Erfolg der Methode Soap Opera nachzuweisen, und dies nicht nur im Bereich Grammatik, sondern zu allen Kompetenzbereichen des Fremdsprachenunterrichts. Zudem bedarf es weiterer, differenzierender Studien, die Erkenntnisse darüber liefern, ob die Methode nur für das Üben und Festigen von Grammatik und Wortschatz wie bei *LTwC* geeignet ist, oder auch für Erstlerner vorstellbar wäre.

Schließlich können weitere Studien zeigen, inwiefern und in welcher Form das Genre Soap Opera im Englischunterricht auch Jungen begeistern kann und welche Unterschiede sich im Lernerfolg bezogen auf das Geschlecht zeigen. Gerade hinsichtlich dieses Aspektes müssen die wenigen Praxisbeispiele ergänzt bzw. weitere *ELT-Soaps* entworfen werden. Das vorgestellte Universitätsprojekt zu *LTwC* befasst sich daher seit 2010 auch mit der *gender*-Frage und versucht, das auf den ersten Blick eher für das weibliche Publikum interessante Genre, durch Blogs und neue Szenen speziell für Jungen weiterzuentwickeln. Eine Erweiterung auf inhaltlicher Ebene muss weiterhin nicht nur für das Fach Englisch erfolgen, sondern ebenso beispielsweise für den französischen oder spanischen Fremdsprachenunterricht. Darüber hinaus ist der Einsatz der Methode Soap Opera auch für den DaZ-Unterricht denkbar. Solche Perspektiven sollen in Zukunft weiter ausgebaut und erforscht werden.

VI Danksagung

Viele Menschen haben dazu beigetragen, dass diese Arbeit entstehen konnte. An erster Stelle möchte ich meinem Doktorvater Prof. Dr. Friedrich Schönweiss danken, der mir die Möglichkeit gegeben hat, dieses Vorhaben umzusetzen. Er ließ mir den nötigen Freiraum, das langjährige Projekt zu gestalten, konnte aber auch durch Rat und Kritik neue Ideen vorantreiben. Ebenso möchte ich Prof. Dr. Dieter Hoffmeister als meinem Zweitgutachter für seine Unterstützung und Anregungen herzlich danken. Danken möchte ich auch Beatrix Loghin, die mit ihrem Lehrwerk *Learning Tenses with Cindy* Anstoß für ein Universitätsprojekt gab, mit einer Soap Opera Schule zu machen. Auch in diesem Rahmen danke ich Prof. Dr. Friedrich Schönweiss für ein anregendes und interessantes Projekt und den Einblick in eine spannende Form der universitären Lehre. Frau Beatrix Loghin und Frau Dr. Gabriele Klewin sowie Prof. Dr. Matthias Trautmann möchte ich des Weiteren für das zur Verfügung stellen der Ergebnisse der Umfrage am Oberstufenkolleg in Bielefeld ganz herzlich danken.

Dem Springer VS, insbesondere Frau Sabine Schöller, danke ich für die professionelle Umsetzung und die vielen hilfreichen Tipps.

Für die Bereitstellung der Zuschauerzahlen der wichtigsten Soap Operas im öffentlich-rechtlichen Fernsehen möchte ich Herrn Lukas Schneider stellvertretend für die Programmdirektion und das Medienreferat des Ersten Deutschen Fernsehens sowie der AGF/ GfK danken. Vielen Dank für den unkomplizierten und netten Kontakt.

Dank gebührt aber auch den Menschen, die mich sowohl in wissenschaftlicher als auch privater Hinsicht immer wieder unterstützt und beraten haben. Anna-Katharina Civis und Christine Tovar möchte ich insbesondere für die anregenden Gespräche danken. Genauso hat Verena Kästner als Freundin mir unterstützend zur Seite gestanden.

Dank von ganzem Herzen geht schließlich an die drei wichtigsten Menschen, die mir über die Jahre als Doktorandin zur Seite gestanden haben: meine Eltern, Brigitte und Georg, und meinen Freund Marc. Ohne meine Eltern wäre diese Dissertation nicht zustande gekommen. Marc hat mir neben wissenschaftlicher Unterstützung immer privat Halt und Vertrauen gegeben, diese Arbeit fertigzustellen. Für euer Vertrauen in mich, eure Unterstützung und die Geduld möchte ich euch danken.

Köln, April 2013   Sandra Kerst

VII Abbildungsvezeichnis

---

[507]Agentur Graham-Cameron Illustration, Fliss Cary
[508]Mit Bildern der Agenturen Corbis (Düsseldorf), Getty (München), iStockphoto.com, Shutterstock.com und Alamy (Abingdon).

VIII Tabellenverzeichnis

IX Literatur

AGF/GFK Fernsehforschung, TV-Scope, Fernsehpanel (D+EU).

AHLSWEDE-STEFANINK, Beatrix. *Learning Tenses with Cindy.* Münster: Prof. Dr. Friedrich Schönweiss, 2007 (2. Edition, unveröffentlichtes Manuskript).

ALWIN, Alexander. *Gute Zeiten – Schlechte Zeiten: Facts, Fotos, Hintergründe zur Serie ; nach einem Drehbuch von Reg Watson.* Gütersloh: Bertelsman Club [u.a.], 1994.

ASHER, James J. *Learning another language through actions : the complete teacher's guidebook.* Los Gatos, California: Sky Oaks Productions, 1988.

ASTON, Paul. *Learning English – Green Line NEW – Unterrichtswerk für Gymnasien.* Stuttgart: Ernst Klett Verlag GmbH, 2004.

BAACKE, Dieter. *Medienpädagogik.* Tübingen: Niemeyer Verlag, 1997.

BAIER, Stefan. *Einsatz digitaler Informations- und Kommunikationsmedien im Fremdsprachenunterricht.* Frankfurt am Main: Peter Lang Verlag, 2009 (Europäische Hochschulschriften, Reihe 1).

BAUMGARTNER, Peter; Sabine Payr. *Lernen mit Software.* Innsbruck [u.a.]: Studien-Verlag, 1999.

BENSON, Phil; Peter Voller. *Autonomy and independence in language learning.* London: Longman, 2004.

VON BERNUTH, Wolf. *Urheber- und Medienrecht in der Schule – Praxisleitfaden mit Beispielen und Lösungshinweisen.* Köln [u.a.]: LinkLuchterhand, 2009.

BERTOW, Andreas. *Schüler, Lehrer und Neue Medien in der Grundschule.* Hamburg: Verlag Dr. Kovac, 2008.

BEYEN, Wolfgang. *Methodische Aspekte zeitgemäßer Unterrichtsgestaltung – Was können Lehrer von der Pädagogischen Psychologie und den Neurowissenschaften erwarten?* Rinteln: Merkur Verlag Rinteln, 2008.

BLACK, Colin; Wolfgang Butzkamm. *Klassengespräche – Kommunikativer Englischunterricht: Beispiel und Anleitung.* Heidelberg: Quelle und Meyer, 1977.

BLELL, Gabriele; Rita Kupetz. *Fremdsprachenlehren und -lernen: Prozesse und Reformen.* Frankfurt am Main: Lang, 2008.

BLELL, Gabriele; Rita Kupetz. *Fremdsprachenlernen zwischen Medienverwahrlosung und Medienkompetenz – Beiträge zu einer kritisch-reflektierenden Mediendidaktik.* Frankfurt am Main: Lang, 2005.

BLÖMEKE, Sigrid. „Was ist ein gutes Medienprojekt? Annäherung aus lehr-lerntheoretischer und empirischer Sicht". In *Tipps und Tricks für Medienprojekte im Unterricht. Erfahrungen aus dem Netzwerk Medienschulen.* Hrsg. v. Oliver Vorndran. Gütersloh: Verlag Bertelsmann Stiftung, 2002, 9–21.

BLÖTZ, Lisa. „Grammatikerwerb im kommunikativ-handlungsorientierten Englischunterricht". In *Fremdsprachenlehren und -lernen. Prozesse und Reformen.* Hrsg. v. Gabriele Blell; Rita Kupetz. Frankfurt am Main [u.a.]: Lang, 2008, 167–173.

BOECKMANN, Klaus-Börge; Angelika Rieder-Bünemann; Eva Vetter. *eLernen, eLearning, apprentissage en ligne in der sprachenbezogenen Lehre – Prinzipien, Praxiserfahrungen und Unterrichtskonzepte.* Frankfurt am Main: Lang, 2008.

BOSENIUS, Petra; Jürgen Donnerstag (Hrsg.). Interaktive Medien und Fremdsprachenlernen. Frankfurt am Main: Peter Lang GmbH, 2004 (KFU, Band 17).

BÖRNER, Otfried; Christoph Edelhoff; Christa Lohmann (Hrsg.). *Individualisierung und Differenzierung im kommunikativen Englischunterricht – Grundlagen und Beispiele.* Braunschweig: Bildungshaus Schulbuchverlage, 2010 (Perspektiven Englisch, Heft 8).

BÖRNER, Wolfgang; Klaus Vogel (Hrsg.). *Grammatik lehren und lernen – Didaktisch-methodische und unterrichtspraktische Aspekte.* Bochum: AKS-Verlag Bochum, 2001.

BRUSCH, Wilfried. *Didaktik des Englischen – Ein Kerncurriculum in zwölf Vorlesungen.* Braunschweig: Schroedel [u.a.], 2009.

BUERKEL-ROTHFUSS, Nancy L.; Sandra Mayes. „Soap Opera Viewing: The cultivation effect". In *Journal of Communication*, 1981, Heft 31, 108–115.

BUNDESARBEITSGEMEINSCHAFT Englisch an Gesamtschulen. *Kommunikativer Englischunterricht–Prinzipien und Übungstypologie (Neue Ausgabe).* München: Langenscheidt-Longman GmbH, 2. Auflage, 1996.

CANTOR, Muriel G.; Suzanne Pingree. *The Soap Opera.* Beverly Hills, London, New Delhi: Sage Publications, 1983 (The Sage Commtext Series, Vol.12).

DECI, Edward L.; Richard M. Ryan. *Intrinsic motivation and self-determination in human behavior.* New York: Plenum Publishing Co., 1985.

DECKE-CORNILL, Helene. „Die Kategorie der Authentizität im mediendidaktischen Diskurs der Fremdsprachendidaktik". In *Interaktive Medien und Fremdsprachenlernen.* Hrsg. v. Peter Bosenius, Jürgen Donnerstag. Frankfurt am Main: Peter Lang GmbH, 2004, 17–27.

DEMIRCIOGLU, Jenny. *Englisch in der Grundschule – Auswirkungen auf Leistung und Selbstbewertung in der weiterführenden Schule.* Berlin: Logos Verlag Berlin, 2008 (Lebenslang lernen, Bd. 7).

DOYÉ, Peter. *Systematische Wortschatzvermittlung im Englischunterricht.* Hrsg. v. Karin Freund-Heitmüller; Hans-Eberhard Piepho; Hans-Hubert Schaumberg. Hannover; Dortmund: Schroedel; Lambert, Lensing, 1971 (Moderner Englischunterricht – Arbeitshilfen für die Praxis).

EUROPARAT – Rat für kulturelle Zusammenarbeit. *Gemeinsamer europäischer Referenzrahmen für Sprachen: lernen, lehren, beurteilen.* Hrsg. v. Goethe-Institut Inter Nationes. Berlin, u.a.: Langenscheidt KG, 2001.

FIRMENICH, Dieter u.a. *Learning English – Password Green 6.* Stuttgart: Ernst Klett Verlag GmbH, 2000.

FRANK, Ronald Edward ; Marshall G. Greenberg. *The public's use of television: who watches and why.* Beverly Hills, London: Sage Publications, 1980.

FREESE, Peter (Hrsg.). *Viewfinder Topics – Film, Soap and Photo, Reality – or illusion?.* München: Langenscheidt GmbH, 2003.

FREY-VOR, Gerlinde. *Coronation Street – Infinite drama and British reality ; an analysis of soap opera as narrative and dramatic continuum.* Trier: WVT Wiss. Verl. Trier, 1991.

FRITSCHE, Christian. „Qualitätskriterien für Medienprojekte". In *Medien + Erziehung. Zeitschrift für Medienpädagogik,* Heft 2 (München: KoPäd, 2005), 23–27.

FROESE, Wolfgang. „Grammatik lernen mit allen Sinnen im Englischunterricht. Eine Unterrichtseinheit für die Jahrgangsstufe 7." In *Praxis des neusprachlichen Unterrichts,* Heft 47, 137–143.

FÜNFSTÜCK, Falk; Rüdiger Liskowsky; Klaus Meißner. „Softwarewerkzeuge zur Entwicklung multimedialer Anwendungen". In *Informatik Spektrum,* Heft Feb., 2000, 11–25.

GEHRING, Wolfgang. *Englische Fachdidaktik – Theorien, Praxis, Forschendes Lernen.* Berlin: Erich Schmidt Verlag, 2010.

GEIGLE, Martina. *Konzepte zum fächerübergreifenden Unterricht.* Hamburg: Verlag Dr. Kovac, 2005.

GERLACH, David. *Legasthenie und LRS im Englischunterricht.* Münster [u.a.]: Waxmann Verlag, 2010.

GNUTZMANN, Claus. „„Das geht doch nicht, oder?' – Grammatik für Lehrende". In *Grammatik lehren und lernen.* Hrsg. v. Wolfgang Börner; Klaus Vogel. Bochum: AKS-Verlag Bochum, 2001, 1–26 (Fremdsprache in Lehre und Forschung, Bd. 29).

GÖTTLICH, Udo; Friedrich Krotz; Ingrid Paus-Haase (Hrsg.). *Daily Soaps und Daily Talks im Alltag von Jugendlichen – Eine Studie im Auftrag der Landesanstalt für Rundfunk Nordrhein-Westfalen und der Landeszentrale für private Rundfunkveranstalter Rheinland-Pfalz.* Opladen: Leske + Budrich, 2001 (Schriftenreihe Medienforschung der Landesanstalt für Rundfunk Nordrhein-Westfalen, Bd. 38).

GÖTZ, Maya. „Wer sieht Soaps, warum und mit welchem Erfolg? – Ein Streifzug durch die internationale Forschung". In *Pickel, Küsse und Kulissen.* Hrsg. v. Claudia Cippitelli; Axel Schwanebeck. München: Verlag Reinhard Fischer, 2001, 183–205.

GRÄSEL, Cornlia. „Neue Medien – neues Lernen? Überlegungen aus Sicht der Lehr-Lernforschung.". In *Grundschule und neue Medien.* Hrsg. v. Hartmut Mitzlaff. Frankfurt am Main: Arbeitskreis Grundschule, 1998, 67–84 (Beiträge zur Reform der Grundschule, Bd. 103).

GUDJONS, Herbert. *Neue Unterrichtskultur – veränderte Lehrerrolle.* Bad Heilbrunn: Verlag Julius Klinkhardt, 2006.

HAAS, Corinna. „Web-Soaps. Zum Transfer eines erfolgreichen TV-Genres ins Internet.". In *Medien Praktisch. Zeitschrift für Medienpädagogik,* Heft 2/03, 2003,

HAMBURGISCHES *Schulgesetz (HmbSG)*, § 5.3.

HANKE, Petra. *Anfangsunterricht.* Weinheim, Basel: Beltz Verlag, 2007 (Studientexte für das Lehramt).

HELMKE, Andreas. *Unterrichtsqualität und Lehrerprofessionalität – Diagnose, Evaluation und Verbesserung des Unterrichts*. Seelze-Velber: Kallmeyer in Verbindung mit Klett, 2009.

VON HENTIG, Hartmut. *Schule neu denken – Eine Übung in pädagogischer Vernunft*. Weinheim, Basel, Berlin: Beltz Verlag, 2003.

HOTI, Andrea Haenni. „Der Einfluss des Migrationshintergrunds auf die Englischfertigkeiten von Primarschülerinnen und -schülern". In *Chancenungleichheit in der Grundschule – Ursachen und Wege aus der Krise*. Hrsg. v. Jörg Ramseger; Matthea Wagener. Wiesbaden: VS Verlag für Sozialwissenschaften, 2008, 125–128.

HÖRNER, Thomas. *Marketing im Internet: Konzepte zur erfolgreichen Online-Präsenz*. München: Deutscher Taschenbuch Verlag, 2006.

HYMES, Dell. „Two Types of Linguistic Relativity (with examples from amerindian ethnography)". In *Sociolinguistics*. Hrsg. v. William Bright. Paris: The Haug, 1966, 114–167.

JACOB, Sylvie. „Have fun with Games while Learning and Teaching a Modern Foreign Language". In *Lehrerkompetenzen und Lernerfolge im frühen Fremdsprachenunterricht*. Hrsg. v. Heidemarie Sarter. Aachen: Shaker Verlag, 2008, 129–136.

JIM-STUDIE 2010 – *Jugend, Information, (Multi-)Media*. Stuttgart: Medienpädagogischer Forschungsverbund Südwest, 2010 (Forschungsberichte).

KERNLEHRPLAN *für den verkürzten Bildungsgang des Gymnasiums – Sekundarstufe I (G8) in Nordrhein-Westfalen/ Englisch*. Frechen: Ritterbach Verlag GmbH, 2007 (Ministerium für Schule und Weiterbildung).

KERST, Sandra. „Handreichung – *Learning Tenses with Cindy*: Einsatz in Schule, Fördereinrichtungen und zuhause". Hrsg. v. Friedrich Schönweiss. Münster: Lernserver der Uni Münster, 2009.

KIRCH, Michael J. Simpson. *Englischlernen mit dem Fernsehn – Eine Studie über die Eignung des Fernsehens im Rahmen des frühen Fremdsprachenerwerbs am Beispiel der Sendung ‚Something Special'.* Münster: Waxmann Verlag, 2009.

KLEWIN, Gabriele; Beatrix Loghin; Matthias Trautmann. *Zwischenbericht zum Projekt „Learning Tenses with Cindy".* Bielefeld: unveröffentlichtes Manuskript, 2008.

KLIPPEL, Friederike; Sabine Doff. *Englischdidaktik – Praxishandbuch für die Sekundarstufe I und II.* Berlin: Cornelsen-Scriptor, 2007.

KOHN, Martin. *Leitfaden moderne Medien. PC-Einsatz im Englischunterricht..* Hannover: Schroedel Verlag, 2003.

KRAPP, Andreas. „Motivation ist das A und O – Über eine grunglegende Gelingensbedingung kooperativen Lernens". In *Friedrich Jahresheft 2008. Individuell lernen – kooperativ arbeiten.* Hrsg. v. Friedrich Verlag in Zusammenarbeit mit Klett. Seelze: Friedrich Verlag 2008, 79–81.

KRASHEN, Stephen D. *The Input Hypothesis: Issues and Implications.* London, New York: Longman, 1985.

LADEMANN, Norbert. „Zu einigen Kriterien für die Gestaltung kommunikativ orientierter Lehrbücher des Fremdsprachenunterrichts". In *Prozessorientierte Mediendidaktik im Fremdsprachenunterricht.* Hrsg. v. Wilfried Gienow; Karlheinz Hellwig. Frankfurt am Main: Peter Lang Verlag, 1993, 143–155.

LANDBECK, Hanne. *Generation Soap – Mit deutschen Seifenopern auf dem Weg zum Glück.* Berlin: Aufbau Taschenbuch Verlag, 2002.

LINDSTROMBERG, Seth. *Language Activities for Teenagers.* Cambridge: Cambridge University Press, 2004.

LITTLE, David. „Authentik: The development of an approach to language learning based on authentic texts in print and audio". In *Prozessorientierte Mediendidaktik im Fremdsprachenunterricht.* Hrsg. v. Wilfried Gienow; Karlheinz Hellwig. Frankfurt am Main: Peter Lang Verlag, 1993, 121–130.

LOGHIN, Beatrix. *Learning Tenses with Cindy*. Bielefeld: Friedrich Schönweiss, 2008.

LUHMANN, Niklas. *Die Realität der Massenmedien*. Wiesbaden: VS Verlag für Sozialwissenschaften/ GWV Fachverlage GmbH, 4. Auflage, 2009.

MEYER, Hilbert. *Was ist guter Unterricht?*. Berlin: Cornelsen Scriptor, 2008.

MIKULAN, Krunoslav. „Multimedia Competencies of Primary Foreign Language Teachers". In *Lehrerkompetenzen und Lernerfolge im frühen Fremdsprachenunterricht*. Hrsg. v. Heidemarie Sarter. Aachen: Shaker Verlag, 2008, 137–145.

MITZLAFF, Hartmut; Angelika Speck-Hamdan. „Grundschule und neue Medien". In *Grundschule und neue Medien*. Hrsg. v. Hartmut Mitzlaff. Frankfurt am Main: Arbeitskreis Grundschule, 1998, 10–34 (Beiträge zur Reform der Grundschule, Bd. 103).

MOSER, Heinz. *Abenteuer im Internet*. Zürich: Verlag Pestalozzianum [u.a.], 2008.

MÜLLER-LANCÉ, Johannes. „Grammatikmodelle in mordernen Fremdsprachenlehrbüchern". In *Grammatik lehren und lernen*. Hrsg. v. Wolfgang Börner; Klaus Vogel. Bochum: AKS-Verlag Bochum, 2001, 114–136 (Fremdsprache in Lehre und Forschung, Bd. 29).

PAUL, Heike; Alexandra Ganser (Hrsg.). *Screening Gender – Geschlechterszenarien in der gegenwärtigen US-amerikanischen Populärkultur*. Münster: Lit Verlag, 2007. (Erlanger Studien zur Anglistik und Amrikanistik, Bd. 9).

PIEPHO, Hans-Eberhard; Christoph Edelhoff. *Narrative Dimensionen im Fremdsprachenunterricht*. Braunschweig: Schroedel [u.a.], 2007.

PIEPHO, Hans-Eberhard. *Kommunikative Kompetenz als übergeordnetes Lernziel im Englischunterricht*. Dornburg-Frickhofen: Frankonius-Verlag, 1974.

PIEPHO, Hans-Eberhard. „‚Story telling' – which, when, why". In *Fremdsprachen in der Grundschule – Grundlagen und Praxisbeispiele*. Hrsg. v. Werner Bleyhl. Hannover: Schroedel Verlag, 2000, 43–55.

ROCHE, Jörg. „Rituale des Online-Lernens". In *Magazin*, Heft 18, 62–65.

ROTH, Gerhard. „Die Bedeutung von Motivation und Emotionen für den Lernerfolg". In *Was ist „guter" Unterricht? Namhafte Expertinnen und Experten geben Antwort*. Hrsg. v. Eiko Jürgens; Jutta Standop. Bad Heilbrunn: Julius Klinkhardt, 2010.

SCHELL, Fred. „Jugend und Medien – Ein ambivalentes Verhältnis". In *Pickel, Küsse und Kulissen*. Hrsg. v. Claudia Cippitelli; Axel Schwanebeck. München: Verlag Reinhard Fischer, 2001, 49–71.

SCHÖNWEISS, Friedrich. *Bildung als Bedrohung? Grundlegung einer Sozialen Pädagogik*. Opladen: Leske + Budrich, 1994.

SCHÖNWEISS, Friedrich. *Bildung in Zeiten des Internet. Über aktuelle Mythen, Hoffnungen und Perspektiven*. Münster: Westfälische Wilhelms-Universität Münster, Abt. Neue Technologien im Bildungs- und Sozialwesen/Medienpädagogik, 2000.

SCHÖNWEISS, Friedrich. „Schöne neue Lern-Welt? Aktuelle Perspektiven für eine sinnvolle Modernisierung des Bildungswesens – mit und ohne Computer". In *Grundschule und neue Medien*. Hrsg. v. Hartmut Mitzlaff, Angelika Speck-Hamdan. Frankfurt am Main: Arbeitskreis Grundschule – Der Grundschulverband, 1998 (Beiträge zur Reform der Grundschule, 103), 109–123.

SCHÖNWEISS, Friedrich. „Schulen ans Netz – und dann?". In *Psychologie Heute*, Heft 7, 2001, 62–69.

SCHULGESETZ *für das Land Berlin*.

SCHULGESETZ *für das Land Nordrhein-Westfalen*.

SCHWARZ, Hellmut (Hrsg.). *English G21 – Band A1*. Berlin: Cornelsen Verlag, 2007.

SCHWARZBACH, Urte. *‚Gute Zeiten, schlechte Zeiten'. Eine qualitative Untersuchung des Rezeptionsverhaltens junger Mädchen* (Hausarbeit zur Erlangung des Magistergrades). Münster: Westfälische Wilhelms-Universität, 2000.

SELLIN, Katrin. *Wenn Kinder mit Legasthenie Fremdsprachen lernen*. München: Reinhardt, 2008.

SENNETT, Richard. *Verfall und Ende des öffentlichen Lebens. Die Tyrannei der Intimität*. Frankfurt am Main: Fischer Taschenbuchverlag, 2002.

SIMON, Jeannine. *Wirkungen von Daily Soaps auf Jugendliche*. München: Verlag Reinhard Fischer, 2004 (Angewandte Medienforschung, Bd. 30).

SIMON-ZÜLCH, Sybille. „Seifenopern auf einen Blick – Streifzug durch das deutsche Programm". In *Pickel, Küsse und Kulissen*. Hrsg. v. Claudia Cippitelli; Axel Schwanebeck. München: Verlag Reinhard Fischer, 2001, 21–38.

SONNABEND, Dörte; AG Medienprojekte. „So kann es ein gutes Medienprojekt werden...". In *Tipps und Tricks für Medienprojekte im Unterricht*. Hrsg. v. Oliver Vorndran. Gütersloh: Verlag Bertelsmann Stiftung, 2002, 22–35.

THOMPSON, J. Kevin [u.a.]. *Exacting Beauty – Theory, Assessment, and Treatment of Body Image Disturbance*. Washington, DC: American Psychological Association, 1999.

THÜRINGER *Schulgesetz (ThürSchulG)*.

TRAUTMANN, Matthias. „Heterogenität – (k)ein Thema der Fremdsprachendidaktik?". In *Individualisierung und Differenzierung im kommunikativen Englischunterricht – Grundlagen und Beispiele*. Hrsg. von Otfried Börner [u.a.]. Braunschweig: Diesterweg Verlag [u.a.], 2010, 6–16.

TULODZIECKI, Gerhard. „Medienkompetenz als Aufgabe von Unterricht und Schule". In *Fachtagung ‚Medienkompetenz'*. Hrsg. v. Jan Hense [u.a.].

Grünwald: Arbeitspapiere, Materialien und Ergebnisse der Arbeits-/ Diskussionsgruppen der SEMIK-Fachtagung, 2001, 7–21.

VOLKMANN, Laurent. „„Demokratisierung des Lernens' oder ‚Medienverwahrlosung' ? Überlegungen zum didaktischen Umgang mit dem Internet". In *Fremdsprachenlernen zwischen Medienverwahrlosung und Medienkompetenz.* Gabriele Blell, Rita Kupetz. Frankfurt am Main: Lang Verlag, 2005, 43–66.

VORNDRAN, Oliver (Hrsg.). *Tipps und Tricks für Medienprojekte im Unterricht.* Gütersloh: Verlag Bertelsmann Stiftung, 2002.

WAHL, Johannes. *Englisch, Gymnasium (G8), 7./8. Schuljahr.* Stuttgart: Klett Lernen und Wissen, 2007.

WEISS, Nikola. *Daily Soaps – Das Geheimnis deutscher Seifenopern.* Düsseldorf: Verlag Dr. Müller, 2004.

X Onlinequellen

Websites von Ministerien, Verlagen, Firmen, Arbeitsgemein-schaften und Institutionen:

http://blog.nielsen.com/nielsenwire/wp-content/uploads/2009/05/nielsen
    _threescreenreport_q109.pdf
http://edheads.org/activities/eng cell/
http://teacher.scholastic.com/whiteboards/languagearts.htm
http://www.ard.de/intern/basisdaten/fernsehnutzung/fernsehnutzung
    20im___23220_3Bberblick/-/id55024/bxj2vh/index.html
http://www.bbc.co.uk/cbeebies/
http://www.bbc.co.uk/cbeebies/games/theme/life/#/lb/nina/ninaslab
http://www.bbc.co.uk/schools/numbertime/games/test.shtml
http://www.bbc.co.uk/schools/scienceclips/ages/6 7/science 6 7.shtml
http://www.chancen-nrw.de/cms/front_content.php?idcat=234
http://www.cornelsen.de/foerdern/1.c.1638003.de
http://www.cornelsen.de/foerdern/1.c.1638035.de
http://www.dipf.de/de/projekte/deutsch-englisch-schuelerleistungen-
    international
http://www.etwinning.de/
http://www.facebook.com
http://www.hotpotatoes.de/
http://www.hsp-plus.de
http://www.ispringsolutions.com/products/ispring_presenter.html
http://www.lernserver.de
http://www.medienberatung.schulministerium.nrw.de/dokumentationen/
    2010/interaktive+tafeln.htm
http://www.mpfs.de/index.php?id=11
http://www.sodis.de
http://www.standardsicherung.schulministerium.nrw.de/lehrplaene/
    kernlehrplaeneseki/gymnasiumg8/
http://www.standardsicherung.schulministerium.nrw.de/lehrplaene/
    kernlehrplaene-sek-i/gymnasium-g8/englisch-g8/kernlehrplan-

englisch/kompetenzen/
http://www.studivz.net
http://www.topmarks.co.uk/Interactive.aspx?cat=38
http://www.twitter.com
http://www.uni-protokolle.de/nachrichten/id/49749/
http://www.wikipedia.de
http://www.xtranormal.com/index
http://www.youtube.com
https://www.cornelsen.de/eg08_1_21/1.c.1738227.de

Websites der thematisierten Seifenopern:

http://gzsz.rtl.de/
http://gzsz.rtl.de/cms/html/de/pub/stars.phtml
http://www.chalkhillsoapopera.com/home
http://www.daserste.de/marienhof/
http://www.daserste.de/marienhof/wermitwem/
http://www.daserste.de/verboteneliebe/darsteller.asp
http://www.e4.com/hollyoaks/the-morning-after-the-night-before/
http://www.lindenstrasse.de/Multimedia/Fotogalerien/Wer_wohnt_
    wo_Uebersicht.jsp
http://www.nbc.com/coastal_dreams/
http://www.rtl.de/cms/unterhaltung/unter-uns.html

Websites im Kontext der *ELT-Soaps*:

http://blogs.rnw.nl/medianetwork/bbc-launches-internet-soap-opera-for
    -english-learners
http://downloads.bbc.co.uk/worldservice/learningenglish/
    teachingenglish/flatmates/te_fm_lessonplan68_070913.pdf
http://www.bbc.co.uk/
http://www.bbc.co.uk/worldservice/learningenglish/
http://www.bbc.co.uk/worldservice/learningenglish/aboutus/2009/02/
    090205_about_nuala.shtml
http://www.bbc.co.uk/worldservice/learningenglish/aboutus/2011/03/
    110304_about_award_eltons2011.shtml
http://www.bbc.co.uk/worldservice/learningenglish/flatmates/2008/11/
    081125_flatmates_people_page.shtml
http://www.bbc.co.uk/worldservice/learningenglish/teachingenglish/

flatmates/
http://www.learning-tenses.net/
http://www.learning-tenses.net/downloads.php

XI Anhang

13 Empirische Analyse der Umfrageergebnisse zu Kapitel 9.4 (Teil IV)

In Kapitel 9.4 der Praxisbeispiele wurde die Umfrage zum Lehrwerk *Learning Tenses with Cindy* dargestellt und ausgewertet. Um die zunächst eher interpretatorischen Eindrücke statisitisch zu berechnen, wurden für die Umfragebereiche „Aufbau von *LTwC*" (Tabelle 14), „Allgemeine Einschätzung von *LTwC*" (Tabelle 15) und „Selbsteinschätzung des Lernerfolges" (Tabelle 16) die Werte für die Bestimmung des Signifikanzniveaus ermittelt. In den folgenden Tabellen 17, 18 und 19 wurden dazu die Varianzen, Mittelwerte, Anteile und Signifikanzniveaus berechnet und im Überblick dargestellt.

Zeile	n	m	var: A1+A2	var: A3+A4	mw: A1+A2	mw: A3+A4	mw-ges	anteil: A1+A2	Teststatistik: Anteil
1	95	3	0,2426	0,0000	1,4000	3,0000	1,1449	0,9694	9,2934***
2	86	10	0,2529	0,1778	1,5000	3,2000	1,6771	0,8958	7,7567***
3	47	51	0,1832	0,1482	1,7660	3,1765	2,5000	0,4796	-0,4041
4	86	12	0,2332	0,1515	1,6395	3,1667	1,8265	0,8776	7,4751***
5	98	0	0,1237	-	1,1429	-	1,1429	1,000	-
6	96	2	0,2043	0,0000	1,2813	3,0000	1,3163	0,9796	9,4954***

Tabelle 17: Ermittlung der Signifikanzniveaus zu Tabelle 14 (*** = 1% Signifikanzniveau).

Zeile	n	m	var: A1+A2	var: A3+A4	mw: A1+A2	mw: A3+A4	mw-ges	anteil: A1+A2	Teststatistik: Anteil
1	82	16	0,2457	0,0625	1,5854	3,0625	1,8265	0,8367	6,6670***
2	63	35	0,2140	0,2218	1,6984	3,3143	2,2756	0,6429	2,8284***
3	67	42	0,2411	0,1613	1,6119	3,1935	2,1122	0,6837	3,6365***
4	55	26	0,1933	0,2189	1,7455	3,3095	2,4227	0,5670	1,1399
5	66	26	0,2424	0,1846	1,6061	3,2308	2,0652	0,7174	4,1703***
6	59	39	0,2379	0,2078	1,6271	3,2821	2,2857	0,6020	2,0203**
7	84	14	0,2288	0,2198	1,3452	3,2857	1,6224	0,8571	7,0711***

Tabelle 18: Ermittlung der Signifikanzniveaus zu Tabelle 15 (*** = 1% Signifikanzniveau).

Zeile	n	m	var: A1+A2	var: A3+A4	mw: A1+A2	mw: A3+A4	mw:ges	anteil: A1+A2	Teststatistik: Anteil
1	56	41	0,1714	0,1890	1,7857	3,2439	2,4021	0,5773	1,5230
2	50	48	0,2057	0,1418	1,7200	3,1667	2,4286	0,5102	0,2020
3	65	32	0,2101	0,1764	1,7077	3,2188	2,2062	0,6701	3,3506***
4	78	19	0,2531	0,1754	1,4872	3,2105	1,8247	0,8041	5,9905***
5	74	23	0,2518	0,1502	1,4595	3,1739	1,8659	0,7629	5,1783***
6	52	45	0,0886	0,1636	1,9038	3,2000	2,5052	0,5361	0,7107
7	31	64	0,2129	0,2339	1,7097	3,3594	2,8211	0,3263	-3,3857***
8	64	30	0,1548	0,0644	1,8130	3,0667	2,2128	0,6809	3,5068***

Tabelle 19: Ermittlung der Signifikanzniveaus zu Tabelle 16 (*** = 1% Signifikanzniveau).

The manufacturer's authorised representative in the EU is Springer
Nature Customer Service Centre GmbH, Europaplatz 3, 69115 Heidelberg,
Germany. If you have any concerns regarding our products, please
contact ProductSafety@springernature.com

Printed and bound by CPI Group (UK) Ltd, Croydon, CR0 4YY
27/04/2026
02097609-0001